ullstein

Wir verbringen immer mehr Zeit an Smartphone und Laptop und haben immer weniger für echte Begegnungen übrig. Aber diese Entwicklung ist nicht unausweichlich: Wir entscheiden selbst, wie viel Raum wir den digitalen Möglichkeiten im Beruflichen und im Privaten geben. Anna Miller zeigt uns, wie wir in eine gute digitale Balance kommen und unser Glück nicht für den nächsten Dopamin-Kick verkaufen. Sie erklärt, wie wir in verschiedenen Lebensbereichen eine andere Gewichtung erreichen, das Digitale integrieren und trotzdem Raum schaffen für die wichtigen Dinge: Mehr Nähe, Natur und echte Verbundenheit. Die Gedanken auch mal schweifen lassen, die eigenen Stärken leben, Gemeinschaft, Achtsamkeit, Bewegung ... Digitale Balance bedeutet mehr Energie, Kreativität und echte Verbundenheit statt *Doomscrolling* und *compulsive checking*.

ANNA MILLER, geboren 1987, ist Journalistin, Autorin und Expertin für digitale Achtsamkeit. Sie hat einen Master-Abschluss in Positiver Psychologie und schreibt regelmäßig über Gesellschaftsthemen – unter anderem für das *SZ Magazin, Zeit Online, den Stern, die NZZ am Sonntag* und die *Republik*. Sie spricht auf Podien und im TV über psychische Gesundheit und berät Unternehmen, Institutionen und Privatpersonen zum Thema Verbundenheit im digitalen Zeitalter.
https://www.anna-miller.ch/

ANNA MILLER

VERBUNDEN

Wie du in digitalen Zeiten
wieder Platz schaffst
für Dinge, die dir wirklich
wichtig sind

Ullstein

Besuchen Sie uns im Internet:
www.ullstein.de

Originalausgabe im Ullstein Taschenbuch
1. Auflage März 2023
2. Auflage 2023

Umschlaggestaltung: zero-media.net, München
Titelabbildung: © FinePic®, München
Innenabbildungen: © Frederike Schrewe
Satz: KCFG – Medienagentur, Neuss
Gesetzt aus der Scala OT
Druck und Bindearbeiten: ScandBook, Litauen
ISBN 978-3-548-06718-6

Uns Mutigen gehört die Welt.

INHALTSVERZEICHNIS

FALSCH VERBUNDEN

NEU VERBUNDEN

VORWORT

No, we don't need more sleep. It's our souls that are tired, not our bodies. We need nature. We need magic. We need adventure. We need freedom. We need truth. We need stillness. We don't need more sleep, we need to wake up and live.

– Brooke Hampton

Unverbundenheit ist mir vertraut. Vielleicht suche ich gerade deshalb so sehr nach Verbindung. Nach menschlicher Nähe, nach Wärme und Geborgenheit. Nach diesem Gefühl, Teil eines großen Ganzen zu sein, aus dem ich nicht mehr herausfalle. Seit ich denken kann, versuche ich, mich zu verbinden. Nicht nur, weil ich Unverbundenheit kenne. Sondern schlicht, weil ich ein Mensch bin.

Wir Menschen sind Verbindung. Wir existieren, weil sich ein Ei und ein Spermium zusammengetan haben. Weil zwei Menschen sich begegnet sind. Nicht bloß oberflächlich, sondern durchdringend. Wir wachsen in einem Bauch, umgeben von Wasser, wir spüren alles, was unsere Mutter spürt. Unsere Körper bestehen aus Millionen von Nervenbahnen und Blutbahnen, wir sind ein unendliches Geflecht. Es gehört zu unserer Natur, dass wir andere Menschen brauchen, um glücklich zu sein. Wir sind keine Inseln. Wir hätten alleine nie überlebt. Und wir werden krank, wenn wir uns längere Zeit einsam fühlen. Wir hängen so sehr an unseren Schulfreunden, dass wir uns mit ihnen zusammen blaue Strähnen in die Haare machen lassen oder tagelang nicht essen, wenn sie uns hänseln. Wir würden alles dafür tun, geliebt zu werden. Kontakt ist für uns so wichtig wie Wasser und Nahrung. Und für unser Gehirn ist soziale Zurückweisung das Gleiche wie eine körperliche Verletzung. Die gleichen Areale sind aktiv. Menschliche Zurückweisung tut physisch weh.

Deshalb lieben wir das Internet. Weil es uns Verbindung verspricht. Klar, da ist die Zeitersparnis, die Ungebundenheit von Zeit und Ort, da sind die leichteren Prozesse. Wir können auf Bali am Strand liegen und am Computer arbeiten. Wir können über unsere geografischen und uns vertrauten Grenzen hinweg Menschen daten, die unsere eigene innere Lebensrealität so viel besser verstehen. Und wenn wir gerne einen Vibrator kaufen würden, müssen wir uns nicht mehr mit rotem Kopf in einem Laden beraten lassen, auf die Gefahr hin, dass der Nachbar dort auch grad einkauft, sondern können alles mehr oder weniger anonym nach Hause schicken lassen.

Doch das Digitale macht uns das Leben nicht bloß leichter und Abläufe schneller oder gibt uns, wenn die Langeweile uns befällt, ein paar lustige Spiele wie Candy Crush an die Hand. Das Digitale lässt uns auch fühlen. Lieben. Begehren. Miteinander sprechen. Deshalb haben diese Geräte, allen voran unser Smartphone, einen so hohen Stellenwert in unserem Leben. Weil es nicht bloß unser digitales Portemonnaie ist oder unser digitales Zugticket, sondern auch: unser Datingportal, unser Familien-Chat, unsere Freundschaftsliste, unser Fotoalbum, unser digitales Präsentationsfenster für die Follower-Welt. Wir verbringen über 40 Prozent unserer Wachzeit im Internet; ein Drittel dieser Zeit in den sozialen Medien.[1] Unser Smartphone ist längst unser verlängerter sozialer Arm. Unsere primäre Kommunikationsquelle. Und immer öfter auch unser Gradmesser für unsere soziale Eingebundenheit.

Wenn jetzt jemand auf dich zukommen, die Hand ausstrecken und dich fragen würde: Magst du mir das Handy geben, für einen Tag, zwei Wochen, einen Monat? Was würdest du tun? Du würdest wohl nicht damit rausrücken wollen. Warum nicht? Was ist es, was dich hält?

Ich würde es nicht loslassen wollen, weil es mich mit meinen Freunden verbindet. Mit meinem Partner. Mit meinen eigenen Gedanken, die ich in mein digitales Notizbuch geschrieben habe. Mit meinen Erinnerungen an den Sommerurlaub, in Form von Fotos, die ich mir an einem Regentag anschaue, wenn ich im Bus durch die Stadt fahre und sonst nicht weiß, was ich mit mir anfangen soll. Ich würde es auch nicht aus der Hand geben wollen, weil ich Angst hätte, dass meine Vorgesetzten meine Unerreichbarkeit nicht akzeptieren würden. Dass mir soziale Sanktionen drohen. Menschen, die sich von mir abwenden, Arbeitgeber, die mir den Job kündigen.

Ich hätte Angst, dass jemandem, den ich liebe, etwas zustößt und ich nicht erreichbar war. Ich würde es nicht aus der Hand geben wollen, weil ich mich mit der Musik, die es spielt, in Stimmung bringe. Mich mit Netflix regelmäßig davon ablenke, dass ich mich gerade einsam fühle und nicht so recht weiß, was ich mit meinem freien Abend eigentlich anstellen soll. Weil ich mich manchmal vor meinen eigenen Gedanken fürchte und vor der emotionalen Leere, die mich überkommt, wenn ich alleine zu Hause bin und es mir schwerfällt, zu akzeptieren, dass mein Leben an einem Dienstagabend aus nicht viel Aufregendem besteht, schon gar nicht aus etwas, das sich später für einen Social-Media-Post eignen könnte.

Dieses Gerät, von dem einige noch sagen, es sei doch bloß ein Telefon, ist für die meisten von uns schon lange existenziell geworden. Ein Ausdrucksmittel, ein Kommunikationsmittel, eine Ablenkungs-, eine Abschottungsmaschine.

Im Digitalen liegt unsere größte Chance. Und unser größter Fluch. Denn was uns verbindet, absorbiert uns auch. Je mehr wir versuchen, im Digitalen mit allen verbunden zu bleiben, desto öfter sind wir nicht mehr wirklich da. Physisch und emotional nicht mehr präsent im Raum, in dem wir uns gerade befinden. Je mehr digitale To-dos noch abzuarbeiten sind, desto stärker fühlen wir den Drang, immer weiterzumachen. Zwei Minuten Warten an der Bushaltestelle werden zu einem Slot, der sich organisieren, durchstrukturieren, abarbeiten lässt. Fünf Minuten Langeweile werden zu einem Raum, der uns unerträglich leer scheint, der gefüllt werden könnte mit Onlineshopping, YouTube-Tutorial, der Sprachnachricht an eine Freundin.

Oft verbinden wir uns so sehr mit unseren Geräten und all den Möglichkeiten, die sie bieten, dass die Verbundenheit zu uns selbst und der Welt um uns herum auf der Strecke bleibt. Wir scrollen morgens als Erstes eine Timeline runter und merken 20 Minuten später, dass wir eigentlich aufs Klo müssen. Wir wälzen uns nachts um zwei schlaflos in unseren Betten, weil wir uns mit unseren Partnern per WhatsApp gestritten haben und grade keinen Weg finden, real und physisch Frieden zu schließen. Wir lassen die Gitarre seit Monaten in der Ecke stehen oder machen die Jogging-Runde um den Block schon wieder nicht, weil wir so lange online waren, dass es zwischenzeitlich draußen begonnen hat, zu regnen.

Wir können uns dank des Smartphones in unserer Hosentasche immer und überall verbinden, mit dem ganzen Internet, der ganzen Welt, können suchen und finden und sprechen und liken. Und dabei ganz vergessen, dass wir grade auf einer Waldlichtung stehen. Auf dem Klo sitzen. Essen in uns aufnehmen. Jemand mit uns spricht. Unser Kind unseren Blick sucht. Sich gerade Wut in uns anbahnt.

Wenn ich in einem Satz zusammenfassen müsste, warum wir unsere Beziehung zur Digitalisierung verändern müssen, ist es das: dass wir alle hier sind, aber nicht wirklich da. Dass sich eine Gleichzeitigkeit über alles in unserem Leben gelegt hat, die uns oft jede Willenskraft raubt, uns einzulassen. Auf den Moment, uns selbst, einen anderen Menschen, eine Tätigkeit.

Das macht etwas mit uns. Und unseren Leben. Nicht nach zwei Stunden. Nicht nach zwei Tagen. Doch nach Monaten und Jahren. Unsere digitale Dauerpräsenz beeinflusst im Kern alles, was wir für ein glückliches und erfülltes Leben brauchen: unsere Beziehungen, unsere Gesundheit, unsere Verbundenheit mit der Natur, unsere Spiritualität, unseren Fokus, unsere Kreativität, unser Sexleben.

Genau hier setzt dieses Buch an. Es soll dir helfen, deine digitale und deine analoge Verbundenheit wieder in Einklang zu bringen. Das Digitale nachhaltig zu nutzen. Das bedeutet, es so zu nutzen, dass es dir physisch, emotional und psychisch hilft, voranzukommen und Abstand von dem zu gewinnen, was dich zu sehr absorbiert. Damit du dich eingebettet und geliebt und inspiriert fühlen kannst statt überfordert und ausgelaugt. In diesem Buch werden wir uns anschauen, was du brauchst, um zufrieden zu sein, wie du dafür wieder mehr Platz schaffst und warum digitale Balance das Fundament eines guten, präsenten Lebens ist.

Du wirst lernen, wie du digital achtsamer sein kannst, wieder mehr Kreativität in dein Leben holst, wie du deine Beziehungen stärken und deinen Fokus finden kannst. Mit und trotz Smartphone und Co. Denn die Digitalisierung geht nicht mehr weg. Im Gegenteil: Sie wird all unsere Lebensbereiche in Zukunft noch stärker durchdringen. Gerade deshalb ist es so wichtig, uns zu fragen: Was macht das mit mir? Wie will ich meine Zeit auf dieser Welt verbringen? Was tut mir gut? Und wie sieht eine Gesellschaft aus, die Digitalisierung nachhaltig und menschlich gestaltet?

Nimm dieses Buch als Inspirationsquelle, als Stütze, als Vorlage, als Gedankenanstoß. Nimm für dich heraus, was dir hilft, dich im Digitalen nachhaltiger und gesünder zu bewegen. Viele von uns beschäftigen ganz ähnliche Themen – und doch ist jedes Leben anders. Insofern: Lass weg, was dich nicht anspricht, arbeite und denke weiter, wo du dich wiederfindest. Behalte aber bitte einen offenen Geist – und lies auch in Kapitel rein, die dir vielleicht zuerst etwas fremd erscheinen.

Die Welt dreht sich weiter, und wir sind immer auch Zeugen unserer Zeit und Kinder unserer Realität. Wir als Individuen wachsen und verändern uns genauso schnell wie die Digitalisierung. Und so ist dieses Buch auch eine Momentaufnahme und *eine* mögliche Sichtweise auf das Thema, die ich im Verlauf des Jahres 2022 zusammengestellt, aufgeschrieben und zwischen zwei Buchdeckel gelegt habe. Neue Fakten, Zahlen und Studien zur Frage, was das Digitale mit dem Menschen macht und der Mensch aus dem Digitalen, erblicken in hohem Tempo das Licht der Welt. Der Diskurs ändert sich laufend. Dieses Buch wurde außerdem von einer Frau in ihren Dreißigern geschrieben, einem Millennial, der den größten Teil seines Lebens in einem westlich geprägten Kontext gelebt hat, freiberuflich, urban, studiert. Und sosehr ich mir das wünsche, es ist mir nicht möglich, eine Realität abzubilden, die weit außerhalb meiner eigenen liegt. Wenn du dieses Buch als umfassend, aber ohne Anspruch auf Vollständigkeit verstehst und Platz lässt für alternative Realitäten, die genauso wertvoll sind, kannst du die Digitalisierung und die Welt neu denken.

Dieser Text beinhaltet zahlreiche Erkenntnisse und Tipps, die wirklich helfen, die sich auf aktuelle Forschung stützen – und an die ich glaube und die ich erfolgreich erprobt habe. Wir tendieren aber auch dazu, uns selbst optimieren zu wollen, unser Schicksal als veränderbar zu betrachten in der Überzeugung, dass es jeder schaffen kann, wenn man nur hart genug an sich arbeitet. Lies dieses Buch also auch kritisch und mit dem Mut und der inneren Weisheit, dass du deinem eigenen Gefühl trauen kannst und dass manchmal die größte Rebellion gegen einen Zustand darin besteht, ebenso seine hässlichsten Seiten zu umarmen.

Ja, in großen Teilen soll dieses Buch dich zwar dazu animieren, deinen Geräten nicht mehr obsessiv Aufmerksamkeit zu schenken, ihnen einen Teil ihrer Sogkraft auf dich zu nehmen. Doch manchmal liegen die Rebellion und Freiheit des Lebens auch einfach darin, acht Stunden im Bett eine total bescheuerte Serie zu schauen, Junkfood zu essen oder Kette zu rauchen oder zu fluchen oder mal nicht zurückzuschreiben, obwohl man doch höflich sein wollte, kurz: darin, einfach mal drauf zu pfeifen, was vernünftig wäre und was digital nachhaltig. Hauptsache, du tust es bewusst. Weil du genau dadurch, dass du deine Grenzen herausforderst und in deinem digitalen Umgang auch deinen Spaß findest, selbstbewusster und reifer damit umgehen kannst. Und dich damit dem riesigen Perfektionsdruck und der vermeintlich moralisch korrekten Richtung entziehen kannst, die überall, vor allem in digitalen Räumen, gepredigt wird. Nimm dieses Buch also ernst, dich selbst aber genauso.

Und zuletzt: Achtsamer Umgang mit Digitalisierung ist ein Lebensweg. Es ist nicht anders als mit einer Beziehung, mit einer Ernährungsumstellung, damit, dass du zufriedener, gütiger, fleißiger, sportlicher werden willst: Alles ist ein Prozess. Digitale Achtsamkeit hat nicht so viel damit zu tun, wie lange du online bist, sondern vielmehr, wie wertvoll die digital verbrachte Zeit dir scheint. Klar, du wirst ganz konkret Tipps bekommen und mit Fragen konfrontiert werden. Das ist der Zweck eines Ratgebers im eigentlichen Wortsinn: Er gibt Rat. Und doch geht es am Ende nicht bloß um konkrete Ziele als vielmehr um einen neuen Zugang zum Thema. Darum, dass du beginnst, dein digitales Leben aktiver zu gestalten, besser Grenzen zu setzen, dich rechtzeitig auszuloggen, wenn du was anderes brauchst als digitales Dauerrauschen. Dass du lernst, hin- und herzupendeln zwischen Erholung und Aktivität, zwischen digitaler Effizienz und analogem Erleben. Dass du lernst, zu spüren, was dir guttut, welche Art von Leben du leben willst und wie du mit dem Digitalen nachhaltig umgehen kannst. So, dass es dir nützt, dich aber nicht konsumiert.

Die Bildschirme, die sich zwischen uns gelegt haben, können wir nicht wieder entfernen. Doch wir können entscheiden, sie öfter wegzulegen. Pausen vom Digitalen machen. Uns so organisieren, dass wieder mehr Zeit und Raum bleibt für anderes. Wir können Prozesse optimieren und einiges weglassen. Wir können unsere Haltung zum Leben und zu Verbundenheit verändern und uns aktiv darum bemühen, in eine bessere digitale Balance zu kommen. Und uns dazu entscheiden, unsere digitalen Gewohnheiten so zu verändern, dass wir wieder mehr Zeit, Energie, Lebensfreude und echte Verbundenheit spüren. Wissen, was wir vom Leben wollen. Und am Ende auch: glücklicher sind. Alles ist in Balance. Schwarz und Weiß, Licht und Schatten, Liebe und Hass, Verbundenheit und Trennung, Analog und Digital.

ENDLICH VERBUNDEN.

WIE ICH MICH INS DIGITALE VERLIEBTE UND MICH DARIN VERLOR.

Das mit mir und dem Internet fing sehr schön an. Fast schon wie eine Liebesgeschichte. Über viele Jahre schien alles gut zwischen uns. Bis sich etwas verschob. Langsam, fast unbemerkt. Ich beginne also damit, dir von meiner Jugend zu erzählen, von meinem ersten Mobiltelefon, meiner ersten Liebe. Weil ich finde, dass es wichtig ist, zu verstehen, woher wir kommen, um zu wissen, wohin wir gehen wollen. Nimm meine Geschichte als Anfangspunkt für deine Reise. Vielleicht fragst du dich dabei immer mal: Wie war das bei mir?

Rausch

1997 kauft meine Mutter einen Macintosh, wir sind eine der ersten Familien mit so einem Gerät im Dorf, sie kauft einen zweiten Bildschirm im A4-Format, vertikal, damit sie die ganze Seite Word-Dokument vor sich sieht, ohne zu scrollen. Die Festplatte fasst um die 100 Megabyte, wir können nicht ins Internet, irgendeiner gibt mir eine AOL-CD und sagt, damit kommst du rein, ich installiere die CD auf dem Computer und lösche meiner Mutter dabei alle Dateien vom PC, und noch immer kann ich nicht ins Internet.[2]

Ein paar Monate später kommt dann der Elektriker, er verlegt eine Leitung, es macht dieses Geräusch, das Einwählgeräusch, ewiges Rauschen, verbunden, nun, mit der Welt, ich logge mich in einem Online-Chat ein und lege mir ein Pseudonym zu, ich schreibe meine ersten Worte in einen Messenger, meine Mutter heizt nicht in dem Raum, in dem der PC steht.

Vielleicht ist es Absicht, damit ich nicht zu lange bleibe, vielleicht lohnt es sich nicht, diesen Raum auch noch zu heizen, es ist ja nicht so, als wäre dieser Raum zum Wohnen da. Darin steht ja nur ein PC, kein Grund, sich hier länger aufzuhalten, wer würde den Großteil seines Lebens zwischen einem PC und einem Drucker verbringen wollen, es gibt ja noch die Küche und das Wohnzimmer und das Schlafzimmer und den Garten und die Nachbarschaft und eine Welt, da draußen, ein Leben, da heizen wir doch den PC-Raum nicht.

Ich werde angewiesen, den PC runterzufahren, wenn ich fertig bin, und dann ein Stück braunen Stoff über den Bildschirm und die Tastatur zu legen, damit der Staub sich nicht fängt. Ich darf vor dem Gerät nicht essen und nichts trinken, ich muss schauen, dass die Tastatur sauber bleibt, und wenn ich fertig bin, soll ich die Leitung wieder freigeben, und sowieso, bleib nicht lange, zehn Minuten vielleicht.

Ich lege mir eine E-Mail-Adresse zu. annamiller87@hotmail.com, mein Name, mein Geburtsjahr und die Endung, jetzt gehöre ich auch zur Welt, zum Internet, zum *world wide web*.

Lustigerweise kam irgendwer drauf, dieses Netz, das Internet, das WLAN, gleich zu taufen wie das, was wir unter Menschen die ganze Zeit tun, wonach wir uns sehnen und wovon wir oft nicht genug kriegen können. Sie nennen es *connection*, »Verbindung«. *Internet connection.*

2000, ich drücke den Knopf, den kleinen Knopf am oberen Ende des Geräts, Nokia 3210, manchmal spiele ich Snake, bis meine Augen müde werden. Ab und zu stehle ich mich in mein Zimmer und krame das Gerät unter meinem Kopfkissen hervor und schaue, ob eine Nachricht gekommen ist, manchmal ist da eine, und wenn sie von einem Jungen ist, den ich während der Ferien kennengelernt habe, schlägt mein Herz kurz etwas schneller. Ich bange, ich bange auf die nächste Nachricht, mag er mich noch? Meine Mutter weiß nichts von diesem Gerät. Ich habe es hinter ihrem Rücken gekauft. Sie würde so was nicht wollen, Eltern eben, spießig und alt und verstehen nichts von Fortschritt.

Ich sitze immer länger im unbeheizten Raum, in welchem unser PC steht. Manchmal sagt meine Mutter, ich hänge zu lange vor dem Bildschirm rum, doch ich sage ihr, dass das nicht stimmt. Manchmal fragt mich meine Mutter, was ich da alles tue, was daran so interessant sein soll, und ich rolle mit den Augen und sage, Mama, das verstehst du nicht, du bist halt alt.

Manchmal fragt mich meine Mutter, ob ich zum Essen komme, und ich sage dann, gleich, gleich, und dann komme ich lange nicht, und das Essen wird kalt, und alle sind schon fertig, aber mir macht das nichts aus, weil ich jemandem zu antworten hatte. Vielleicht wird das Liebe, er hat mich nach meinem Namen gefragt und ob ich bald wieder online komme, und dann haben wir uns verabredet, vielleicht treffen wir uns sogar mal, und wenn nicht, macht das nichts, weil, miteinander schreiben ist schon aufregend genug, und ich habe etwas, wovon ich nachts träumen kann, sein Name ist Jan.

2005 kaufe ich mir ein besseres Handy, ich mache einen

neuen Vertrag, mehr SMS, länger telefonieren, eine Flatrate, sie kostet mich ein Vermögen, aber das ist es mir wert, so viel kommunizieren, wie ich will. Und dieses sichere Gefühl, mit der Zeit zu gehen, ihr davonzurennen, sagen zu können: Klar, schau mal, hab das Gleiche wie du, in Blau, wusstest du nicht, dass es das jetzt in Blau gibt? Klar, in Zürich gekauft, an der Löwenstrasse, im größten Handyshop der Schweiz, und du so, noch immer nicht mit der Welt verbunden?

Melanie macht das erste Bild von mir, in einem Wald, wie ich mit Manuel knutsche. Danke fürs Schicken, hdl. Der Akku hält die ganze Woche.

2007 stellt sich ein großer dünner Mann mit schwarzem Rollkragenpullover auf eine ebenso schwarze Bühne und hält eine sehr gute Präsentation. Ich bin 20 Jahre alt, ich habe Abitur gemacht, habe die erste eigene Wohnung bezogen. Wenn ich etwas kaufen will, dann gehe ich in einen Laden, wenn ich ausgehen will, in eine Bar. Ich bezahle mit dem Geld, das in meiner Tasche liegt, und sehe den Menschen, der gerade physisch vor mir steht.

2009 kaufe ich mein erstes Smartphone. Das Gerät in meiner Tasche wird zu meinem Türöffner in eine neue Welt, zum Erkennungsmerkmal der jungen Generation, der Menschen, die verstehen, was Wandel ist, und ihn mitgestalten wollen. Ich höre Musik damit, ich schreibe Notizen, ich stelle die ersten Bilder auf Facebook. Ich verbinde mich in den sozialen Medien mit den ersten Freundinnen, die im Ausland studieren. Wir feiern gegenseitig virtuell unsere Geburtstage. Wenn ich als Journalistin einen Artikel recherchieren muss, dann google ich die Informationen, viele Anrufe erübrigen sich. Ich kaufe mir einen Laptop, klappe ihn im Zug auf meinen Knien auf und schreibe meine

Texte auf dem Weg zum nächsten Gespräch, ich fühle mich frei und unabhängig und effizient. Ich kann von überall aus arbeiten. Mal kurz nachschauen, wenn ich einen Namen vergessen habe. Alle meine Termine in einen digitalen Kalender eintragen.

Ich liebe es, mich zu verbinden. Da draußen so viele Menschen zu finden, die Gleichgesinnte sind, im Kampf für den Feminismus. Online so viele Likes für meine Kampfparolen zu erhalten, während bei Familienfeiern die alten sexistischen Witze erzählt werden und ich mir vorkomme wie aus einer anderen Welt. Ich liebe es, Filme und Serien auf Englisch zu konsumieren, zu Hause, in meinem Bett, während andere Leute sich zu festgelegten Zeiten irgendwelche schlechten Produktionen in deutscher Synchronisation anschauen müssen, weil sie nichts anderes kennen als Kino und analoges Fernsehen. Googeln zu können, wie ich ein Ei koche, wann Erdbeeren Saison haben und wie ich sie am besten einfriere, wenn ich zu viel davon habe. Meinem Freund Sprachnachrichten zu schicken. Ausschlafen zu können bis zwölf, weil ich weiß, dass ich abends um zehn noch am Text arbeiten kann. Solche Dinge.

Niemand, der mit dem Internet aufgewachsen ist, würde es wieder verlieren wollen. Warum auch? So viel Schönes hat es uns gebracht. So viel Zeitersparnis. So viel Freiheit.

Kater

2016, ich bin seit vier Jahren selbstständig, ich antworte bis kurz vor Mitternacht auf E-Mails, obwohl das niemand von mir verlangt, und fühle mich wichtig dabei, ich klappe im Zug und im Café und in irgendwelchen Landbeizen meinen Laptop von Apple auf und gehe über den Hotspot meines iPhones ins Netz. Ich schere mich nicht darum, ob Leute am Nebentisch grade essen wollen und mein Hämmern auf der Tastatur sie in ihrem Gespräch stört.

Die ständige Erreichbarkeit ist mein neues Statussymbol, es soll meinen Auftraggebern suggerieren, dass ich immer liefere, dass ich potent bin, jung und willig, dass ich die Zukunft bin, eine Frau, die mühelos mit allem mithält und in einer Geschwindigkeit Beobachtungen abliefert, die jedem Online-Redakteur gefallen. Sollen sich doch andere weigern, Videos zu drehen und sich eine Social-Media-Präsenz aufzubauen, sollen sie ignorant darauf bestehen, dass es nur um Inhalte geht und null um Egos, Namen und Identitäten. Derweil arbeite ich an meiner *corporate identity* – ich muss mich zur Marke machen, das ist mir längst klar.

Der Druck, dem ich mich aussetze, den ich selbst erzeuge, ist enorm geworden. Keine Ahnung, wann das angefangen hat. Vielleicht mit der Anzahl Apps, die ich runtergeladen habe, immer mehr. Oder der Anzahl Social-Media-Profile. Vielleicht bin ich auch einfach älter geworden, habe begonnen, zu arbeiten. Möchte was aus mir machen. Meine Artikel in die Welt tragen. Das ist doch im Grunde alles nicht verwerflich, ich bin schließlich ein guter Mensch, ich will helfen, Menschen eine Stimme geben. Also verausgabe ich mich. Gerne. Die Anerkennung, die ich dafür kriege, tut mir gut. Ich poste meine Artikel auf Social Media. Ich erhalte die ersten Likes für meine Arbeit, beginne, mir zu überlegen, was ich wann wie darstelle, damit es professionell wirkt. Währenddessen stellen sich Chefredakteure in den Newsrooms vor die Belegschaft und sagen: Schaut auf die Klicks, seid schneller als die Konkurrenz. Schreibt was ins Internet, auch wenn wir noch keine Belege haben, besser irgendwas als gar nichts.

Irgendwie sind meine Tage kürzer geworden, irgendwie ist digital immer mehr zu tun. Immer mehr Leute wollen was von mir, die digitale Aufgabenliste wird immer größer, und ich beginne meine Tage schon damit, dass ich mich von meinem Smartphone wecken lasse, die Timelines durchscrolle, die E-Mails checke, noch bevor ich überhaupt richtig wach bin, manchmal scrolle ich 20 Minuten am Stück, obwohl ich doch noch gar nicht auf dem Klo war. Manchmal stehe ich in Unterhosen in der Küche und checke eine Mail, wo ich doch eigentlich die Milch für den Kaffee schäumen sollte, ich starre so lange in mein Smartphone, dass der Kaffee kalt wird und ich nicht mal merke, wie sehr ich friere, ohne Kleidung, oder dass mich so jemand sieht, am Fenster. Manchmal übt das Digitale einen solchen Sog aus, dass ich vergesse, zu essen. Dann schlinge ich stehend oder in den Bildschirm starrend irgendwas in mich rein und schlucke so hastig, dass ich danach Sodbrennen habe.

Wenn ich in einen Club gehe, dann hoffe ich, dass ich nicht so betrunken bin, dass ich nicht mehr weiß, was ich tue. Weil ich Angst davor habe, dabei gefilmt zu werden. Der Film dann im Netz. Mein Leben, digitalisiert und außer Kontrolle. Und nichts, was ich tun könnte. Niemand, der das löscht. Jeder Moment der Unachtsamkeit könnte einer sein, der mich für immer an den Pranger stellt. Manchmal bin ich kurz davor, meinem Freund ein Nacktbild zu schicken. Ich tue es dann doch nicht.

Ich mache die ersten Auslandsreisen, ich fliege nach Indien, nach Marokko, nach Italien, ich fliege nach Israel. Ich steige ins Flugzeug und muss den Flugmodus reinmachen, dann ist lange Zeit nicht viel los. Ich schaue mir an Bord ein paar Filme an und lese ein paar Seiten in einer Zeitschrift, ich betrete nach der Landung fremden Boden und schaue, dass ich an einem Taxistand ein Taxi kriege, verstehe kein Wort dieser Männer, die versuchen, mir die Welt zu erklären, und fahre erst mal ins Hotel.

Ich versuche manchmal, das WLAN-Passwort nicht mitzuschreiben, die Damen an der Rezeption strahlen mich dann immer an und sagen begeistert, schauen Sie, gratis WLAN, ganz schnelles, im Zimmer! Im Restaurant, auch am Pool! Auch am Strand! Wir wollen sichergehen, dass es Ihnen an nichts fehlt. Das Wasser kostet 2,50 Euro in der Minibar, dasjenige aus dem Wasserhahn dürfen Sie nicht trinken, aber das Internet, das ist kostenlos.

Manchmal, wenn ich mein Handy absichtlich im Hotelzimmer lasse, um mal ein wenig Abstand zwischen mich und das Internet zu bringen, und dann offline am Pool liege, wünschte ich mir plötzlich, ich könnte meine Beine fotografieren, sie sehen grade so schlank aus, die Sonne steht günstig, *golden hour*, ich spanne die Haut an und ändere den Winkel, wenn ich jetzt ein Foto mache und es hochlade, bewundern mich die Leute und denken, so schlank bist du, Wahnsinn, *guapa*, schön!!!, dann werde ich zurück ins Hotel gehen und für ein paar Tage weniger essen. Manchmal gehe ich doch das Handy holen und versinke dann darin, Dutzende Bilder von meinen Beinen zu machen, ich mache so lange Bilder von ihnen, dass ich gar nicht merke, wie die Luft sich abkühlt, bis ich plötzlich aufschaue und um mich herum kein Mensch mehr, alle schon beim Essen. Ich lasse das Handy immer seltener im Zimmer liegen.

2018 fällt die Roaming-Schranke in Europa. Nie wieder ohne Handy am Strand. Nie wieder Sonnenuntergang ohne Livestream. Nie wieder an einem Ort, an dem ich schulterzuckend sagen kann: Sorry, ich war leider nicht erreichbar, sorry, war einfach dort und nicht auch noch hier.

Wenn ich daheim aus dem Haus gehe, nehme ich mein Smartphone immer öfter mit, ich könnte in Gefahr geraten, mich verirren, Hilfe brauchen. Ich habe Angst, so ganz ohne Telefon, ich rede mir dann ein: Wenn dir jetzt was passiert, dann bist du selber schuld, hast ganz allein auf dich vertraut, wie töricht. Und ich muss erreichbar sein. Vielleicht stirbt auch plötzlich Opa, und ich war nicht da, als der Anruf kam. Das würde ich mir nicht verzeihen.

Und sowieso, mein Chef liest heute meinen Artikel, vielleicht sind noch Fehler drin, wer geht schon am helllichten Tag spazieren und macht Pause, ich sollte am PC sitzen, sollte am Handy kleben. Ich muss eingekaufte Produkte bezahlen, ich muss Tickets vorweisen können, ich muss mir Notizen machen, ich muss Leuten antworten, ich muss Wege googeln, ich muss Verbindungen checken, ich muss Einkaufslisten schreiben, ich muss Bilder machen, ich muss Musik hören, ich muss Schuhe bestellen, ich muss mein Leben managen.

Frühling 2020, meine Freundinnen und ich treffen uns zum Brunch, alle lassen ihre Handys auf dem Tisch liegen, alle lassen die Vibration an, alle schauen nach, wenn was reinkommt. Ich sage, dass ich das nicht höflich finde. Dass ich mir wünschen würde, dass wir alle mal unsere Smartphones in der Tasche lassen und uns zuhören und mal da sind und nicht immer woanders. Eine Freundin zieht mich nach dem Brunch zur Seite und sagt mir: Hör mal, du bist doch nicht die Zeugen Jehovas, hör auf damit, das vertragen die Leute schlecht.

Aber irgendwie hat dann doch die Zeit gefehlt für Sport. Und für diese große Aufgabe, die ich mir zum Ziel genommen hatte, vor ein paar Wochen. Ich habe viel abgearbeitet, Mails, Anrufe, Slack-Nachrichten, bin aber kaum zu was anderem gekommen. Abends ziehe ich mir öfter Serien rein, an manchen Tagen finde ich das toll, an anderen versuche ich, mich zu was anderem zu zwingen, mal wieder Gitarre üben oder endlich die Geburtstagskarte für meine Oma zeichnen, verschiebe das alles dann aber irgendwie aufs Wochenende.

Ich merke derweil, dass es mir jetzt nicht mehr reicht, bloß alle Stunde mal aufs Smartphone zu schauen oder bloß zwei Nachrichten am Tag zu kriegen. Obwohl ich allen gesagt habe, dass ich sowieso nicht in der Stadt bin, eigentlich bin ich grad zelten an einem See und könnte mein Leben genießen, und doch, ich sitze im Halbschatten in einem Campingstuhl, halte ungläubig mein Smartphone in der Hand und starre auf den Bildschirm und drücke irgendwelche Apps und checke den Wetterbericht und scrolle durch eine Timeline und checke an einem Sonntag meinen Kontostand, weil mein System es nicht mehr gewohnt ist, keinen Input zu kriegen, und vor allem: die Frequenz meiner Kommunikation runterzufahren.

Irgendetwas in mir gerät dabei in Panik. Ich frage mich plötzlich, was diese digitale Stille zu bedeuten hat, ob ich jetzt rausgefallen bin aus diesem digitalen Dauerstrom, weil mich niemand mehr liebt und alle mich vergessen, weil ich ja nicht vor ihnen stehe, wir sind ja alle nur noch selten gleichzeitig im gleichen Raum, da ist auch kaum mehr jemand, dem du jeden Sonntag in der Kirche zuverlässig über den Weg läufst. Wenn wir digital nicht mehr verbunden bleiben, wie dann überhaupt noch?

Oktober 2020, der Dokumentarfilm *The Social Dilemma* trendet weltweit. Er handelt davon, dass diese ganze Social-Media-Sache eine gewollte Massenabhängigkeit ist, dazu da, ein paar wenige Menschen auf der Welt sehr reich zu machen und uns alle emotional und seelisch sehr arm.

Facebook wird für das Jahr 2020 fast 86 Milliarden US-Dollar Umsatz vermelden.[3] Trotz Datenschutz-Skandalen ein Höchstwert. 98 Prozent des Umsatzes durch Werbung generiert.[4] Die wir uns anschauen, wenn wir online sind. Die mehr kostet, wenn wir länger online sind.

Ich sage allen meinen Freunden, sie sollen den Film schauen. Verschicke den Link über WhatsApp. Lösche gleichzeitig meine Netflix-App von meinem Smartphone. Überlege mir wieder mal, WhatsApp ganz zu löschen. Klicke drauf. Sehe die Benachrichtigung des Dienstes, der mir erklärt, dass alle meine Daten unwiderruflich gelöscht werden, alle Bilder, alle Nachrichten, alle Sprachnachrichten, alle Zeichnungen, alle meine Gefühlsduseleien, alle Hilfeschreie in die Nacht hinein, all die Stunden, in denen ich meinen Freundinnen virtuell die Hand gehalten hab, all die Momente, in denen ich Herzen zugeschickt bekam oder ein GIF, das mir die Welt bedeutete, weil all das von ihm kam, von seiner Nummer, von seinem Telefon. Bist du sicher, dass du deinstallieren willst, Anna? Ich klicke auf Nein.

November 2020, inmitten der Pandemie, plus 30 Prozent tägliche Smartphone-Nutzungsdauer weltweit[5], über die Hälfte aller Smartphone-Checks weniger als 30 Sekunden lang.[6] Anstieg der Suchanfrage »*how to get your brain to focus*«: 300 Prozent.[7]

Aus meinem Leben mit ein bisschen Onlinezeit ist spätestens seit Ausbruch der Pandemie ein Onlineleben geworden. Der durchschnittliche US-amerikanische Jugendliche verbringt alleine am Smartphone, andere Bildschirme nicht mit eingerechnet, sieben Stunden seiner Wachzeit. Täglich. Verbringen wir rund zwei Stunden täglich auf Social Media und leben wir so, bis wir 90 Jahre alt sind, wären das über 17 Jahre unseres Lebens.[8] Die durchschnittliche Aufmerksamkeitsspanne liegt bei nicht viel mehr als sechs Minuten.[9] Hallo? Bist du noch dran?

Nullpunkt

Ende 2020 sitze ich in einem alten Pfarrhaus in den Schweizer Bergen, auf über 1000 Meter über Meer. Hier komme ich immer her, wenn ich was zustande bringen will, einen großen Brocken Text wie diesen hier, beispielsweise. Vielleicht, weil ich mir nicht mehr sicher bin, ob ich dem Rauschen der Stadt und dem Rauschen des Digitalen überhaupt noch was entgegensetzen könnte, bliebe ich, wo ich bin. Vielleicht brauche ich solche Orte der Langsamkeit, der Stille, der Höhe, um überhaupt noch etwas hinzukriegen.

Es hat sich Schnee in die Äste der Bäume gelegt, die Anfahrt war mühsam und lange, im Dorf riecht es nach Brennholz, und hier drin, in diesem Haus: kein 4G. Ich packe meinen Koffer aus und checke alle paar Minuten, ob nun Signal kommt, es kommt keins. Plötzlich ergreift mich eine unerklärliche Leichtigkeit. Als würde die Welt von meinen Schultern fallen. Vielleicht werde ich wirklich nicht verbunden sein, hier oben, über Tage nicht. Und nichts, was ich dagegen tun müsste, nichts, was ich dagegen tun könnte. Bloß ein Mal habe ich mich in den letzten Jahren so frei gefühlt wie an diesem Tag. Als mir vor ein paar Jahren das Smartphone geklaut wurde, ausgerechnet in der

Silvesternacht. Die nächsten Tage waren alle Geschäfte zu. Vier Tage lang hatte mein Leben keine zweite Ebene mehr, ich existierte nur noch hier, es existierte nur noch das, was gerade um mich herum war, es war das gleiche Gefühl wie als Kind in den Sommerferien in Italien, wenn ich, eingewickelt in den kleinen Elefanten-Bademantel, nach dem Baden im Meer in der Sonne lag und einschlafen konnte und wusste, dass mich irgendwann jemand wecken wird und ich einfach vor mich hindösen kann, jetzt, hier, in Sicherheit.

Ich gehe schlafen und träume schlecht.

Bevor ich hier hochgefahren bin, habe ich meine Arbeitgeber darüber informiert, dass ich in meiner Abwesenheit digital nicht erreichbar sein werde. Einer von ihnen hat einen Skype-Termin angesetzt, und ich sagte ihm, ich sei nicht da, ich hätte dann auch kaum Internetzugang, der Mann hatte dann diese Betroffenheit in der Stimme und meinte ganz sanft: Hast du denn E-Mail-Zugang, wenigstens E-Mail-Zugang? Und ich antwortete, ja, den hätte ich, aber ich will ihn nicht, ich will ihn bewusst nicht. Ich werde die ganze Woche nicht erreichbar sein und werde dreist über meine Zeit verfügen, werde mich von der Welt verabschieden, mich verschlucken lassen. Niemand wird mich einfach erreichen können und was von mir wollen und mich rausreißen und mich einspannen. Der Mann am anderen Ende der Leitung wartete verdutzt, dann lächelte er hörbar in den Hörer hinein und sagte: Ach, so ist das, ja, hm, das müsste ich auch mal machen, dann lachte er nervös und sagte: Aber weißt du, das geht nicht. Das würde nicht gehen.

Derweil liest Bill Gates mehrere physische Bücher die Woche, spaziert durch Wälder und schreibt in Räumen ohne digitale Hilfsmittel mit Stiften Gedanken an Wände.[10] Halten Celebrities, die auf Instagram Millionen von Followern haben, weiter ihre Sticker mit dem Slogan *Social Media can seriously harm your mental health* in die Kamera, um dann offline zu gehen, während ihre Assistenten rund um die Uhr posten. Entfernen die CEOs die Farbe von ihren Bildschirmen, *grayscale mode,* damit sie dem Signalrot, das dem Menschen evolutiv bedingt Intensität und Gefahr signalisiert und jetzt für alle Arten von Benachrichtigungen eingesetzt wird, die Kraft nehmen. Während die CEOs im Silicon Valley ihre Kinder in Waldorfschulen und Montessori-Kindergärten schicken – damit sie dort Natur haben und kreativen Gestaltungsraum –, hängt der Rest der Welt am Strom, als sei dieser ein Bluttransfusionsbeutel.[11]

Ich denke darüber nach, wie es sich mit Zeit und Raum verhält und was Freiheit eigentlich bedeutet, und ich glaube, Freiheit bedeutet bald Unauffindbarkeit. Sie wird etwas sein für die wenigen Privilegierten, die es sich leisten können, nicht mit dem Strom zu schwimmen, nicht zu konsumieren, selber kein Produkt mehr zu sein. Während wir anderen bereitwillig an unseren Geräten hängen und alles von uns preisgeben, werden diejenigen, die es sich leisten können, Zeit haben und verloren gehen und verschluckt sein, und niemand wird wissen, wo sie gerade sind und was sie tun und wie sie sich fühlen, sie werden weiter Hinterausgänge nehmen und hohe Zäune um ihre Häuser bauen und Assistentinnen einstellen, die ihre Onlinepräsenzen pflegen, während sie sich zurückholen, was sich niemand mehr zurückholt, die Hoheit über unser Sein, *the right to disconnect.*[12]

Irgendwann, in diesem Pfarrhaus sitzend, denke ich, ich werde ohne Internet durchdrehen, schon bald. Ich stehe auf und wandere umher wie ein Tiger, ich nehme immer wieder das Smartphone in die Hand und starre drauf und warte ungläubig ein paar Sekunden und halte den Atem an und hoffe, dass da doch ein Signal ist, bis ich merke, dass ich nichts erhalten habe, keine Nachricht, kein Emoji. Nichts, was mein Leben für immer verändert.

Am liebsten würde ich wegrennen, doch ich habe keine Alternative, als weiter zu schreiben. Weil es hier nichts zu machen gibt, nichts zu sehen, nichts zu konsumieren. Es gibt Berge, Gras, einen Baum vor dem Haus und ein paar lange Wege. Und ich weiß, dass mein System, so überreizt und so voller Gier nach dem nächsten neuen Input, etwas Zeit brauchen wird, um sich an diese Einöde zu gewöhnen.

Irgendwann, nach ein paar Tagen, schaue ich aus dem Fenster und sehe die Berge und das garstige Wetter vor meinem Haus und betrachte alles ganz in Ruhe. Ich nehme einen tiefen Atemzug und beobachte, wie mein Atem ganz ruhig fließt. Dass ich grad nicht mehr meine, zu sterben, weil ich seit einer Stunde nicht mehr nachgeschaut habe, ob mich jemand erreichen wollte. Ich bin offline. Auch im Kopf. Am Nullpunkt. Komplett bei mir. Endlich.

In genau diesem Moment, in den Bergen, völlig frei und losgelöst von allen digitalen Zwängen, sozusagen zwangsberuhigt, erkenne ich: Ich habe ein Problem. Ein viel größeres, als ich mir je hätte eingestehen wollen. Und ich muss diesen einen Satz aufschreiben, hinschreiben, weil ich ihn sonst nicht glaube.

Ich bin abhängig. Nicht von meinen Geräten. Nicht von diesem schwarzen Ding, das sich nicht mehr regt. Oberflächlich betrachtet schon. Doch: Diese Obsession greift viel tiefer. Ich bin süchtig nach Dingen, die dort drinstecken. Die ich mir ankonditioniert habe, mit jedem Klick, mit jedem *Swipe*, mit jedem *Like*. Ich bin süchtig nach Anerkennung geworden. Abhängig davon, geliebt zu werden. Ich bin abhängig davon, alles im Griff zu haben. Besessen davon, mich von meiner besten, zuverlässigsten Seite zu zeigen. Mich von meinen Gefühlen abzulenken, die mich überkommen, wenn ich allein mit mir bin. Und dieses Ding da drüben ist mir ein treuer Komplize, der mich überall dort rausholt, wo es unangenehm zu werden droht. Und der mich erfolgreich von mir selbst ablenkt, wenn ich grade nichts Unangenehmes fühlen will. Der immer mit einer kleinen Überraschung auf mich wartet. Mir keine Langeweile lässt. Mich beschäftigt hält. Mich permanent mit Aufgaben überschüttet. Mit Pflichten und mit dem Gefühl, alles im Griff zu haben. Der mich erfolgreich verbindet. Und mich oft, immer öfter, erfolgreich trennt. Von allem, was um mich herum passiert. Und auch oft von dem, was gerade in mir drin passiert.

Kann ich denn bloß ganz bei mir sein, wenn ich von der Welt dazu gezwungen werde, mich digital geschlagen zu geben? Kann ich nur bei mir sein, wenn ich kein Smartphone mehr in meiner Nähe habe, keinen Bildschirm mehr vor meinem Auge, wenn es um das Alles oder Nichts geht, wenn das ewige Rauschen für immer aus meinem Leben verbannt wird? Kann ich mich nur abgrenzen und von all diesen digitalen Verlockungen verabschieden, wenn ich im Nachhinein eine gute Ausrede habe?

Ich kann das alles nicht auf die Digitalisierung schieben. Sie ist nicht das Problem an sich. Sie ist bloß das Vergrößerungsglas in unsere Seele. Ein Multiplikator für unsere Sehnsüchte, Ängste und Marotten. Ein Speicher für alle unsere Erinnerungen und eine Projektionsfläche für unsere Wut, Trauer, unsere Freude. Wollen wir lernen, mit dem Digitalen in unserem Leben umzugehen, es achtsam einzusetzen, es nachhaltig einzusetzen, müssen wir den Mut haben, uns uns selbst zu stellen.

Es reicht nicht, alle paar Monate in die Berge zu fahren und dort mein Smartphone abzustellen. Es wird nicht reichen, mich darauf zu verlassen, dass irgendwer das Internet abstellt. Ich werde es nicht schaffen, ein digital achtsames Leben zu führen, wenn ich umzingelt bin von *all-inclusive Highspeed*-Internet und nicht weiß, wo meine eigenen Grenzen liegen. Wenn ich nicht weiß, was mich an Social Media eigentlich süchtig macht. Warum ich prokrastiniere. Und warum ich am Ende des Tages so viel öfter netflixe als mich bewege.

Will ich weniger am Bildschirm sitzen, muss ich beginnen, mich zu fragen: Was tue ich stattdessen? Wie soll sich mein Leben anfühlen? Welche Menschen tun mir gut? Was will ich machen, aus der Zeit, die mir gegeben ist? Woher kriege ich die Bestätigung, wenn ich sie mir nicht im Netz hole? Und wie gebe ich sie mir selbst?

Diese Fragen sind schwierig. Weil sie Lücken offenbaren. Bereiche, in denen mir etwas fehlt. Weniger scrollen hieße, mehr zu leben. Doch wie soll dieses Leben überhaupt aussehen? Und habe ich den Mut dazu? Wann fühle ich mich mit Menschen verbunden, und wann fühle ich mich in einem Raum voller Leute unendlich allein?

Vielleicht weiß ich gar nicht, was ich an einem freien Abend tun will. Manchmal habe ich Angst, vor die Tür zu gehen. Manchmal kann ich mir nicht eingestehen, dass ich seit Jahren mit irgendwelchen Leuten nach Feierabend Cocktails trinke, aber eigentlich viel lieber ab und an mal alleine im Wald spazieren gehen würde, es dann aber doch nicht tue, weil ich Schiss habe, alleine einen Berg hochzulaufen. Vielleicht habe ich nicht den Mut, meinem Chef zu sagen, dass ich es nicht in Ordnung finde, nach 20 Uhr noch seine Mails zu lesen.

Jetzt, hier, am Nullpunkt, erinnere ich mich an die Worte eines Freunds: Wer auf den Berg klettert, der war erst oben und hat den Gipfel erklommen, wenn er wieder unten ist. Wer in den Urlaub fährt, war erst dort, wenn er wieder zu Hause ist. Und ich habe erst eine digitale Balance entwickelt, wenn ich, zurück im Alltag, noch immer digitale Grenzen wahren kann. Das Smartphone abschalten nach einem langen, von E-Mails dominierten Tag. Wenn ich auf Social Media einen Beitrag poste und dann nicht alle fünf Minuten nachschauen gehe, wie viele Likes der Beitrag inzwischen hat. Weil ich mir ein Leben aufgebaut habe, einen Selbstwert, eine Verbundenheit, die größer ist als mein digitaler Raum. Und ich so digital und analog in Einklang sein kann, digital achtsam, zufrieden statt überfordert.

Hier, am Nullpunkt, erinnere ich mich auch an die Wissenschaft der Positiven Psychologie. An all die guten Ratschläge und Studien und Erkenntnisse, die sich damit beschäftigen, wie ein Mensch glücklich wird. Was ihn zufrieden macht. Wofür es sich zu leben lohnt. Jetzt, hier, am Nullpunkt, verstehe ich endlich, dass mein digitales Verhalten sehr viel mit meinem realen Leben zu tun hat.

FALSCH VERBUNDEN

Warum du das Digitale liebst. Und was es dich kostet.

Keine Technologie der Welt könnte unser Verhalten so gut und nachhaltig steuern, wenn da nicht so viel Psychologie involviert wäre. Die großen Internetfirmen, die was von uns wollen, haben Hunderte Ingenieure, Psychologinnen und Verhaltensökonominnen angestellt, um die menschlichen Schwächen auszuleuchten – und sie sich zunutze zu machen. Von Gamification, also der Art und Weise, wie die Apps designt sind und unseren Spieltrieb ansprechen, bis hin zu Farbwahl und Belohnungssystemen, wenn wir dranbleiben: Unser Verhalten wird durch diese Anreize bewusst gesteuert.

2006 hat ein Wunderkind des Silicon Valley, Aza Raskin, etwas sehr Kleines erfunden, das bald sehr wichtig wurde: den *infinite scroll.*[13] Ein bisschen Code, ein riesiger Schritt fürs Geschäft. Denn der Infinite Scroll bedeutet eine Timeline, die niemals aufhört. Das weckt in uns den Drang, das Internet zu Ende zu scrollen, doch das Internet lässt sich nicht zu Ende scrollen. Wir wissen das. Und doch scrollen wir täglich 173 Meter weit.[14]

Aza Raskin sagte ein paar Jahre später einem französischen TV-Sender: Etwas zu erfinden, das alles leichter macht, bedeutet nicht das Beste für die Menschheit. Um dann anzufügen: Das unendliche Scrollen, das hat er selbst berechnet, koste täglich 200.000-mal die Lebenszeit eines Menschen.[15] Diese Funktion allein. Inzwischen finden wir den Infinite Scroll nicht bloß auf

Social Media. Sondern auch bei Onlineshops, bei Zara zum Beispiel.

Doch Aza Raskin war nicht allein. Er wurde flankiert von anderen, sehr intelligenten Menschen, die anfangs dachten, das, was sie programmierten, würde der Menschheit dienen. Sie weiterbringen. Tristan Harris beispielsweise, der ehemalige Design-Ethiker von Google. Auch er setzt sich mittlerweile mit verschiedenen Initiativen und Projekten, beispielsweise seiner Organisation Center for Humane Technology,[16] für einen nachhaltigeren Umgang mit Technologie ein. Und vor allem dafür, dass die Technologie so gebaut wird, dass sie dem Menschen dient.

In einem einflussreichen Essay schrieb Harris bereits 2016 über die Mechanismen, denen sich Tech-Ingenieure im Silicon Valley bedienen, um uns länger und häufiger ans Smartphone zu binden, als uns lieb ist.[17] Beispielsweise durch *intermittent variable rewards*, zu Deutsch: intermittierende variable Belohnungen. Die Programme auf Smartphones sind so designt, dass wir über *push notifications* benachrichtigt werden, wenn ein Kommentar gepostet wurde oder eine E-Mail reinkommt. Wir kennen aber den Inhalt nicht, bevor wir reinklicken. Wir wissen also nie, ob die Nachricht positiv oder negativ sein wird, was im Kommentar auf Facebook steht, ob wir nun gehasst oder gefeiert werden. Die Anzahl der E-Mails und Nachrichten fluktuiert täglich. Das alles lässt unseren Puls in die Höhe schnellen. Würden wir jeden Morgen um Punkt neun Uhr zwei E-Mails mit dem gleichen Inhalt kriegen, würde das Ganze rasch seinen Reiz verlieren. So aber geraten wir in eine automatische Erwartungshaltung, als würden wir im Europapark in der Schlange zur Achterbahn stehen und bald drankommen. Studien zeigen, dass wir, kurz bevor wir eine Nachricht öffnen, eine Erregung spüren. Wir sind ein bisschen aufgeregt. Kriegen einen kleinen Kick. Der sich dann wieder beruhigt, wenn wir die Mail lesen oder das Programm besuchen. Der springende Punkt: Die Programmierer im Silicon Valley bedienen sich der gleichen Idee wie Casinos mit ihren Slotmaschinen. Wir wissen nie, wann wir gewinnen. Vielleicht ist es eine langweilige Werbemail, vielleicht aber auch die nächste große Chance auf einen Job oder ein Katzen-GIF, das uns Dopamin ausschütten lässt. Und deshalb schauen wir immer wieder nach, was sich in dieser Wunderbox Schönes für uns versteckt.

Eine Studie aus den USA, die ironischerweise auch noch von Facebook gesponsert wurde, kam bereits 2013 zu dem Schluss: 80 Prozent aller befragten Amerikanerinnen und Amerikaner checken ihr Smartphone innerhalb von 15 Minuten nach dem Aufwachen.[18] Andere Studien gehen davon aus, dass rund 12 Prozent aller Social-Media-Teilnehmenden eine Sucht im engeren Sinne haben, was bedeutet, dass Social Media unkontrolliert und exzessiv genutzt wird, mit negativen Auswirkungen auf das eigene Leben.[19] Die meisten Menschen sind nicht im engeren Sinne abhängig, dennoch nutzen viele von uns das Digitale zeitweise exzessiv und impulsiv. 38 Prozent der Deutschen schätzen ihre eigene Smartphone-Nutzung als zu hoch ein, 31 Prozent spüren den Zwang, dauernd aufs Handy zu schauen.[20] Drei von zehn Amerikanern sagten bereits 2021, sie seien »fast ununterbrochen« online.[21] Dabei spüren wir schon länger, dass wir uns eine Veränderung wünschen: 87 Prozent der Deutschen möchten eigentlich gar nicht so viel Zeit im Netz verbringen, mehr als die Hälfte gibt in einer Umfrage an, länger online zu sein als geplant, und jeder Zweite fühlt sich durch das Internet von anderen Dingen abgelenkt.[22]

Mitunter liegt es an den Mechanismen der Programmierer, der *addictive technology*, dass ich meine Finger nicht mehr von meinem Smartphone lassen kann. Dass ich alle paar Minuten auf den Refresh-Button klicke wie eine Laborratte, in der ständigen Erwartungshaltung, dass etwas Neues passiert. Dabei passiert in der Regel nicht viel. Doch mein Gehirn hat sich mit all den Tausenden und Abertausenden von Mikrounterbrechungen verändert. Es hat neue Verknüpfungen hergestellt. Weil das Gehirn neuroplastisch ist. Jede Wiederholung in unserem Leben bildet stärkere Verbindungen im Gehirn. Je öfter ich also eine Handlung wiederhole oder einen Gedanken denke, desto stärker trainiere ich den entsprechenden »Muskel« im Gehirn. Und ich habe meinem Gehirn auch beigebracht, dass Gefahr lauert, wenn ich ein paar Minuten lang nicht checke, was auf dem Smartphone passiert sein könnte. Zur Reaktion des Nervensystems auf digitale Reize erfährst du später noch mehr. Aus der anfänglichen Freude und Euphorie darüber, dass jemand an mich denkt und dass ich eine Frage jederzeit googeln kann, ist das zwanghafte Aufsuchen der nächsten Reizüberflutung geworden, wann auch immer ich einen Moment der Unsicherheit, Langeweile oder Überforderung habe.

Doch es liegt nicht bloß an ein paar ausgeklügelten Mechanismen von Programmierern aus dem Silicon Valley. Die technologischen Tricks fallen auf fruchtbaren, psychologischen Boden: unsere Sehnsucht nach Verbundenheit. Das Smartphone in unserer Tasche ermöglicht uns Verbundenheit und soziale Zugehörigkeit. Wir sind erreichbar für die Freundin, die im Geschäft gerade nicht weiß, welches Kleid sie kaufen soll. Wir geben in Onlineforen Rat. Wir teilen und posten aktivistische Aufrufe von Kollegen, die sich für das Klima einsetzen. Viele digitale Möglichkeiten eröffnen uns neue Möglichkeiten der Partizipation und machen die Welt auch offener und gerechter. Da automatisch reinzuspringen und jederzeit für alle und jeden erreichbar zu sein, ist deshalb nachvollziehbar. Und: Weil wir es technisch können, ist die Verlockung groß, es auch zu machen.

Warum du schlafloser, ängstlicher und schmerzanfälliger bist.

Sozialer Rückzug oder der Abbruch der bisher als »normal« geltenden Verhaltensweisen erhöht in menschlichen Gruppen auch immer das Risiko, sozial abgestraft zu werden. Zumindest ist das unsere Angst. Weil soziale Bestrafung eines der schlimmsten Dinge ist, die Menschen widerfahren können. Wir wollen verbunden sein, nicht getrennt. Für diese Verbundenheit, dieses Dazugehören, würden wir alles tun. Die wenigsten Menschen kommen gut mit dem Alleinsein klar. Die meisten werden krank. Sterben sogar früher[23]. Und suchen, bewusst oder unbewusst, ständig Kontakt. Kinder, die nur wenig körperlichen Kontakt haben, entwickeln sich schlechter.[24] Wir brauchen sozialen Kontakt und Zuwendung wie Pflanzen Wasser.

Dazugehören heißt auch, sich ähnlich zu verhalten wie alle anderen, mit dem Strom schwimmen, weil uns das Sicherheit vermittelt. Und weil unsere Spiegelneuronen im Gehirn darauf ausgelegt sind, zu kopieren, was wir sehen: Trinkt jemand aus einer Gruppe aus der Wasserflasche, ist die Wahrscheinlichkeit, dass einige andere innerhalb kurzer Zeit auch trinken, relativ groß. Meist nehmen wir diese Nachahmhandlungen gar nicht bewusst wahr. In der Psychologie nennt sich das Mimikry-Effekt. Und den wenden wir auch unbewusst auf unser digitales Verhalten an: Eine Studie zeigte, dass Leute, die beobachten, wie ein Teilnehmer der Gruppe zum Handy greift, innerhalb von 30 Sekunden dasselbe tun.[25] Ich habe das in meinen sozialen Interaktionen, beispielsweise auf Partys oder in der Lobby eines Hostels, oft beobachtet. Bin ich stattdessen mit Leuten unterwegs, die alle ihr Smartphone in der Tasche lassen, steigt auch bei mir die Hemmschwelle, mich digital aus der Gruppe »zu verabschieden«. Weil ich kein sozial »unerwünschtes« Verhalten zeigen will. Drohender Bindungsverlust macht uns schlicht Angst.

Wir können uns noch so zivilisiert und entwickelt fühlen, wir modernen Menschen: Unser Gehirn hat sich seit Tausenden von Jahren kaum in seiner Struktur verändert. Wir leben also mit einem prähistorischen System in einer postmodernen Welt. Das erklärt auch, warum unsere Psyche und unser Körper genauso auf einen Tiger reagieren wie darauf, dass wir gerade schreckliche Kriegsbilder im Internet sehen: mit Stress. Weil unser Angstzentrum nicht unterscheidet, ob eine Gefahr physisch im Raum steht oder wir sie »lediglich« mit unseren Augen und digital wahrnehmen. Unser System ist nicht dafür gemacht, konstant Reizen ausgesetzt zu sein. Dazu kommt, dass wir diesen Stress in unserem modernen Leben selten abbauen. Nicht davonrennen. Sondern den Atem anhalten, die Schultern anspannen, das Herzrasen ignorieren und uns abends dann einfach einen Negroni gönnen. Und dieser Stress taucht nicht alle paar Tage auf, sondern Hunderte Male am Tag.

Der amerikanische Professor Larry Rosen forscht seit Jahrzehnten zur Frage, wie sich die Digitalisierung auf unser Gehirn auswirkt. Er ist international ausgewiesener Experte zum Thema *psychology of technology*, der Psychologie des Technologischen. Er sagt: Die meisten von uns merken gar nicht, wie gestresst wir aufgrund des Digitalen eigentlich sind.[26] Und dass wir, wenn wir permanent unsere Geräte checken, im Grunde aus Angst heraus handeln. Weil das meiste davon unbewusst abläuft. Wir spüren in der Regel bloß, dass uns unwohl wird, wenn wir das Handy über längere Zeit nicht checken können. Wir werden unruhig, unsere Hände werden feucht, wir können uns weniger gut konzentrieren. Typische Angstsymptome. In Fachkreisen nennt man das *technological anxiety* – also alles, was irgendwie mit Angst und digitaler Nutzung in einem Zusammenhang steht.

Um diese Angst nicht zu spüren, nehmen wir unsere Smartphones alle paar Minuten in die Hand. Und wiederholen den immer gleichen Vorgang: Entsperren, auf die App drücken, schauen, ob was reingekommen ist, starren, wenn da nichts ist, vielleicht noch mal auf *refresh* drücken, ganz sicher nichts?, antworten, wenn da was ist. In der Fachsprache nennt sich das *compulsive checking.*[27] Doch das ständige, automatisierte und zwanghafte Checken ist Gift. Weil es dein Gehirn darauf konditioniert, ständig zu unterbrechen, was du gerade tust, um nachschauen zu gehen, ob sich digital etwas getan hat. Die Psychologie nennt dieses Verhalten klassische Konditionierung – zu Beginn unserer Reise mit unseren Smartphones hatten Klingeltöne und Benachrichtigungen keine große Bedeutung. Sie waren neutral. Mit der Zeit aber hat unser Gehirn die Nachrichten, die Töne und die Reize mit bestimmten Gefühlen und Handlungen verknüpft. Immer wenn beispielsweise mein Smartphone vibriert, laufe ich zu ihm hin und schaue, was passiert ist. Es könnte eine dringende Nachricht vom Chef sein, also riskiere ich eine

Abmahnung, wenn ich nicht erreichbar bin, oder es könnte eine Nachricht meiner besten Freundin sein, die fragt, ob ich ins Kino komme, was bedeutet, dass etwas passiert, auf das ich mich freuen kann und das mich sozial belohnt. Mit der Zeit verbinden wir das Vibrieren automatisch mit einer Handlung und einem Gefühl, ohne dass wir noch aktiv darüber nachdenken. In dem Moment, in dem wir diesen Vorgang automatisch tätigen, auch wenn kein Geräusch uns daran erinnert, ist die Konditionierung perfekt: Wir greifen zum Smartphone, selbst wenn da nichts ist.

Larry Rosen ist überzeugt, dass wir in einer kollektiven Angststörung gefangen sind. Weil keine psychische Störung weltweit derart omnipräsent und auf dem Vormarsch ist wie die Angststörung. Gemäß Rosen und anderen Expertinnen steht die Angst im direkten Zusammenhang mit unserer Bildschirmzeit. Wollen wir länger offline sein, als wir das gewohnt sind, reagiert der Körper mit Angstsymptomen. Doch die meisten von uns nehmen bloß unterschwellig Unruhe wahr. Und halten dann an ihrem alten Verhaltensmuster fest, auch wenn sie vielleicht lieber anders handeln würden.

Warum du dich einsam fühlst, obwohl du ständig verbunden bist.

Das Smartphone wird so, wie der französische Psychoanalytiker Michaël Stora in seinem Buch *Hyperconnexion* – also Hyperverbindung – schreibt, immer öfter zu einem drahtlosen Kuscheltier. Und wir selbst in den sozialen Medien zu Kindern, die nichts weiter wollen, als ständig angeschaut und für alles, was sie tun, bewundert zu werden, ohne etwas Brauchbares zu produzieren.[28] Mein Smartphone ist für mich teilweise wirklich eine Art Kuscheltier: etwas, das mich beruhigen soll. Das meine Angst dämpfen soll, die immer öfter in mir hochkriecht. Angst davor, sozial bestraft zu werden, wenn ich mal offline gehe. Angst davor, dass der Algorithmus mich bestraft, wenn ich auf Instagram ein paar Tage nicht poste. Oder nicht täglich auf Tiktok. Und dann knallt auch noch FOMO rein: *The fear of missing out.*[29] Die Angst, etwas zu verpassen. Dieses Rumgerenne von einer Party zur anderen, Tische reservieren in drei Restaurants gleichzeitig und dann nicht wissen, wohin, und dann die Tische nicht absagen, keine Zeit. Dieses Sich-nicht-einlassen-Können. Einfach mal entscheiden, und gut ist. Das ist nicht bloß der Digitalisierung geschuldet. Das hat viele Ursprünge, wie beispielsweise, dass wir sozial weniger eingebunden sind, uns freier entfalten können, aber auch in einer Multioptionsgesellschaft leben, die oft Segen, immer öfter aber auch Fluch ist. Weil aus der Tatsache, alles haben zu können, auch eine Unsicherheit wächst, was man denn haben will. Und man sofort abspringen und ausweichen kann, wenn es mal unbequem wird. Wir leben in einer Gesellschaft mit Bindungsängsten. Schwierigkeiten, uns festzulegen, haben wir unter anderem wegen des *Paradox of Choice*[30], das uns im Supermarkt, auf Netflix, auf Tinder begegnet: Je mehr Auswahl wir haben, desto kleiner wird die Wahrscheinlichkeit, dass wir uns entscheiden können. Und irgendwann, im Überfluss an Angebot, können wir uns gar nicht mehr entscheiden. Oder, noch schlimmer, wir empfinden unsere Wahl als schlechter, als sie ist. Und denken ständig: Was, wenn ich mich falsch entschieden habe?

Gleichzeitig suggerieren uns die vielen Eisen im Feuer Kontrolle. Indem wir überall ein bisschen beteiligt sind, können wir nirgends wirklich ausgeschlossen sein. Doch das hat einen hohen Preis: Jede reale Option wird zu einem nervösen Zwischenstand degradiert, zu einer vorübergehenden Lösung, von der aus wir zum Absprung ansetzen. So werden wir schleichend zu Menschen, die sich nicht so verhalten, wie wir uns das vorstellen würden, in einer moralischen Welt: Wir sagen kurzfristig Geburtstage ab, obwohl die Freundin schon für alle eingekauft hatte. Wir ghosten Dates und behelfen uns digitaler Notlügen, wenn wieder mal alles zu viel ist.

Wir haben eine große Angst vor Trennung, Ausschluss und Kontrollverlust. Und pendeln immerzu zwischen den zwei großen Polen der menschlichen Grundstruktur: Autonomie und Bindung. Weil wir Menschen von Geburt an verbunden sein wollen und gleichzeitig frei. Die meisten von uns arbeiten uns ein Leben lang daran ab, die richtige Balance zwischen Nähe und Distanz zu finden. Und wir alle wollen auf keinen Fall einsam sein. Dabei ist Einsamkeit ein großes, drängendes Thema auf der ganzen Welt: Die Vereinigten Staaten müssen sich nach der Pandemie neue Wege überlegen, mit ihrer Einsamkeitsepidemie besser umzugehen.[31] Großbritannien hat vor ein paar Jahren sogar ein Ministerium gegen Einsamkeit ins Leben gerufen[32], Japan zog 2021 nach.[33] Von Einsamkeit betroffen sind nicht bloß ältere Menschen, sondern auch jüngere. Die Digitalisierung ist dabei ein verstärkender Faktor. Nicht nur, aber auch. Weil das Smartphone das Gefühl in uns auslöst, dass da etwas warten könnte, das verführerischer ist als jede Unterhaltung und jedes Gespräch, das da real an deinem Küchentisch stattfindet. Dann hocken wir hier und fühlen uns einsam, obwohl wir doch ständig digital verbunden sind. Weil Einsamkeit, sagte der versierte Einsamkeitsforscher John Cacioppo, nicht an die An- und Abwesenheit von Menschen gebunden ist.[34] Auch nicht an die Anzahl von Menschen, die man kennt. Wer einsam ist, dem fehlt das Gefühl, von anderen beachtet zu werden, anerkannt und gebraucht. Alleinsein hingegen ist wichtig für unsere Entwicklung. Im Gegensatz zum Alleinsein aber charakterisiert Einsamkeit eine tiefe Unzufriedenheit mit den Beziehungen, die schon in unserem Leben sind. Vielleicht suchen wir deshalb vermehrt nach Möglichkeiten, uns an irgendetwas festzuhalten. Und vielleicht erscheint uns deshalb das Digitale mit all den Möglichkeiten, die Kontrolle suggerieren, so verlockend. Ich habe mit meinem Smartphone in der Hand die vermeintliche Kontrolle über alles. Über die Liebe, über Freundschaft, über meinen Körper, Kontrolle über die Zeit und das Wetter, meine Fruchtbarkeit, über den Inhalt meines Kühlschranks und darüber, wie warm es mein Schlafzimmer aufheizt, obwohl ich da grad gar nicht bin. Ich kann mit meinem Gerät alles vermessen und bewerten und auswerten, und das hilft mir, nicht in dieses Loch zu fallen, das sich Zufall nennt. Das Internet gibt uns unzählige Möglichkeiten, zu kontrollieren, was gerade passiert: Wir können bei Uber mit der App nachverfolgen, wo der Fahrer sich grade befindet, wir können prüfen, ob eine Zahlung schon angekommen ist, wir können checken, wie viele Produkte im Laden noch vorrätig sind und wie hoch die Temperatur im Kinderzimmer ist. Und wir können Einfluss nehmen auf die Entwicklung von Produkten, Dienstleistungen und unser Gegenüber – indem wir bewerten, kommentieren und uns beschweren.

Für einen kurzen Moment gibt uns das Kontrollieren und Kuratieren des perfekten Ichs Orientierung und Halt. Doch je öfter wir digital alles kontrollieren, nachschauen und prüfen, jemandem schreiben, ob er noch an uns denkt, oder nachschauen, ob das Internet unser Foto gelikt hat, desto eher geraten wir in Panik, wenn mal etwas nicht so läuft, wie es sollte. Wir verlernen, einfach mit dem klarzukommen, was gerade ist. Und halten uns so von echter Verbundenheit ab. Und bleiben am Ende zu Hause, wenn die Wetter-App nicht klar sagen kann, ob es in den Bergen regnen wird, statt uns eine Jacke anzuziehen. Wir installieren Überwachungsapps auf den Geräten unserer Kinder, statt mit ihnen darüber zu sprechen, dass wir Angst um sie haben. Oder fragen nach ein paar Stunden, in denen wir nichts von unserem Partner gehört haben, unsicher nach, ob alles in Ordnung ist. Um zu testen, ob die Bindung, die uns doch so wichtig ist, noch besteht.

Warum du Dinge, die dir wichtig sind, nicht anpackst.

Wir lenken uns mit unseren Geräten ab von einer ganzen Reihe Emotionen wie Wut, Trauer, Angst, Müdigkeit. Gefühle, die entstehen, weil wir online verstörende Bilder sehen, aber auch Gefühle, die entstehen, weil das echte Leben mühsam, schwierig, kompliziert sein kann. Oder wir tief in uns drin gerade Spannung nicht aushalten mögen, unsere Emotionen schlecht regulieren können, die Arbeit gerade nicht schreiben wollen, die uns weiterbringen könnte, uns jetzt aber mit der Angst konfrontiert, dass wir sie vielleicht nicht schaffen werden. Wir Menschen vermeiden gerne Unangenehmes. Das Smartphone in unserer

Tasche ist dabei die ideale Ablenkung. Wir können damit jede Art von Unsicherheit und Angst temporär außer Gefecht setzen, indem wir uns ein lustiges Video reinziehen oder einfach unaufhörlich arbeiten. Schon vor der Digitalisierung suchte der Mensch Zuflucht vor seinen Gefühlen in Dingen, die ihm ein gutes Gefühl gaben und ihn ablenkten. Mit Sex, Arbeit, Sport, Essen. In der Psychologie nennt man dieses Phänomen *numbing* – sich sedieren.[35] Die moderne Welt hat uns jedoch so viele Reize, so viele Möglichkeiten des Sedierens und künstlichen Aufputschens gegeben wie nie zuvor in der Geschichte der Menschheit. Ein Klick, und du kriegst alles, was du willst. Jede Form von Ablenkung, jede Form von Information. Wir können uns damit vor Unangenehmem schützen.

Und wir können damit gute Gefühle auslösen. Weil Instagram, Shopping-Apps oder Tinder das Glückshormon Dopamin ausschütten. Und wir lieben Dopamin. Es ist überall dort mit am Werk, wo der große Spaß ruft. Es wird ausgeschüttet, wenn wir Achterbahn fahren, wenn wir Sex haben, wenn wir Pornos schauen, wenn wir beim Puzzeln ein Teilchen richtig einsetzen, wenn wir Burger mit Bacon essen oder uns der Typ, von dem wir dachten, er melde sich nie wieder, dann doch eine Nachricht schreibt. Dopamin ist unsere Wunderwaffe gegen jegliche Verstimmung. In gesunden Mengen brauchen wir Dopamin. Es ist von Natur aus vorhanden und führt im Positiven zu mehr Freude, Motivation und Lust am Leben. Dopamin gehört zu uns Menschen dazu. Doch was früher in geringen Mengen über längere Zeit und nur sehr selten in riesigen Mengen ausgeschüttet wurde – beispielsweise, wenn mal wieder Kirmes war oder wir richtig guten Sex hatten –, wird über Social-Media- und Dating-Apps Hunderte Male am Tag befeuert. Der Ausnahmezustand des Dopamin-Zuviels ist seit Jahren immer mehr zu unserem Alltag geworden. Weil die Social-Media-Apps uns dazu konditioniert haben, sie immer wieder zu öffnen, weil jedes Like einen kleinen Dopamin-Kick auslöst.[36] Das Gehirn aber gewöhnt sich an Dopamin. Es braucht immer größere Mengen davon, um weiterhin gleich viel Freude zu empfinden. Es ist, als würdest du jeden Tag drei Burger essen, die versalzen sind: Du wirst an einem Apfel nichts mehr finden. Und nach drei Litern Cola wird dir Wasser so langweilig vorkommen wie ein Buch mit vielen Nebensätzen und einer langen Einleitung, nachdem du dir vier Stunden lang den Netflix-Hit *Love is Blind* reingezogen hast.

So wird alles, was du in die Hand nimmst und dich nicht ansatzweise so stimuliert wie ein YouTube-Video, das alle paar Sekunden ein neues Bild zeigt, so fad und frustrierend, dass du es nicht mehr anfassen willst. Und so sitze ich plötzlich da, an einem Sonntagnachmittag an Ostern, mit der Familie, die Sonne scheint, es gibt Kaffee und Kuchen, und danach spielen wir ein Brettspiel, meine Freundin ist langsamer als ich und braucht lange, um ihren Zug zu machen, niemand rastet aus und niemand trinkt zu viel Alkohol, niemand zeigt ein Video, und nichts sonderlich Großes passiert, es sind bloß wir, ein Brettspiel und ein paar Würfel und ein bisschen Tee, und ich leide körperlich. Ich schaue ständig rüber zur Uhr, ich verdrehe die Augen, wenn einer nicht vorwärtsmacht, obwohl er doch an der Reihe wäre, und irgendwie habe ich die Freude verloren an solchen Familienspielen, ich, die ich doch immer solche Spiele spielen wollte, die doch Gemeinschaft so feiert, die sich doch immer darauf freut, Zeit mit der Familie zu verbringen. Aber irgendwie ist alles so fad geworden, so langweilig, so reizarm.

Anna Lembke, eine renommierte Psychiaterin für Suchterkrankungen in den USA, schreibt in ihrem Buch *Dopamine Nation*, dass wir durch die zunehmende Ausschüttung von Dopamin mit der Zeit die Fähigkeit verlieren, Belohnungen aufzuschieben. Wir brauchen den Kick sofort. Dabei findet die Forschung Hinweise dafür, dass Menschen, die Befriedigung aufschieben können, erfolgreicher sind.[37] Gewöhnen wir uns hingegen daran, alles sofort zu kriegen, vermeiden wir immer stärker das vermeintlich »Anstrengende«, das nicht sofort belohnt wird. Doch genau dieses Anstrengende, Mühsame, Schwierige ist laut Lembke das, was uns langfristig glücklich macht. Weil die Befriedigung, die wir erleben, wenn wir uns wirklich anstrengen und etwas schaffen, nachhaltiger ist als der kurze Rausch.

Und Lembke sagt auch: Unsere Mobiltelefone sind moderne Injektionsnadeln. Lembke leitet die Suchtklinik an der Stanford University im Silicon Valley und untersucht das Thema Sucht seit über 30 Jahren. Sie sagt: Die Zunahme an Angst- und Depressionserkrankungen und physischen Schmerzen im Westen habe enorm viel mit der permanenten Verfügbarkeit von Dopamin zu tun. Und weil der Körper nach Homöostase sucht, nach einem biologischen Gleichgewicht, versucht er, den Rausch auszugleichen. Was bedeutet: Nach dem Zuführen enormer Mengen an Dopamin fallen wir in ein Loch. Fühlen uns schlecht. Traurig. Antriebslos. Anstatt die Dopaminmenge zu reduzieren und das Tief auszusitzen, damit sich der Körper wieder ausgleichen kann, schütten wir noch mehr Dopamin drauf. Bald sind wir in einem Suchtzyklus gefangen: Der Körper erholt sich nicht mehr, befindet sich in einem konstanten Tief. Wir brauchen immer mehr Reize, um uns noch gut zu fühlen, und sind viel schneller auf der negativen Seite. Aggressiver, müder, frustrierter, trauriger. Oder schlicht: taub. Lembke sagt, das Einzige, was helfe, sei radikale Ehrlichkeit mit sich selbst. Sich eingestehen, dass man süchtig sei, und danach handeln.

Warum du dich schlechter konzentrieren kannst.

Wir müssen auch in einer Balance sein, um uns konzentrieren zu können. Ist unser Nervensystem konstant aktiviert, geflutet von Stresshormonen und darauf konditioniert, diesen Stress mit digitalem Konsum zu regulieren, fällt es uns immer schwerer, über längere Zeit an einer Aufgabe zu sitzen, die wichtig für uns ist, uns aber fordert, vielleicht zeitweise auch überfordert. Glaubt man Larry Rosen, liegt unsere durchschnittliche Aufmerksamkeitsspanne noch bei etwas über sechs Minuten. Seine Forschungen zeigten, dass Menschen auch mit digitalen Ablenkungen Arbeiten zu Ende kriegen. Doch sie brauchen, weil sie permanent multitasken, länger. Und sind unzufriedener.[38] Weil sie sich der Aufgabe nicht voll widmen können. Und selten in einen Zustand der völligen Absorbiertheit kommen, die für Glücksempfinden maßgeblich ist. Weil wir unser Gehirn über Jahre der Bildschirmentsperrung und Ablenkung darauf konditioniert haben, ständig Reize zu suchen. Und es kaum mehr aushalten, wenn sie fehlen. Wir haben einen Affen über Jahre alle zwei Minuten gefüttert und ihm alles gegeben, was er essen wollte, und wundern uns jetzt, warum er wie ein Irrer schreit, wenn wir mal fünf Minuten was anderes machen wollen, als ihn zu füttern.

Dazu kommt, dass das digitale Leben uns mit Unerledigtem flutet: Da ist noch die digitale Einkaufsliste, die dein Partner in

Echtzeit aktualisieren kann, da ist noch deine Bank, die dir jetzt die Möglichkeit gibt, deinen Kontostand 24/7 zu prüfen, da ist noch der angefangene Artikel im Tab von letzter Woche, die Playlist des Monats, deine angefangene Mail von vorhin, der verpasste Anruf. Wir haben keine Freiräume mehr, keine Warteräume für den Geist.

Wir sind gefangen in einer nie enden wollenden To-do-Liste. Und denken noch immer, dass diese Liste auf unserem Gerät uns doch das Leben erleichtert. Immer griffbereit. Immer übersichtlich. Was bis zu einem gewissen Grad ja auch stimmt. Ich liebe meine digitale Einkaufsliste. Ich liebe es, dass ich jederzeit meinen Kontostand im Blick habe und von unterwegs bezahlen kann. Doch gleichzeitig habe ich einen riesigen Druck. Weil ich zu den Menschen gehöre, die Listen abarbeiten wollen. Die erst aufhören, zu arbeiten, wenn alle E-Mails beantwortet, alle Aufgaben erledigt sind. Doch das ist nicht mehr möglich.

Denn das Internet schläft nie. Es lässt sich nicht zu Ende bearbeiten. Und je mehr du siehst, liest, erinnerst, *outputtest,* desto mehr wird auf deiner Liste landen. Hier noch was hören, da noch was lesen, dort noch was schicken, da noch was kommentieren. Ich spürte mit der Zeit: Je mehr ich versuchte, meinen Alltag, meinen Beruf und mein Privatleben digital konstant zu mikromanagen, desto schlechter ging es mir – psychisch, körperlich, emotional. Weil ich in einen digitalen Stressstrudel geriet, der meinem Nervensystem konstant signalisierte: Achtung, Gefahr, du musst Herrin über deine digitalen Aufgaben werden! Je mehr Angst wir aber in uns tragen, desto eher glauben wir, dass die Welt gefährlich ist und wir unterlegen sind. Und erst zur Ruhe kommen können, wenn alle E-Mails, alle Anrufe und alle Social-Media-Seiten durchgecheckt sind.

Weil wir ja alle jederzeit von überall alles bearbeiten könnten, tun die meisten von uns das auch. Anstatt dass wir uns den Mails dann einmal am Tag gebündelt widmen, reagieren wir auf sie, wann immer wir die Gelegenheit dazu haben: nach dem Wachwerden, wenn die Partnerin auf die Toilette geht, auf dem Weg zur Bushaltestelle. In Deutschland reagieren mittlerweile 60 Prozent der Beschäftigten auch nach Ende der offiziellen Arbeitszeit auf berufliche Mails und Anrufe; über 40 Prozent geben an, dass ihre Arbeitgeber diese ständige Erreichbarkeit erwarten.[39] Wir meinen, wir seien damit effizienter und leistungsstärker. Doch tatsächlich ist es so, als würden wir jedes Mal Wäsche waschen, wenn wir eine dreckige Socke im Korb finden. Das macht niemand von uns, weil es keinen Sinn ergibt. Dann wären wir ja den ganzen Tag bloß mit Waschen beschäftigt und kämen gar nicht mehr dazu, unser Leben zu leben. Digital aber tun wir genau das. Deshalb ist es so wichtig, die Natur des Digitalen zu verstehen. Und unsere eigene. Das Digitale eröffnet uns viele Perspektiven, Informationen und Handlungsspielräume, doch es flutet unsere Kanäle auch mit sehr viel Inhalt, sehr viel Druck, sehr viel Erwartung, sehr viel Kommunikation, sehr vielen Aufgaben.

Wir sehnen uns nach Verbindung. Danach, eins zu sein mit dem, was wir erleben, fühlen, erschaffen. Doch wir haben uns in den vergangenen Jahren inmitten all der wunderbaren digitalen Möglichkeiten auch in einen fragmentierten, abgelenkten Dauerzustand gebracht, der uns genau davon abhält. Je unbewusster wir uns dem digitalen Dauerrauschen hingeben, desto nachhaltiger zerstören wir die Grundlage für echte Verbundenheit.

Warum wir echte Verbundenheit brauchen: Die Wissenschaft des Glücks

Die Digitalisierung ist eine große Chance. Sie hat aber auch ihre Schattenseiten. Und die erinnern uns daran, was uns wichtig ist. Und was wir wirklich brauchen, um glücklich zu sein. Schauen wir uns die negativen Konsequenzen unseres aktuellen digitalen Lebensstils genau an, können wir auch benennen, was wir uns stattdessen wünschen. Wonach wir suchen. Wovon wir weniger wollen. Und wovon mehr. So können wir beginnen, unser Leben zu verändern.

Wenn ich erzähle, dass ich Positive Psychologie studiert habe, kommt häufig eine Frage, und sie lautet: Was, gibt's so was überhaupt? Ist Psychologie nicht immer positiv? Die wissenschaftliche Antwort lautet: Nein. Denn die klassische Psychologie ist die Wissenschaft des Menschen als Individuum, wie er fühlt, wie er lebt, interagiert, lernt. In der Regel untersuchen wir als Psychologinnen Dysfunktionalität. Wir fragen uns: Was läuft noch nicht so, wie es laufen sollte? Wo liegen Probleme, welchen Ursprung haben sie, und wie lassen sie sich eindämmen? Wir gehen davon aus, dass irgendwo ein Mangel ist, den die Therapeuten dann therapieren. Vielleicht Depressionen oder suizidale Gedanken, Essstörungen oder Bindungsprobleme.

Irgendwann ist der Patient dann hoffentlich stabil. Er ist nicht mehr »krank« in einem klinischen Sinne, oder dysfunktional, sondern kann sich in der Gesellschaft und mit seinem Leben zurechtfinden.

Und dann? Was ist dann? Ist das schon Glück? Hier setzt die Positive Psychologie an. Sie fragt nicht primär nach dem Warum eines Problems. Sie setzt dort an, wo der Mensch steht, wenn er stabil ist, aber nicht glücklich. Wenn alles okay ist, jaja, geht, alles solide, aber da tief in uns drin trotzdem etwas fehlt. Das Feuer nicht lodert. Die Blume nicht blüht. Die Positive Psychologie wird auch die Wissenschaft des Glücks genannt. Wir erforschen, was uns gesund hält, was zufrieden macht und dem Zusammenleben förderlich ist. Oder was den Menschen aufblühen lässt. Auf Englisch nennt sich diese Wissenschaft deshalb auch *the science of flourishing.*[40]

Der Mitbegründer der Positiven Psychologie, Martin Seligman, hat verschiedene Modelle entwickelt, um dem menschlichen Wohlbefinden auf den Grund zu gehen. Eines davon ist das PERMA-Modell[41]. Das Wort PERMA ist die englische Abkürzung für fünf Kernfaktoren des menschlichen Aufblühens: positive Emotionen, Engagement, positive Beziehungen, Sinnhaftigkeit und das Erreichen von Zielen. Das regelmäßige Erleben positiver Emotionen wie Dankbarkeit, Genuss oder Zuneigung ist ein wichtiger Faktor für das Wohlbefinden des Menschen. Auch, sich für etwas einzusetzen, das größer ist als man selbst, und dabei seine Stärken für das große Ganze auszuleben, macht uns zufrieden. Die tiefe Verbundenheit zu anderen Menschen ist einer der wichtigsten Faktoren, die Zufriedenheit und Glücksgefühle verlässlich voraussagen. Eine stabile und glückliche Paarbeziehung, ein gutes Netzwerk und sinnstiftende Freundschaften unterstützen uns und lassen uns aufblühen. Und zuletzt mögen es Menschen, wenn sie sich Ziele setzen und diese auch erreichen. Größere Ziele, die schwierig und mit Anstrengung verbunden sind, lösen dabei mehr Zufriedenheit aus als kleinere, doch auch diese tragen dazu bei.

Aber wie viele Menschen sind überhaupt glücklich oder

blühen im Sinne Seligmans auf? Statistisch gesehen sind rund zehn bis 15 Prozent der Menschen psychisch so instabil, dass sie keinen Alltag mehr stemmen können und vielleicht sogar in einer Klinik behandelt werden. Rund zehn bis 20 Prozent der Menschen würden von sich sagen, dass sie glücklich sind. Rund 20 Prozent sind *languishing*,[42] was so viel bedeutet wie: vor sich hindümpeln. Der Rest bewegt sich irgendwo im Mittelfeld, nicht strahlend vor Glück, aber auch nicht unglücklich. Die Mehrheit der Menschen ist also nicht glücklich – und strebt auch deshalb immerzu nach einer Antwort auf die Frage, wie wir zu Glück gelangen.[43] Wir Menschen wollen nämlich erblühen, wir wollen herausgefordert sein, wir wollen erschaffen, wir streben. Das liegt in unserer Natur. Gleichzeitig fallen uns Veränderungen oftmals schwer, kämpfen wir mit Ängsten und Minderwertigkeitsgefühlen, mit falschem Stolz oder verwenden viel Zeit und Energie darauf, Ziele zu erreichen, die uns von der Gesellschaft und unseren Eltern vorgegeben werden, die aber manchmal gar nicht die unseren sind.

Es bleibt also kompliziert, aber spannend. Mithilfe der Positiven Psychologie ergründen wir Fragen wie: Was macht uns glücklich und zufrieden? Was ist schon richtig mit uns? Welche Stärken können wir aktivieren, welche Kräfte schlummern in uns? Welche Visionen haben wir vom Leben, und was hilft uns, unsere Ziele nachhaltig zu erreichen? Vieles von dem, was die Positive Psychologie untersucht und wissenschaftlich bestätigt, scheint auf den ersten Blick sehr banal: dass gesunde Ernährung uns guttut, dass ein Spaziergang Glückshormone freisetzt oder dass wir Berührung brauchen, um uns zu beruhigen. Doch das Einfache ist, das wissen wir intuitiv, oftmals das Beste. Das Naheliegende das Wirksamste.

Viele Tipps und Aussagen in diesem Buch sind der Positiven Psychologie entnommen und ergänzt durch alles, was ich außerdem noch gelernt und erprobt habe. Und weil Theorie alleine spannend ist, aber ohne Umsetzung nicht viel bringt, ist dieser Ratgeber darauf ausgerichtet, nicht bloß die Probleme anzusprechen, sondern auch Lösungen zu liefern. Und immer wieder auch Fragen zu stellen, die dich dazu anregen sollen, selbst zu denken, zu gestalten und zu handeln. Ich möchte dich dazu ermächtigen, deine eigenen Entscheidungen zu treffen und Grenzen zu setzen. Alles, was du brauchst, liegt bereits in dir. Mit ein wenig Unterstützung wird es dir gelingen, in eine digitale Balance zu kommen, die dich zufrieden macht.

Was hat dein digitaler Konsum mit Glück zu tun?

Die Psychologie erforscht seit Jahrhunderten, was der Mensch braucht, um zufrieden zu sein. Natürlich hängt vieles von unserer ganz eigenen Einstellung zum Leben ab, von familiärer Prägung, unserer Vergangenheit und vielen weiteren Faktoren – ob wir beispielsweise in schwierigen Zeiten Unterstützung hatten, in welchem kulturellen Umfeld wir groß wurden, was wir über uns selbst und die Welt denken und in welchen Lebensumständen wir uns gerade befinden. Zufriedenheit ist also individuell, schwankt im Laufe eines Lebens und ist immer auch abhängig von Faktoren, die wir nicht direkt beeinflussen können. Eine ganze Menge aber können wir aktiv beeinflussen. Beispielsweise, wie oft wir uns bewegen, wie wir uns ernähren, ob wir an unserer psychischen Widerstandskraft arbeiten, indem wir meditieren, welche Gewohnheiten wir uns aneignen und welche wir ablegen wollen. Wir können auch beeinflussen, welche Menschen Einfluss auf uns haben sollen, womit wir unsere Zeit verbringen, wohin unser Fokus und unsere Aufmerksamkeit wandern und ob wir unserem Gegenüber aktiv zuhören wollen. Die Wissenschaft ist sich einig: Sind wir kreativ, unterhalten wir sinnstiftende Beziehungen, verbringen wir unsere Zeit damit, etwas Sinnvolles zu tun, das uns emotional und geistig bereichert, und schaffen wir es, immer mal wieder präsent im Moment zu sein und auch die kleinen Dinge wahrzunehmen und dankbar für sie zu sein, sind wir im Durchschnitt zufriedener.[44]

Nun kommt die Digitalisierung ins Spiel: weil sie ein Faktor ist, der sich zwischen uns und diese Dinge legt. Menschen waren auch vor der Digitalisierung nicht immer die besten Zuhörer, haben die schönsten und kreativsten Momente nicht ausgekostet oder es verpasst, sich tief mit anderen Menschen zu verbinden. Doch das Smartphone in unserer Tasche und der Computer auf unseren Knien beeinflussen die wesentlichen Bereiche unseres Lebens immer stärker. Und halten uns, gehen wir mit dem Digitalen weiterhin so unbewusst und exzessiv um, wie viele von uns es gerade tun, tatsächlich direkt davon ab, glücklich zu werden. Einerseits, weil das Digitale oft so präsent ist, dass Dinge, die uns zufrieden machen, schlicht weniger Raum erhalten, andererseits aber auch: weil die Art und Weise, wie wir online interagieren und konsumieren, unsere Gefühle, unsere Gedanken und sogar unsere Gehirnstrukturen negativ beeinflusst. Das geht sogar so weit, dass wir, sind wir oft und dysfunktional digital unterwegs, gar nicht mehr in der Lage sind, intensive Glücksgefühle zu empfinden.

Darauf und auf vieles andere gehen wir im Laufe dieses Buchs noch näher ein. Im Kern wird es darum gehen, wie wir glücklicher werden können in einer immer digitaleren Welt. Was du an deinem aktuellen digitalen Verhalten ändern kannst, um wieder zufriedener, fokussierter und verbundener zu sein. Und wie es dir gelingt, deinem Alltag wieder mehr Sinn und Freude zu geben, inmitten von digitalen To-dos, Zoom-Calls und E-Mail-Wahnsinn.

Digital Detox kann jeder. Mal eine Woche alles abschalten und sich befreien, und gut ist. Genauso, wie wir fähig sind, uns in ein Fastenhotel einzuchecken und eine Woche nur Gemüsesaft zu trinken. Oder uns im Feriencamp in jemanden zu verlieben und kurzzeitig zu glauben, diese Liebe halte für immer. Anfänge sind etwas Wunderbares, und je intensiver sie sind, desto nachhaltiger und stärker wird uns dieses neue Lebensgefühl, das wir dabei empfinden, in Erinnerung bleiben. Solche intensiven Momente machen das Leben reicher, und sie sind es auch, von denen wir Jahre danach noch sprechen, mit einem Glanz in den Augen. Doch diese Momente des intensiven Glücks oder des radikalen Neuanfangs ergeben kein Leben. Die Wenigsten von uns leben einen Alltag, der so spannend ist, dass er jeden Tag einmal komplett alles auf den Kopf stellt. Und viele von uns gehen mal eine Woche fasten, leben danach aber weiter wie bisher.

Mir geht es um eine nachhaltige Veränderung. Um ein Umdenken. Denn: Unser Leben besteht aus einer Aneinanderreihung von Milliarden kleiner Entscheidungen. Viele davon unbewusst. All diese kleinen Momente aber, in denen wir uns so und nicht anders entscheiden, reihen sich zu Jahren, zu einem Leben aneinander. Möchten wir also zufriedener werden und ein gutes Leben führen, geht es ganz fundamental um die kleinen täglichen Schritte. Um die Frage, wie digitale Balance im Alltag aussieht. Und wie wir entscheiden, womit wir unsere Zeit verbringen. Eine Stunde Instagram mal ab und zu tut niemandem weh. Zehn Jahre zwei Stunden Instagram am Tag sollten wir nur dann leben, wenn wir uns aktiv und aus guten Gründen dazu entscheiden. 4.000 Wochen hat ein Mensch im Schnitt zur Verfügung, bis er von uns geht.[45] In bestimmten Lebensabschnitten fliegen die Jahre nur so dahin. Und wir sind dabei digital in etwas reingerutscht, fast unbemerkt, in Gewohnheiten, in Handlungen, die uns Zeit und Energie kosten. Und so gar nicht auf das Zufriedenheitskonto einzahlen. Viel eher lenken sie uns davon ab, bewusst in Bereiche zu investieren, die unser Leben nachweislich reicher machen.

Das große Glück, die eine große Liebe, der Job unseres Lebens sind also nicht einfach Glückstreffer, und wenn wir all das haben, sind wir nicht automatisch glücklich. Vielmehr geht es darum, jeden Tag aufs Neue ein Stückchen mehr in Richtung Zufriedenheit zu gehen. Und unser Leben nicht hedonistisch, also auf den kurzen Spaß ausgerichtet, sondern eudämonisch, auf tiefere Zufriedenheit zielend, zu gestalten. Die Eudämonie geht als Begriff auf Aristoteles zurück und bezeichnet ein gelingendes Leben, das entsteht, weil wir uns auf unsere Werte besinnen und in unserem Tun Freude und Sinn finden. Studien zeigen, dass eine hedonistische Lebensweise, die auf kurzfristigen Spaß aus ist, langfristig unglücklich macht.[46]

Im psychologischen Coaching gibt es das sogenannte Lebensrad[47], es ist eine Art Übersicht und Übungsgrundlage, um festzustellen, wo wir im Leben stehen. Es teilt sich je nach Variante in sechs bis zwölf Lebensbereiche ein, von denen die Wissen-

DIE 12 LEBENSBEREICHE

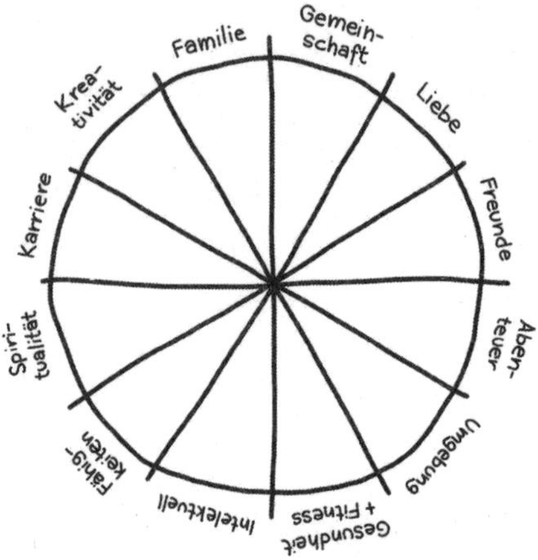

schaft ausgeht, dass sie für die Zufriedenheit mit einem Leben von Bedeutung sind: Arbeit, Beziehung, Freundschaft, Familie, Sinn, Kreativität, Körper oder Finanzen.

Nehmen wir uns die Zeit, uns näher damit zu beschäftigen, welche Bereiche unser Leben bestimmen und wie es uns in den einzelnen gerade geht. Auf einer Skala von 1 bis 10 wird rasch klar: Wir sind in einzelnen Bereichen vielleicht sehr erfüllt, in anderen gar nicht. All diese Bereiche sind auch von der Digitalisierung betroffen. Weil die Digitalisierung in alle Bereiche unseres Lebens eindringt und sie mitgestaltet. Sprechen wir von Zufriedenheit, Sinn und Erfüllung, geht es darum, uns zu fragen: Wie geht es mir in meinem Leben? Wo bin ich erfüllt, und wo gibt es einen Mangel? Bei vielen Menschen, die ich begleite, steht beispielsweise die Frage im Raum, wie zufrieden sie mit ihrer Arbeit sind. Und welche Rolle die Art und Weise, wie sie bei der Arbeit digital präsent sein müssen, dabei spielt. Viele sagen: Die digitalen Aufgaben nehmen überhand. Ich würde mich lieber wieder länger konzentrieren können. Ich komme zu nichts. Unsere Abläufe im Unternehmen belasten mich. Andere wiederum fühlen einen Mangel, wenn es um ihre Kreativität geht oder ihren Sinn für Ästhetik oder darum, einen lang gehegten Wunsch in die Tat umzusetzen, wie ein Instrument zu lernen oder eine längere Reise zu machen. Nicht alles ist direkt mit den Folgen der Digitalisierung verbunden. Und doch hat das Digitale Spuren in unseren Leben hinterlassen. Und hängt direkt damit zusammen, wie zufrieden wir sind und wie viel Platz bleibt für Dinge, die uns auftanken, inspirieren und voranbringen. Und vor allem: wie verbunden wir uns mit uns selbst, den einzelnen Bereichen in unserem Leben und anderen fühlen.

Was Verbundenheit wirklich bedeutet

Würden wir in einer Runde unter Freunden oder bei einem Seminar fragen: Wollt ihr euch verbunden fühlen?, würden die meisten wohl mit einem klaren Ja antworten. Wir sehnen uns nach Verbundenheit. Wir entstehen aus der Verbindung von Eizelle und Spermium und wachsen in Symbiose mit unserer Mutter in eine Welt hinein, in der wir danach ein Leben lang oft nach genau diesem Gefühl der Verbundenheit suchen. Die Kunst unseres Lebens besteht darin, immer wieder in Verbindung zu anderen und zu uns selbst zu treten und verbunden zu bleiben in Freiheit und Autonomie. Verbunden zu sein heißt aber auch, verletzlich zu sein. Erst wenn wir unseren harten Panzer ablegen und unsere Idee davon, wie wir und die Welt gerade sein müssen, um geliebt zu werden, ist echte Verbundenheit überhaupt möglich.

Die Autorin Brené Brown hat den Begriff der positiven Verletzlichkeit als Schlüssel zu echter Verbundenheit geprägt. Ihr TED-Talk zu Scham und Verletzlichkeit wurde mittlerweile über 60 Millionen Mal angesehen. Sie hat einen eigenen Vortrag auf Netflix und mehrere *New York Times*-Bestseller geschrieben. Sie trifft bei Menschen einen Nerv. Vielleicht, weil sie sich selbst verletzlich zeigt. In einem Interview sagte sie mal: »Meine eigene Verletzlichkeit habe ich verborgen, indem ich mich an Zahlen, an vermeintliche Sicherheiten klammerte. Bis meine Forschungsergebnisse mir deutlich machten, dass Menschen, die sich ihrer Verletzlichkeit und Scham stellen und größere Risiken eingehen, auch eher positive Gefühle erleben können: Liebe, Verbundenheit, Vertrauen, Freude, Kreativität (...) Wir haben Angst, dass andere uns ablehnen, sobald sie wissen, wie es in unserem Inneren aussieht. Es erfordert Mut, seine Schattenseiten zu zeigen. Aber nur wer sich verletzlich zeigt, erfährt Verbundenheit und kann die eigene Scham überwinden.«[48]

Verletzlichkeit bedeutet am Ende, dass man den Mut hat, sich zu zeigen. Und zwar so offen, dass es auch schiefgehen könnte. Verletzlichkeit ist die Bereitschaft zu Unsicherheit, Risiko und emotionaler Exposition.[49] Wir alle sehnen uns im Grunde unseres Seins nach nichts anderem, als uns so zeigen zu können, wie wir sind. Doch wir haben Angst. Wir haben schlechte Erfahrungen gemacht oder wurden beschämt. Wir haben uns eine harte Schale zugelegt, um unsere Verletzlichkeit zu schützen und uns davon abzulenken. Indem wir uns zuschütten mit Drogen, Sex,

Arbeit – oder digitalem Dauerrauschen. Was Brené Brown in ihrem Buch *Verletzlichkeit macht stark*[50] beschreibt, ist das, was wir täglich sehen, wenn wir mit dem Bus zur Arbeit fahren oder in einem Café sitzen: Menschen, die sich vom Gefühl ablenken, weniger wert zu sein, als sie meinen, wert sein zu müssen. Wir alle kennen dieses Gefühl von tiefer Scham, die uns einflüstert, dass wir zu dick, zu hässlich, zu dumm, zu wenig dies und zu wenig das sind. Das ist Scham. Scham, sagt Brown, ist immer destruktiv. Weil wir nichts aus ihr lernen.

Im Gegenteil: Wir flüchten und ziehen uns nur weiter in uns zurück. Weil wir den Satz in uns gespeichert haben: Ich bin falsch. Der Konkurrenzdruck im Privaten und Beruflichen und dieses Gefühl, nicht genug zu sein, wird durch die sozialen Medien und die digitalen Möglichkeiten des Vergleichens und Leistens bloß noch weiter verstärkt. Und so ist das Smartphone in unseren Händen nicht nur ein Arbeitsinstrument, sondern ein Hilfsmittel, um erfolgreich unsere Scham wegzudrücken und uns von ihr abzulenken, indem wir uns pausenlos beschäftigen. Unter anderem mit Inhalten, die unsere Scham nur noch weiter befeuern, weil das Leben der anderen vermeintlich perfekt ist und wir vermeintliche Loser sind. Dann geraten wir in diese Spirale, in der sich alles darum dreht, mithilfe von Posts und schönen Bildern die Aufmerksamkeit der anderen zu erkämpfen, die beweisen soll: Ich bin doch genug wert. Brené Brown aber sagt: Dieses Wegdrücken der eigenen Verletzlichkeit führt zum Gegenteil von Verbundenheit: nämlich in die Angst, die Unverbundenheit, Einsamkeit und Isolation.[51]

Menschen würden alles tun, um diesem Teufelskreis von Ohnmacht und Isolation zu entkommen. Wollen wir also in eine größere Verbundenheit kommen, müssen wir uns unserer Angst vor dem Scheitern und vor der Ablehnung anderer stellen. Und den Gefühlen von Scham und Unzulänglichkeit, die uns anerzogen und eingetrichtert wurden. So können wir die Schutzstrategien, die wir uns antrainiert haben, um uns vor Kritik und Ablehnung zu schützen, nach und nach loslassen. Und uns öffnen für mehr Fülle, Zufriedenheit und Zugehörigkeit. Denn wir sind mehr, als das Digitale je sein kann, wir sind dreidimensional und unendlich vielfältig und doch am Ende alle so ähnlich. Wir sind Menschen. Doch die Verbundenheit, die wir alle suchen, macht uns auch Angst. Weil sie immer auch das Risiko enthält, dass wir verlassen werden könnten. Dass wir das Glück, das wir dann fühlen, wenn wir das Leben wirklich spüren, wieder verlieren könnten. Du hast meinen größten Respekt. Weil du mutig bist. Weil du dich einlässt auf das Leben. Also vertraue. Und lauf los.

Bereit für digitale Balance? Hier noch mal die Gründe, warum digitale Achtsamkeit sich lohnt:

1. Wir sehnen uns nach Verbundenheit und Lebendigkeit. Unser digitales Leben zielt aber darauf ab, uns abzulenken von dem, was wirklich wichtig ist.
2. Das Digitale entpuppt sich oft als Zeit- und Energiefresser. Sei weniger und bewusster online!
3. Die digitale Welt ist an vielen Ecken eine Spaß- und Suchtmaschine. Und manchmal eine scheinbar einfache Lösung, um dich von dir selbst und deinen negativen Gefühlen abzulenken. Was auf den ersten Blick ganz toll klingt, entfremdet dich aber mit der Zeit immer mehr davon, dich zu spüren, dich kennenzulernen und Alternativen für deine Emotionsregulation zu finden, die dir langfristig guttun und helfen.

4. Der Mensch ist keine Insel! Über den digitalen Verbundenheitswahnsinn vergessen wir, auch mal den Blick vom Screen zu heben und uns mit der realen Welt um uns herum zu verbinden. Unser Bedürfnis nach Gemeinschaft und Gegenüber zielt auf echte Menschen und Begegnungen.

5. Das Digitale hilft uns, Abläufe schneller zu erledigen, auch mal besser und niederschwelliger, es stopft unsere Köpfe aber auch voll. Die Folge: Wir werden unruhiger, ungeduldiger, können uns schlechter auf Menschen einlassen und geben den wichtigen Dingen keinen Raum. Digitale Balance heißt auch: das Wesentliche vom Unwesentlichen unterscheiden lernen. Und deinen Tag so zu strukturieren, dass du weniger abgelenkt bist.

6. Verbringst du viel Zeit auf Social Media, sorgt das für große Dopaminausschüttungen. Und irgendwann spürst du weniger. Weniger Digitales, dafür richtig eingesetzt und so, dass du daran und damit wachsen kannst, erfüllt dich stattdessen mit Sinn und Freude.

7. Willst du weniger am Smartphone kleben, frag dich: Was will ich stattdessen? Dein digitales Nutzungsverhalten ist ein guter Indikator für deine Ängste, aber auch Sehnsüchte, Wünsche und Träume. Schaust du genauer hin, kannst du beginnen, dein Leben aktiver und selbstbestimmter zu gestalten.

8. Bist du bewusst digital unterwegs, dann schulst du deine Willenskraft, lernst, dich zu priorisieren und dir Gutes zu tun. Selbstliebe, yeah!

9. Wir alle sind oft überfordert, von all dem Leid, das wir sehen, von all den Problemen, die diese Welt hat. Wo anfangen? Was tun? Ein nachhaltiger Umgang mit dem Digitalen bedeutet auch: mehr Ressourcen für Tatkraft. Mehr Gemeinschaftssinn.

10. Spürst du, wofür du brennst, bist du digital effizient unterwegs und im analogen Leben wieder verwurzelt, kannst du damit beginnen, die digitale Welt so zu formen, wie du sie haben möchtest: als gemeinschaftlichen, konstruktiven Ort, der uns hilft, Mensch zu bleiben und ein gutes Leben zu führen.

NEU VERBUNDEN

WIE DU IN DIGITALEN ZEITEN WIEDER PLATZ SCHAFFST FÜR DINGE, DIE DIR WIRKLICH WICHTIG SIND.

Dieser Teil des Buches wird anders sein als der, der dich bis hierhergeführt hat. Er ist anwendungsorientierter, enthält Reflexionsfragen und gibt dir Tipps für mehr digitale Achtsamkeit an die Hand. Weil es gut ist, zu wissen, woher Probleme kommen, also nach dem *Warum* zu fragen. Gleichzeitig braucht es aber auch immer ein *Wie*. Und vor allem ein: *Was nun*? Denn viele von uns plagt bereits seit geraumer Zeit dieses Gefühl, dass wir unser Leben gerne anders gestalten würden. Weniger Zeit am Handy verbringen und mehr Zeit für Gesundheit, Gemeinschaft und Selbstentfaltung investieren. Bereits 2019 stimmte ein Fünftel der Befragten bei der Studienreihe »Freizeit-Monitor« der Aussage zu: »Ich bin stärker von sozialen Medien abhängig, als ich möchte«.[52] Seit Jahren schreiben internationale und nationale Publikationen von den Schattenseiten der Digitalisierung. Wir versuchen, unseren Kindern die Smartphones aus der Hand zu reißen, nur um dann selbst am Bildschirm zu kleben, wenn wir abends müde aufs Sofa fallen, weil unsere Kraft und Zeit für etwas anderes kaum mehr reichen. Viele von uns wollen ihr Leben zum Positiven verändern, wissen aber gar nicht recht, wie. Wo soll ich anfangen? Was kann mir helfen? Mit welchen konkreten kleinen Schritten kann ich Veränderungen bewirken?

Digitale Balance ist einerseits eine aktive Entscheidung, hin zu mehr Freiheit und Selbstbestimmung, benötigt also einen Wertewandel und auch eine klare mentale und emotionale Ausrichtung auf das, was wir uns wünschen. Eine Vision. Diese

Vision wirst du in den nächsten Kapiteln erarbeiten und auch im Kleinen, in deinem Alltag, ganz viel verändern können. Denn gleichzeitig lebt digitale Achtsamkeit von vielen täglichen, kleinen Schritten und Entscheidungen, die in der Summe wirken. Darauf baut dieser nächste große Teil des Buches auf: dich an die Hand zu nehmen und auf deinem Weg der inneren und äußeren Veränderung zu begleiten. Betrachte mich als eine Freundin, die weiß, wie du dich fühlst, und ein paar Tipps und Tricks auf Lager hat, um dir Rat zu geben, wo du welchen möchtest. Lies die folgenden Kapitel als Anregung, als Hilfestellung, als Bestärkung. Es ist sinnvoll, das Buch chronologisch zu lesen, da vor allem die Vision und die Bestandesaufnahme sowie das digitale und innere Entrümpeln wichtige Anfangsschritte sind, um überhaupt einen Fokus und Platz für Veränderung zu schaffen. Ich habe die einzelnen Kapitel danach aber bewusst nach Themen- und Lebensfeldern gegliedert, zwischen denen du auch hin und her springen oder dir selektiv Rat holen kannst.

Natürlich ist digitale Achtsamkeit keine individuelle Angelegenheit. Digitalisierung und die Frage, wie wir mit und in ihr unser Leben gestalten, sind politisch und wirtschaftlich geprägt und benötigen eine gesamtgesellschaftliche Debatte. Bis es aber so weit ist, hilft es, wenn wir einzeln und innerhalb unserer Kleingemeinschaften damit beginnen, Fragen nach dem guten Leben zu stellen. Und erste Schritte unternehmen, die uns selbst stärken. So können wir auch mehr Energie aufbringen für die Veränderung unserer Gesellschaft. Hoffentlich realisieren wir dabei: Digitale Achtsamkeit ist nicht bloß das Streben nach weniger Zeit am Handy, sie ist eine der großen Herausforderungen unseres Jahrhunderts. Weil die Welt immer digitaler wird. Und wir uns fragen müssen und dürfen: Was macht mein Leben lebenswert? Und was bedeutet es, Mensch zu sein, in digitalen Zeiten?

Die nachfolgenden Kapitel führen dich durch verschiedene Bereiche, von denen die Wissenschaft sagt, dass wir glücklicher sind, wenn wir mehr davon in unser Leben integrieren. Wer seine Kreativität nutzt, wer seinen Körper spürt und bewegt, wer Freundschaften pflegt und sinnstiftender Arbeit nachgeht, wer achtsam liebt und Verantwortung für die Gesellschaft übernimmt, der lebt besser, glücklicher, entspannter, gesünder. Alle diese Bereiche sind vom Digitalen betroffen, weil das Digitale alles durchdringt.

Zuerst müssen wir lernen, die Mechanismen des Digitalen und wie sie derzeit auf uns einwirken, zu verstehen. Dann können wir daran arbeiten, uns zu verändern, uns abzugrenzen, unser Leben anders zu gestalten. Damit wir uns am Ende auch gewappnet fühlen, die Digitalisierung aktiv mitzugestalten, damit sie sich uns anpassen kann. Und nicht wir uns ihr. Hier gebe ich dir nun all das mit, was ich in den letzten Jahren gelernt, angewendet und reflektiert habe. Nimm auf deinem Weg mit, was dir hilft und dich inspiriert. Und dich selbst und die Welt ein Stück digital achtsamer macht.

1. Mach dich startklar für deine Reise

Oft wollen wir etwas ändern, nicht, weil wir etwas anderes *tun* wollen, sondern, weil wir uns anders *fühlen* wollen. Als mir klar wurde, dass ich zu oft und fremdbestimmt an meinem Smartphone klebe, ging es mir natürlich einerseits darum, mein digitales Verhalten *für den Moment* zu ändern. An einem Dienstag, beispielsweise. Weil ich morgens um elf schon wieder nicht konzentriert vorankam, sondern Newsseiten runterscrollte, um mich von meiner Arbeit abzulenken. Doch hinter meinem Frust über mein Verhalten an einem Dienstagmorgen stand noch etwas viel Größeres: Mein Verhalten war nicht vereinbar mit meiner unbewussten Vision eines guten, produktiven, zufriedenen Lebens. Und mit einer Vision eines Lebens, das mehr Zeit und Raum lässt für die kleinen und großen Wunder unserer Existenz. Dieses Gefühl, ganz in einem Moment versinken zu dürfen oder auch die tiefe Gewissheit zu spüren, dass wir nach unseren Werten leben, in Kontakt mit dem, was uns wichtig ist.

Fragt man Menschen, was sie sich vor allem wünschen, wenn sie Zeit und Ressourcen zur Verfügung haben, sagen die meisten seit Jahrzehnten: Ich möchte Freundschaften pflegen. Mehr Zeit mit der Familie. Mehr Zeit für Gemeinwohl. Gleichzeitig, schreibt die deutsche Feministin und Autorin Teresa Bücker, plagt uns das konstante Gefühl, zu wenig Zeit für das Wichtige zu haben. Wir stehen unter Zeitdruck, fühlen uns fremdbestimmt, überlastet, ausgelaugt.[53] Im Freizeit-Monitor von 2019 stimmte fast die Hälfte der Befragten der Aussage zu: »Ich mache nicht das, was ich wirklich will«. 42 Prozent waren der Auffassung, ihre Zeit »zu vergeuden«.[54] Das liegt, wie Bücker schreibt, zu großen Teilen an politischen, wirtschaftlichen und gesellschaftlichen Umständen, die uns allen zu wenig Zeit lassen, die nicht von Müssen geprägt oder von außen bestimmt ist. Das zu ändern ist eine Aufgabe für sich. Für jetzt, in deinem Leben, kannst du damit anfangen, indem du dir einen Moment Zeit nimmst und dich fragst: Wovon bin ich im Alltag geprägt? Was zieht mir Energie, was gibt mir Energie? Wovon ist zu viel da und wovon zu wenig?

In meiner Coaching-Ausbildung übten wir immer mal wieder am Modell, die Professorin fragte dann in die Runde, wer sich freiwillig vor die Klasse stellen und ein aktuelles Problem schildern mochte. Sie fragte als Erstes: Na, worum geht's? Die meisten erzählten dann ein paar Minuten lang von ihren Problemen und davon, was sie alles *nicht mehr* wollten. Anschließend fragte die Professorin: Und, was möchtest du stattdessen? In dem Moment, in dem wir Abstand nehmen können von dem, was wir nicht mehr wollen, und formulieren, welche Ziele, Menschen und Veränderungen wir stattdessen *in unser Leben ziehen* wollen, ist Veränderung möglich. Weil wir unsere Energie nicht mehr auf einen Mangel ausrichten, sondern auf einen Wunsch. Das gibt Kraft und schenkt Zuversicht.

Insgeheim haben wir nämlich alle Visionen, Träume und Wünsche. Oft aber machen wir uns nicht die Mühe, diese bewusst festzuhalten. Schreiben wir hingegen einmal in Ruhe auf, welches Bild wir von uns und unserem Leben konkret haben, so absurd und so weit weg es von unserem aktuellen Leben auch sein mag, beginnen wir, uns auf unsere Ziele auszurichten.

Wenn das Digitale dich also, wie uns alle, öfter davon abhält, etwas zu tun, das dir wichtig wäre, musst du zuerst einmal formulieren, was dieses Etwas überhaupt ist. Was ersehnst du? Wie sieht ein gutes Leben für dich aus? Und welche Rolle spielt das Digitale darin? Denn hättest du nicht insgeheim eine Vorstellung davon, wie dein Leben aussehen könnte, und würde diese Vorstellung sich nicht von deiner Realität unterscheiden, würde dich dein aktueller Zustand gar nicht stören. Um genau diesen einen großen Zusammenhang dreht sich im Grunde alles in diesem Buch: Willst du weniger an deinen Geräten hängen, dann frag dich, wie spannend und gut du dein analoges Leben findest. Deshalb soll es in diesem Kapitel darum gehen, deine aktuelle Situation zu analysieren und eine Idee davon zu bekommen, wie ein gutes Leben für dich aussehen könnte.

Erinnere dich an deine Vision

Wollen wir unser digitales Verhalten gesünder gestalten, beginnt alles mit einer Vision. Warum? Weil deine Vision dein Anker ist. Dein Startpunkt in die Veränderung. Ein Kompass, der uns immer wieder daran erinnert, welches übergeordnete Ziel wir für unser Leben haben. Allzu einfach verlieren wir innerhalb all der digitalen Möglichkeiten und Sofort-Ablenkungen nämlich das größere Ganze aus den Augen. Große Ziele, wie ein Buch zu schreiben, entspannter zu leben oder sich freiwillig für Menschen in Not zu engagieren, fallen den vielen Aufgaben zum Opfer, die jetzt und sofort erledigt werden müssen. Doch hinter deinem Wunsch, digital entspannter zu sein, verbergen sich viele große Ziele: Vielleicht willst du mehr Zeit für Kreativität haben. Eine bessere Zuhörerin sein. Oder ein großes berufliches Projekt angehen.

Fühlst du dich unverbunden und digital gestresst, dann begib dich auf die Suche danach, was dich wirklich verbindet und erfreut. Möchtest du weniger Zeit vor dem Bildschirm verbringen, dann überlege, was du stattdessen tun willst. Und: Wovon du dich mithilfe des Digitalen ablenkst. Welchen Schmerz, um es mit Nir Eyal auszudrücken, du vermeidest. Der Autor des Buchs *Die Kunst, sich nicht ablenken zu lassen* argumentiert, dass so gut wie alles, was wir tun, zum Ziel hat, Schmerz zu vermeiden.[55] Hängen wir in einem Online-Game fest, sind wir süchtig danach, auf WhatsApp ständig Nachrichten zu schicken oder abends um elf noch auf Tinder zu swipen, liegt das eigentliche Problem nicht in der Technologie, sondern in unserem Unbehagen mit dem Status quo. Vielleicht finden wir uns unattraktiv oder fühlen uns einsam, vielleicht haben wir Beziehungsprobleme oder sind unsicher, welchen beruflichen Weg wir einschlagen wollen. Vielleicht belastet unser Alltag uns so sehr, dass wir abends kaum mehr Energie und Ressourcen haben, um uns dem zu widmen, was uns langfristig zufriedener machen würde. Natürlich: Fernsehen, Serien, Games können auch großen Spaß machen. Ich selbst bin leidenschaftliche Trash-TV-Süchtige und habe mir Hunderte Stunden *Say Yes to the Dress* oder Serien wie *The Crown* reingezogen. Nicht umsonst ist in industrialisierten Ländern Medienkonsum die beliebteste Freizeitbeschäftigung. Wir sitzen täglich Stunden vor Bildschirmen in jeglicher Form. Jenseits von Smartphone und Co saßen die Deutschen 2021 im Schnitt 213 Minuten pro Tag vor Fernsehern.[56] Aber, fragt die Journalistin und Autorin Teresa Bücker in ihrem Buch *Alle Zeit*: »Tun sie das, weil es sie zufrieden macht? Wäre das Fernsehen ihre erste Wahl, wenn ihre freie Zeit schon früher am Tag beginnen würde, wenn die Sonne schiene und andere Menschen, mit denen sie gern Zeit verbringen, nur fünf Minuten entfernt lebten? (...) Medienkonsum ist beliebt, weil er einfach zugänglich ist: zu Hause, mit wenig Planung und für wenig Geld. (...) Die Möglichkeiten unserer Zeit laufen oft nicht auf Gemeinschaft zu, sondern auf mediales Verharren.«[57] Für den digitalen Konsum über Laptop und Smartphone gilt aus meiner Sicht das Gleiche. Und für die Inhalte ohnehin. Viele davon sind im Grunde nichts anderes als Junkfood für unsere Seelen: billig, viel Zucker, fühlen sich kurzfristig toll an und machen langfristig krank.

Natürlich ist es manchmal einfacher, eine Timeline runterzuscrollen, als sich mit den dahinterliegenden Problemen in unserem Leben auseinanderzusetzen. Wenn wir aber diesem nagenden Gefühl, dass da doch noch mehr auf uns warten muss, und dieser Sehnsucht, unser Leben zu spüren und als abwechslungsreich und erfüllend zu erleben, Raum geben wollen, müssen wir Verantwortung übernehmen und anfangen, etwas zu ändern.

Deshalb lohnt es sich immer, dein *Warum* zu kennen. Denn: Kennst du es, kennst du deine Laufrichtung. Geh deshalb ein paar Minuten in dich und frage dich:

Warum willst du dich mit deiner digitalen Nutzung auseinandersetzen?

Was läuft im Moment nicht so, wie du es gerne hättest?

Welche Auswirkungen hat das auf deinen Beruf, dein Leben, deine Stimmung?

Was willst du in den nächsten Wochen erreichen?

Was soll nach dem Lesen und der Arbeit mit diesem Buch anders sein?

Wie willst du dich fühlen? Wer willst du sein?

Woran wirst du merken, dass sich die Situation für dich verbessert hat?

Nimm dir ruhig Zeit. Schreibe deine Antworten in ein Heft oder auf ein Stück Papier. Und lass sie auch mal ein paar Wochen ruhen. Deine Vision ist nicht in Stein gemeißelt. Sie kann und darf sich verändern. Manche Menschen denken eher in Bildern. Und sehen, wenn sie die Augen schließen, ihre Vision klar vor sich. Auch wenn du jemand bist, der sich mit Meditation und Bildern schwertut, probiere die nachfolgende Meditation für dich aus. Schau, welche Bilder vor dein inneres Auge treten, und mach dir auch hier im Anschluss ein paar Notizen.

Begib dich für diese Übung in einen Raum, in welchem du für ein paar Minuten ungestört sein kannst. Mach es dir bequem, setze dich auf einen Stuhl oder auf ein Kissen. Nimm ein Notizbuch oder Papier zur Hand, um dir deine Erkenntnisse nach der Meditation aufschreiben zu können. Lies diesen Text nun einmal in Ruhe durch, schließ dann deine Augen, und führe diese kleine Übung in deinem Tempo durch.

Schließe deine Augen und atme ein paarmal ganz in Ruhe tief ein und aus. Atme in deinen Bauch, entspanne deine Schultern, lass deine Gedanken für ein paar Augenblicke einfach sein. Spür, wie und wo du sitzt.

Dann stell dir vor, wie du digital balanciert bist. Stell dir vor, wie dein Leben aussieht, wenn du glücklich und befreit bist und doch in Kontakt mit der Welt. Digital und analog.

Sieh dich um: Wo stehst du? Was tust du? Bist du alleine

oder zu zweit oder in einer Gruppe? Welche Aufgabe hast du? Und wie ist dein Umgang mit der Digitalisierung? Bist du an einem Laptop, überhaupt an einem Gerät? Wie viele Mails sind in Ordnung für dich, stressfrei? Wie sieht deine Umgebung aus, in der du auftankst? Welcher Teil, wenn überhaupt, deines Lebens ist digitalisiert, und wie konkret? Stell dir vor, dass du das Digitale ganz entspannt, eigenständig und zu deinen Konditionen nutzen kannst, ohne dass daraus irgendwelche negativen Konsequenzen entstehen. Wie fühlt sich das gerade in deinem Körper an? Woran erkennst du, dass du digital befreit bist? Wie sieht deine digital balancierte, achtsame Nutzung konkret aus? Womit fühlst du dich wohl?

Öffne nun deine Augen wieder, und notiere dir, was du gesehen, gespürt und für dich erkannt hast. Diese Vision ist ein erster Anker auf deinem Weg hin zu mehr digitaler Achtsamkeit.

Eine typische digitale Woche

Ich habe eine App auf meinem Smartphone, die mir meine tägliche Nutzungsdauer anzeigt. Im Schnitt sind das zwischen ein und zweieinhalb Stunden am Tag. Das meiste geht für soziale Interaktion via Messenger oder für Musik und Google Maps drauf. Doch diese Angaben sind oft ungenau. Fahre ich zwei Stunden Auto und habe die Navigation übers Handy eingeschaltet, war ich an diesem Tag fünf Stunden online. Zählt Musikhören als Screentime, obwohl ich dabei gar nicht auf den Bildschirm gucke? Ich kann in dieser App nicht notieren, wie ich mich eigentlich fühle, wenn ich zu lange online war. Was mich am Digitalen freut, wann ich energiegeladen bin, wann mir die Arbeit vor dem Bildschirm Spaß macht. Ich kann darin nur grob unterscheiden, ob die zwei Stunden, die ich auf WhatsApp verbracht habe, an einem Stück waren oder hundertfünfzigmal für jeweils ein paar Sekunden.

Geht es um übermäßigen digitalen Konsum, denken viele Menschen in erster Linie an die reine Zeit, die wir vor dem Bildschirm verbringen. Diese Zeit ist sicher relevant, weil das beispielsweise bedeutet, dass wir einige Stunden in der gleichen Körperposition verharren oder in dieser Zeit nicht physisch mit anderen Menschen interagieren. Doch die Bildschirmzeit ist nur ein Faktor. Zwei weitere sind sehr wichtig für deine Bestandsaufnahme: erstens die Art der Nutzung. Also, was du konkret konsumierst beziehungsweise erstellst. Es macht einen großen Unterschied, ob du acht Stunden am PC einen Dokumentarfilm schneidest, den du gedreht hast, oder ob du passiv eine Timeline runterscrollst.

Und zweitens die Häufigkeit, mit der du das Smartphone zückst oder Programme checkst. Je häufiger, desto eher spricht man von *Compulsive checking,* also die hohe Frequenz, mit der du Inhalte, Seiten und Programme immer wieder, zwanghaft, aufrufst. Ein großer Teil der Interaktionen mit mobilen Geräten dauert weniger als 60 Sekunden.[58] Das wirkt sich negativ auf deine Konzentrationsfähigkeit aus. Weil du dich darauf konditionierst, dich ständig selbst zu unterbrechen. Und dich so davon abhältst, längere, ungestörte freie Zeit zu genießen, Gedanken mal schweifen zu lassen oder wirklichen Flow zu finden. Darauf gehen wir im Laufe des Buches noch näher ein.

Es ist mir selbst schon oft passiert, dass ich alle paar Minuten mein Handy checke, weil ich mich mit meinem Freund gestritten habe und er gerade nicht antwortet. Ein anderes Mal aber nutze ich genau die gleiche App dafür, eine Stunde mit meiner

Freundin aus Israel zu telefonieren. Das eine ist maladaptiv, also ungesund, das andere ist echte Verbundenheit, bloß über digitale Kanäle, weil sie weit weg ist. Das Erste muss ich in den Griff kriegen, weil es ein Angstverhalten ist, das Zweite hingegen darf ich fördern, weil ich damit eine Freundschaft vertiefe, die mir wichtig ist.

Digitale Nutzungszeit ist also nicht per se schlecht. Und sie ist nicht immer gleich zu bewerten. Um aber überhaupt darüber nachdenken zu können, wie es um dein digitales Nutzungsverhalten steht, musst du dich besser kennenlernen. Beobachte also einmal eine Woche lang dein digitales Nutzungsverhalten, und schreibe dir jeden Tag auf, wie viel Zeit du an digitalen Geräten verbracht hast, welche Apps du benutzt, wie viel Zeit insgesamt passiv konsumierend und wie viel Zeit aktiv gestaltend investiert wird und wie du dich insgesamt damit fühlst.

Welche Apps hast du am meisten benutzt?

Welche Art von digitaler Interaktion hat dir Energie gegeben?

Welche hat dir Energie genommen?

Hast du einen besseren Überblick darüber, wie du das Digitale überhaupt nutzt, kannst du auch viel einfacher feststellen, welche Aktivitäten und Gewohnheiten dir Energie nehmen und welche dir Energie geben. Ziel ist, das Gute beizubehalten und das Schlechte zu minimieren. Zu wissen, wo du stehst, ist ein hervorragender Anfang in deine digitale Balance.

Deine Werte sind dein Kompass

Was dir auf deinem Weg hin zu mehr digitaler Achtsamkeit auch eine wertvolle Stütze sein wird, ist, deine Werte zu kennen. Sie sind ähnlich wie deine Vision ein Kompass, der dir die Richtung vorgibt. Weil sie dir über die Zeit hinweg eine Hilfestellung sind bei der Frage: Welcher Mensch will ich sein? Was ist mir wichtig? Wie möchte ich mich im analogen und digitalen Raum verhalten? Ich beispielsweise wäre gerne sehr bescheiden, demütig, großzügig und eine gute Zuhörerin, leider klappt das alles oft relativ schlecht. Ich bin eher diejenige, die zu viel spricht, die ab und an auch ein bisschen größenwahnsinnig sein kann und im Restaurant gerne den besten Platz mit dem besten Licht und der besten Bedienung hätte, wo kämen wir denn sonst hin. Ich versuche, meinen Hang zu Narzissmus mit sehr viel Charme und Selbstreflexion abzuschwächen, aber das gelingt mir nicht immer. Ich bin aber auch warmherzig, und ich bin sehr loyal.

Ich bin fest überzeugt davon, dass wir immer die Wahrheit aussprechen müssen und uns für die Schwächeren einsetzen, dass Zivilcourage eine Bürgerpflicht ist und nie geschwiegen werden darf, wenn Unrecht geschieht. Ich wäre also gerne bescheiden, bin aber im Gegenzug ehrlich. Beides sind Werte, beides sind Tugenden. Die einen haben wir, die anderen weniger. Nach bestimmten Werten leben wir selbstverständlich, andere sind uns weniger wichtig oder sprechen uns gar nicht an. Das ist in Ordnung. Kein Wert steht über dem anderen. Zwar zeigen Studien, dass selbstzentrierte und auf die Bestätigung von außen fokussierte Werte wie Macht oder Reichtum weniger mit Glück einhergehen als gemeinschaftsorientierte Werte wie Hilfsbereitschaft[59], trotzdem ist es wichtig, dass du frei und ehrlich einschätzt, wo du stehst.

Welche Werte uns glücklich oder unglücklich machen, hängt auch mit unseren Lebensumständen und kulturellen Hintergründen zusammen. Reichtum beispielsweise führt in Osteuropa tendenziell eher zu Zufriedenheit als in Westeuropa.[60] Wir müssen den Wert der Geduld nicht für uns beanspruchen, wenn er nicht wirklich aus uns herauskommt. Wir dürfen ihn aber üben, wenn wir ihn in unser Leben integrieren wollen.

Werte sind für unser Wohlbefinden und unser Glück von entscheidender Bedeutung.[61] Sie geben uns Orientierung, wenn es darum geht, wie wir uns verhalten und wonach wir handeln wollen. Kennen wir unsere Kernwerte, fällt es uns leichter, Entscheidungen zu treffen. Stehen wir beispielsweise im Supermarkt vor 40 Pastasorten, können wir leichter entscheiden, wenn klar für uns ist, dass wir Nachhaltigkeit als Wert definieren, nach dem wir leben. Damit sind dann 37 Pastasorten raus. Genauso ist es bei der Berufswahl, beim Daten – und auch im digitalen Leben. Denn digitales Leben geht auch wertebasiert. Und digitale Achtsamkeit bedeutet, dass wir das Digitale nach unseren Werten einsetzen. Wenn Präsenz ein Wert für dich ist, wird es dir leichter fallen, das Smartphone wegzulegen, sobald du mit jemandem physisch in Kontakt trittst. Weil du ihm die ganze Aufmerksamkeit geben willst. Wenn du nachhaltig leben willst, wirst du dich eher für Onlineshops entscheiden, die nachhaltige Produktion fördern. Oder wirst auf einem Dating-Profil authentisch und ehrlich deine Schwächen kommunizieren, weil dir Aufrichtigkeit ein Anliegen ist.

Deine Werte zu kennen, kann dir helfen, dich in deinem Leben besser zurechtzufinden und bessere Entscheidungen zu treffen. Und dich selbst besser zu kennen. Du kannst dir selbst ein paar

Werte zusammensuchen oder dich von der nachfolgenden kleinen Auswahl inspirieren lassen und sie ergänzen. Was spricht dich spontan am meisten an?

Ästhetik	Humor	Sorgfalt
Gleichheit	Ordnung	Spontaneität
Ehrlichkeit	Umweltbewusstsein	Abenteuer
Güte	Wissen	Akzeptanz
Harmonie	Weisheit	Bewegung
Zuverlässigkeit	Authentizität	Zugehörigkeit

Frage dich: Wo lebe ich meine wichtigsten Werte in meinem digitalen Nutzungsverhalten heute bereits aus? Wie kann ich meine Werte noch stärker oder überhaupt in mein digitales und analoges Leben integrieren?

Motivation finden

Motivation ist wichtig. Wir müssen motiviert sein, um etwas zu erreichen. Um glücklich zu sein.[62] Motivation hilft uns, morgens aus dem Bett zu kommen und an einem Ziel dranzubleiben, auch wenn's mal schwierig wird. Dich unabhängig von externen Zielen zu machen und deine eigene Quelle der Inspiration und Motivation zu finden, ist gerade im digitalen Zeitalter, wenn du beispielsweise ein Online-Business aufbauen willst, integral wichtig für deine psychische Gesundheit. Viele von uns messen ihren menschlichen Wert am Feedback von außen. An Followerzahlen und daran, ob uns jemand validiert, also bestätigt. Und viele von uns machen sich in dieser digitalen Welt, in der es oft darum geht, uns gegenseitig mit Quantität zu übertrumpfen, abhängig von Algorithmen und der Logik von Verkaufsplattformen.

Doch stell dir mal vor, du möchtest ein Unternehmen gründen oder Texte veröffentlichen oder eine Bewegung starten, und du setzt dir zum Ziel, bis Ende des Jahres 5.000 Follower auf deinem Kanal zu haben. Und dann?

Was tust du, wenn du das nicht erreichst? War deine ganze Arbeit für nichts? Wie fühlst du dich dann? Wir können besseren oder schlechteren *content* liefern. Doch wir können nicht beeinflussen, ob jemand ihn likt oder welchen Einfluss unsere Arbeit auf andere hat. Besser ist deshalb, dir ein Ziel zu setzen, das ganz in deiner Kontrolle liegt. Beispielsweise, indem du dir sagst, dass du wöchentlich einen Blogartikel schreibst, 52 Wochen lang. Egal, wie du dich gerade fühlst. Egal, ob die Leute dich wahrnehmen. Einfach, weil du dazulernen willst. Und deine Inhalte teilen. Und Erfahrung sammeln. Sobald du deine Ziele neu definierst und sie zu internen Lernerfahrungen machst, wird deine Angst vor Ablehnung und deine Angst vor Performance schwinden – und Freude und Motivation Platz machen.

Denn eines der Hauptprobleme mit Motivation ist: Die meisten Menschen motivieren sich falsch. Nämlich über extrinsische Faktoren. Heißt: über alles, was im Außen stattfindet und wir schlecht kontrollieren können. Und: über Dinge, die in der Regel sehr zielorientiert sind und die wir klar abhaken können, sind sie mal erreicht. Beispielsweise: das Haus kaufen. Den Mann heiraten. Die Arbeit beenden. Die Eins schreiben. Den Job kriegen. Doch dann? Was ist dann? Dann braucht es ein neues Ziel.

Versteh mich nicht falsch: Ziele sind super. In der Wirtschaft sprechen wir von SMART Goals, von spezifischen, messbaren, erreichbaren, vernünftigen und zeitlich klar definierten Zielen.

Wenn ich mir also vornehme, mich regelmäßig zu bewegen, dann ist es einfacher, mich zu motivieren und dranzubleiben, wenn ich mir sage, dass ich 30 Tage in Folge 30 Minuten am Stück jogge, und zwar eine spezifische Strecke, immer zur gleichen Uhrzeit. Und dann? Dann höre ich vielleicht wieder auf. Warum? Weil Ziele mit der Identität verknüpft sein sollten, um uns langfristig zu begleiten. Ich sollte mir nicht vornehmen, fünf Kilo abzunehmen, sondern ich sollte mir sagen: Ich bin ein gesunder Mensch, der auf sich achtet. Und daraus dann ableiten: Was bedeutet das für mich? Welche Aktivitäten und Ziele führen dazu, dass ich mich zu diesem Menschen entwickle, der ich sein will? Der Verhaltensforscher James Clear spricht dabei in seinem Buch *Die 1%-Methode* von identitätsbasierten Gewohnheiten.[63] Denn: Identifizieren wir uns nicht mit dem, was wir tun wollen, werden wir das Verhalten nicht durchhalten. Wir sind dann nicht genug motiviert, es zu ändern.

Clear unterscheidet drei Schichten der Gewohnheitsbildung: Ergebnisse, Prozesse und Identität. Die erste Schicht, die der Ergebnisse, ist diejenige, auf welche die meisten von uns sich fokussieren, wenn wir an Veränderung denken: Wir versuchen, das Ziel zu definieren. Gewicht verlieren, ein Buch veröffentlichen, einen Marathon laufen. Die zweite Schicht, die des Prozesses, beinhaltet die Art und Weise, wie wir einen Prozess gestalten, um leichter ans Ziel zu kommen. Beispielsweise, indem wir unseren Arbeitsplatz aufräumen, um schneller in den *Flow* zu kommen. Oder indem wir uns überlegen, wie wir eine Meditationsroutine in unser Leben bringen. Es geht also um die Prozesse rund um deine Gewohnheit. Die dritte Ebene schließlich ist deine Identität. Die Art, wie du die Welt und dich siehst. Welche Einstellung du grundsätzlich zu Sport hast. Was du als

Erfolg definierst. Ob du ein Mensch bist, der sportlich *ist*. Oder jemand, der von sich glaubt, dass er Humor *hat*.

Alle drei Ebenen sind wichtig für dein Wachstum. Und alle drei Ebenen sind wichtig, um dein Verhalten zu ändern. Es ist wichtig, dass du dir konkrete, messbare Ziele setzt. Sind diese aber nicht in Einklang mit deiner Identität, wirst du sie nicht lange verfolgen. Willst du also Gewohnheiten etablieren, die anhalten, musst du die Richtung ändern: von innen nach außen statt umgekehrt. Und mit der Schicht der Identität beginnen. Mit diesem Vorgehen beginnen wir den Prozess der Veränderung mit der simplen Frage:

Wer will ich sein?

Welche Gewohnheiten hat ein Mensch, der schon lebt, wie ich gerne leben will?

Was tut so ein Mensch, der schon ist, wie ich sein will?

Wer möchtest du also sein?

Wie verhalten sich Menschen, die so sind, wie du gerne wärst?

Was tun sie konkret regelmäßig?

Welche Gewohnheit könntest du etablieren, um diesem Ziel ein Stück näher zu kommen?

Schaffst du es, dir in deinem Leben Ziele zu setzen, die eng mit deiner Identität verknüpft sind und die weniger stark von externer Bestätigung und Online-Lob abhängen, wirst du dich ein Stück weit von digitalen Zwängen befreien können. Du kannst dann immer noch posten und deine Werke, deine Arbeit und deine Freizeitbilder teilen, bist aber weniger darauf angewiesen, wie andere dein Leben wahrnehmen und welchen Wert das, was du im Internet teilst, für andere hat. Denn: Du hast dir selbst Gedanken über deine Vision, deine Werte und deine Motivation gemacht und für dich im Vorfeld geklärt, was dich wirklich antreibt. Entscheidest du beispielsweise, dass du deinen Wert »Hilfsbereitschaft« stärken willst, findest du viel leichter Zufriedenheit, wenn du diese im Alltag für dich umsetzt, dich einer Gruppe anschließt, die eine Minderheit unterstützt, und du für dich sagen kannst: Ich helfe, und egal, in welcher Form und in welcher Größe das ist, meine Hilfe kommt an. Dann kann es immer noch sein, dass Fotos von dir beim Helfen auf Social Media gepostet werden – du aber findest längst schon Erfüllung in deinem Tun, weil du es auf deine Tugend ausgerichtet hast. Die Likes und die Bewunderung, die du dann für deine Taten erhältst, sind weiterhin wertvoll und können dich erfreuen – du richtest aber nicht alles danach aus. Deine Motivation ist überdies stabiler, wenn sie intrinsisch ist, sie also aus dir herauskommt und weniger abhängig von externen Faktoren ist.

Intrinsische Motivation	**Extrinsische Motivation**
Klavier üben, weil es dir Spaß macht.	Klavier üben, weil du als Kind danach fernsehen darfst.
Ein Buch lesen, weil du daraus etwas lernst.	Ein Buch lesen, weil dein Partner dich dann dafür bewundert.
Abnehmen, weil du dich dann wohler in deinem Körper fühlst.	Abnehmen, weil du einem bestimmten Körperbild gerecht werden willst.

Geht es um Motivation, denken wir auch oft, wir müssten uns dafür inspiriert fühlen. Viele von uns warten auf den einen Moment, in dem die Muse uns küsst oder wir genug Anfangsenergie aufbringen, um endlich anzufangen. Wir denken, wir müssten Begeisterung empfinden und uns ganz sicher sein. Das lähmt aber eigentlich. Es macht uns Druck und löst Angst aus. Die Folge: Wir tun gar nichts. Schieben die Aufgabe vor uns her. Oder distanzieren uns emotional. Die Lösung: Tu es einfach. Der Blogger Mark Manson und Autor des Buchs *Die subtile Kunst des Daraufscheißens* nennt diese Methode das »*Tu es einfach*-Prinzip«.[64] Er ist überzeugt: Alles, was wir ändern wollen, erzeugt Widerstand, Stress und Schmerz. Es geht also nicht darum, uns ständig nur gut zu fühlen, sondern weiterzumachen, *obwohl* wir dabei nicht nur positive Emotionen empfinden.

Kommst du also nicht weiter und hoffst darauf, dass die Motivation sich irgendwann zeigt, fang einfach an. Tu etwas, egal, was. Denk nicht weiter drüber nach, und lenk dich nicht weiter ab. Beginne einfach, zu handeln. Die simple Entscheidung, daran zu arbeiten, wird etwas in dir auslösen. Das wird es dir leichter machen, Lösungen für dein Problem zu finden. Es bringt dich auf neue Ideen. Hör auf, Katzenvideos zu schauen. Fang einfach an. Wenn du eine Webseite bauen musst, dann fang mit dem Impressum an. Oder mit der ersten Seite eines Buchs. Oder der letzten. Fang einfach an.

Die meisten Menschen denken, auf Inspiration folgt Motivation, und dann handeln wir und alle sind glücklich. Es ist aber ein Kreislauf. Manchmal muss man einfach handeln, um inspiriert zu werden, um motiviert zu sein, um dann wieder inspiriert zu sein. Wenn du also nicht weißt, wie du dein Leben ändern oder irgendeine Sache angehen sollst, die dir wichtig erscheint, aber zu groß: Warte nicht. Erinnere dich daran: Die digitalen kleinen Handlungen, die du so oft wiederholst, geben dir für den Moment eine kleine Befriedigung. Doch langfristig zahlen sie nicht auf dein Lebenszufriedenheitskonto ein. Sie machen dich nicht zur besten Version deiner selbst. Und sie führen auch nicht dazu, dass du die größeren Dinge, die dich wirklich weiterbringen, anfängst.

Die amerikanische Autorin Gretchen Rubin hat einen Test entwickelt, der dir helfen kann, mehr über dich zu erfahren[65]. Rubin zufolge ist es wichtig, zu wissen, wie du mit Erwartungen umgehst. Denn je nachdem, welcher Erwartungstyp du bist, musst du dich auf andere Art und Weise motivieren. Sie hat dazu ein ganzes Buch geschrieben mit dem Titel *Die 4-Happiness-Typen.*[66] Nachfolgend stelle ich dir die vier Typen kurz vor.

Der/die Disziplinierte (Upholder)

Du bist jemand, der die Erwartungen anderer genauso erfüllt wie die Erwartungen an dich selbst. Du nimmst dir etwas vor und tust es dann auch.

Der/die Hinterfragende (Questioner)

Du bist dir selbst gegenüber sehr verpflichtet, anderen gegenüber aber weniger. Das Außen muss dich erst noch davon überzeugen, dass sich das, was dir da aufgetragen wird, tatsächlich lohnt. Du schaffst deine eigenen Deadlines mühelos.

Der/die Pflichtbewusste (Obliger)

Du bist das genaue Gegenteil des Hinterfragers. Du springst und bist verlässlich, sobald jemand anderes etwas von dir braucht. Wenn es darum geht, deine eigenen Erwartungen an dich zu erfüllen, fehlt dir jede Verbindlichkeit. Dir hilft es, wenn du dich mit jemandem verbündest, der dir Druck macht.

Der/die Rebell/-in (Rebel)

Als Rebell fühlst du dich niemandem verpflichtet, weder anderen noch dir selbst. Deine größte Maxime: Freiheit. Für dich sind Routinen und eigene Ziele sehr schwierig umzusetzen.

Der Test von Gretchen Rubin hat mir dabei geholfen, zu verstehen, warum ich morgens nicht aufstehe und eine Aufgabe erledige, obwohl ich es mir fest vorgenommen habe: weil ich mir gegenüber keinerlei Versprechen einhalte, die ich mir selbst gebe. Ab und an klappt das, aber mehr schlecht als recht, und niemals länger als ein, zwei Wochen. Ich bin also nicht per se faul oder mache etwas falsch, sondern arbeite gegen mein Naturell. Rubins Theorie hat mir dabei geholfen, mir zu bestätigen, was ich insgeheim schon viele Jahre ahnte: Ich funktioniere besser in Bezug auf ein Gegenüber. Verspreche ich jemandem etwas, bin ich zur Stelle und verlässlich. Verspreche ich es mir selbst, wird es schwierig.

Nun, da du dein digitales Nutzungsverhalten unter die Lupe genommen, deine Motivation geklärt, deine Werte definiert und deine Vision aufgeschrieben hast, geht es im nächsten Schritt darum, deinem Leben Halt und Struktur zu geben, damit du mühelos durch den Sturm des Digitalen hindurchsegelst.

2. Gib deinem Leben Halt und Struktur

Ich fahre alle paar Monate fürs Schreiben in die Berge oder in ein Kloster. Ich liebe es, bloß einen Koffer bei mir zu haben mit ein paar Dingen und ein leeres Zimmer vorzufinden, neu, nicht belastet, nirgends hängt Wäsche, der Kühlschrank ist leer, ich fange bei null an, alles ist sauber und geordnet, und nichts muss weg.

Man muss kein ADHS-Gehirn haben, so wie ich, um tief in sich zu spüren, dass wir in einer verrückten Zeit leben. Dass unser Leben Wahnsinn geworden ist. Und das Digitale in seiner Grenzenlosigkeit viel zu diesem Wahnsinn beiträgt. Da ist einerseits ständiger Überfluss: Wir können sofort alles kaufen, bestellen, konsumieren, binge-watchen. Auf der anderen Seite müssen wir damit leben, dass wir selbst schuld sind, wenn wir zu wenig, das Falsche, das Richtige aus uns machen. Wenn uns Tausende Social-Media-Profile in die Timeline gespült werden, die uns zweifeln lassen, ob wir das falsche Leben leben. Hinzu kommt, dass wir vereinzelter leben, weniger gemeinschaftlich organisiert sind, modularer arbeiten und das Digitale uns Millionen Informationsfetzen und Gefühle ins Wohnzimmer spült, ohne dass wir all diese Dinge zu einem Puzzle zusammenstecken könnten. Von Kriegen und Fluten und den enormen globalen Problemen gar nicht zu sprechen. Früher litten wir auch unter dem Patriarchat, dem cholerischen Vater, der Kirche, der gesellschaftlichen Ungerechtigkeit. Hier soll es gar nicht darum gehen, sich diese Zeiten zurückzuwünschen, weil vieles kaputt war und Menschen unterdrückt wurden. Doch es gab klare Regeln, und die gesellschaftlichen Leitplanken änderten sich nicht von einem Tag auf den anderen. Bei all der Freiheit, bei all der Grenzenlosigkeit, die auch ihr Schönes hat, bleibt eben auch die wichtige Frage, wie wir in diesen digitalen Zeiten wieder mehr Struktur finden. Wie können wir Halt finden, der bestärkend ist statt strafend? Wie können wir Freiheiten leben, uns aber doch eine Ordnung geben, die uns dabei hilft, nicht aus den Fugen zu geraten?

Je mehr Tabs in meinem Kopf offen sind, je mehr Dokumente sich auf meinem Desktop stapeln, je mehr Kommunikations-Apps ich jongliere, desto stärker kommt in mir die Sehnsucht nach Einfachheit, Struktur, Klarheit und Ordnung hoch. Kein Wunder: Wir waren in unserer gesamten Menschheitsgeschichte noch nie mit so vielen Reizen konfrontiert. Unser Leben also ein Stück weit zu vereinfachen und wieder in geordnetere Bahnen zu lenken, hilft uns, die Anforderungen, die das Digitale mit sich bringt, besser zu bewältigen. Je klarer unsere Arbeitsstrukturen, je automatisierter gute Gewohnheiten und je entschlackter unsere digitalen und analogen Räume, desto mehr Frieden finden wir. Und umso mehr Energie bleibt für echte Verbundenheit übrig. Denn Beziehungen zu uns selbst und anderen benötigen Energie und Präsenz.

Je strukturierter, aufgeräumter und klarer du dein Leben gestaltest, desto ruhiger wird dein Geist sein. Nicht umsonst bemühen sich Eltern bei Kindern meist um einen klaren, ritualisierten Tagesablauf. Und nicht umsonst raten Schlafforscher dazu, Schlafenszeiten nicht zu sehr zu variieren. Ich habe das selbst an mir oft festgestellt: Stehe ich ein paar Wochen lang jeden Tag um die gleiche Zeit auf, fällt es meinem Körper viel leichter, in die Gänge zu kommen. Und oft brauche ich dann gar keinen Wecker mehr – ich erwache von ganz alleine. So ist es mit Gewohnheiten und Abfolgen: Sie helfen uns, mehr Energie in das zu stecken, was zählt. Du stellst deine Teller und Tassen in der Küche ja auch immer an den gleichen Ort – weil es dich zu viel Energie kosten würde, immer umzuräumen.

Sind wir ständig abgelenkt, wird es uns nichts nützen, wenn wir uns vornehmen, uns einfach ein bisschen besser zu konzentrieren. Vielmehr sollten wir beginnen, unser Leben, unseren Alltag und unseren Arbeitsplatz so zu gestalten, dass er uns Halt und Struktur gibt und uns hilft, uns auf das zu konzentrieren, was wir wirklich tun wollen. Und uns erfolgreich von Reizen abschirmen, die wir jetzt gerade nicht in unserem Leben haben wollen. Indem das Meditationskissen schon bereitliegt, in der immer gleichen Ecke. Und das Smartphone nicht mehr auf dem Tisch liegt, sondern stumm außerhalb unseres Sichtfelds in einer Schublade auf uns wartet, bis wir mit der Arbeit fertig sind.

Routinen und Gewohnheiten etablieren

Wir alle brauchen Ordnung und Struktur in irgendeiner Form. Innerlich und äußerlich. Die einen sind besser darin, sich selbst Struktur zu geben, andere setzen sich Strukturen aus, die sie stützen. Für die einen wäre es ein Albtraum, jeden Tag ins gleiche Büro zu fahren, für andere ist genau das die Sicherheit, die sie brauchen. Wie viel Struktur und Halt du brauchst, ist eine individuelle Frage. Mich beschäftigt sie seit Jahren, und ich probiere immer wieder andere Routinen und Abläufe aus, um mich irgendwo zwischen Sicherheit und Autonomie einzupendeln. Vor allem, seit mein Alltag immer digitaler geworden ist.

Warum aber sind gute Routinen und Gewohnheiten so wichtig? Weil wir vieles automatisch tun, was wir jeden Tag erledigen: sei es Zähne putzen, zum Lieblingsjoghurt greifen, zu spät kommen oder YouTube aufrufen. Wir treffen bis zu 35.000 Entscheidungen am Tag, die meisten davon unbewusst.[67] Deshalb mag es unser Gehirn ja auch so sehr, wenn es in Routinen fallen kann. Weil es damit Energie spart. Sowohl die guten wie auch die schlechten Gewohnheiten fußen auf einer Handlung, die wir so oft wiederholt haben, bis sie uns in Fleisch und Blut übergegangen ist. In der Fachsprache heißt das »Chunking«. Für unsere Entwicklung als Menschen war diese Gewohnheitsbildung von unglaublichem Wert: weil sie dem Gehirn hilft, Energie zu sparen. So werden wiederkehrende Aufgaben effizienter ausgeführt. Die guten und die schlechten.[68]

Vieles in deinem Leben läuft also automatisch ab. Wollen wir etwas an unserem aktuellen Verhalten ändern, ist das meist deshalb der Fall, weil etwas, das wir gar nicht mehr reflektieren, in unser Bewusstsein rückt. Und ein Teil von uns sagt: So möchte ich nicht weitermachen. Weil wir einsehen, dass ein Teil dieser Gewohnheit oder alles daran uns in einem anderen Aspekt unseres Lebens schadet. So auch bei digitalen Gewohnheiten: Wir haben uns beispielsweise angewöhnt, auf dem Weg zur Arbeit immer Social Media zu checken. Ein paar Jahre später rechnen wir dann vielleicht zusammen, wie viele Stunden bereits für diese Tätigkeit draufgegangen sind, und realisieren: In dieser Zeit hätte ich 50 Bücher lesen können, die mir eine neue Perspektive aufs Leben ermöglichen würden. Wir greifen aus Gewohnheit zum Smartphone, wenn wir uns mal eben entspannen wollen. Oder wir chillen aus Gewohnheit jeden Abend mit Netflix, obwohl wir uns doch versprochen haben, öfter mal Sport zu machen.

Schlechte Gewohnheiten schleichen sich oft in unser Leben ein, ohne dass wir es bemerken: Wir essen 20 Jahre lang ungesund und stellen irgendwann fest, dass wir schlanker, sportlicher und gesünder sein wollen. Wir führen über Jahre eine mittelmäßige Beziehung und wissen nicht so recht, wie wir über unsere Gefühle sprechen sollen, merken aber erst, dass wir etwas ändern müssen, wenn wir vor dem Scheidungsrichter stehen. Oder wir wachen mit 40 morgens auf und erinnern uns, dass wir doch eigentlich noch studieren wollten, und fragen uns, ob es nun zu spät ist.

Du kannst auch mal im Kleinen prüfen, wie viele schlechte Gewohnheiten sich in dein Leben geschlichen haben: Ist es das Snoozen und anschließende Scrollen am Morgen im Bett, von dem du schon lange weißt, dass es dich müder in den Tag starten lässt und dir wertvolle Zeit stielt? Sind es die zehn Minuten zur Arbeit, die du schon lange mit dem Fahrrad fahren willst, aber du nimmst am Ende dann doch immer das Auto? Ist es der regelmäßige Anruf bei deiner Großmutter, von dem du weißt, dass er wichtig wäre, aber der im Arbeitsstress jedes Mal untergeht? Auch ein Anruf – und damit Kontaktaufnahme und Beziehungspflege – kann von einer einmaligen Handlung zu einer Gewohnheit werden.

Wollen wir zufriedener leben, gilt es, unsere eingeschliffenen Gewohnheiten und Routinen zu erkennen, sie zu überdenken und sie durch konstruktivere Verhaltensweisen zu ersetzen. Schaffst du es, nur ein paar kleine, dysfunktionale Digital-Gewohnheiten abzustellen und durch erholsamere, nachhaltigere Tätigkeiten zu ersetzen, hast du schon viel gewonnen. Denn die Motivationspsychologie sagt: Es sind oft gar nicht die großen Umwälzungen, die über unser Glück entscheiden, sondern vielmehr die Tausenden kleinen Entscheidungen, die wir jeden Tag treffen und aus unseren Gewohnheiten ein Leben machen. James Clear ist beispielsweise ein großer Fan von kleinen Schritten. In *Die 1%-Methode* schreibt er, dass wir uns, wenn wir pro Tag bloß ein Prozent unseres Verhaltens ändern, nach einem Jahr um das Siebenunddreißigfache verbessern können.[69]

Willst du dein Verhalten ändern, geht es in erster Linie darum, das System hinter deinem Verhalten zu ändern. Menschen überschätzen ihre Willenskraft. Sie meinen oft, dass es reicht, sich vorzunehmen, es anders zu machen. Dass es reicht, den Fokus auf etwas Bestimmtes zu legen, und dann schaffen wir das auch. Doch unsere Willenskraft versiegt. Dein Gehirn speichert eine Gewohnheit in den Basalganglien des Gehirns ab. Dort nämlich, wo auch deine Motorik gesteuert wird. Das Problem aber: Die darüberliegende Großhirnrinde, die für bewusste Entscheidungen zuständig ist, wird nicht involviert. Wir können uns also noch so sehr vernünftig entscheiden wollen: Wir machen uns das Leben damit bloß unnötig schwer.

Die amerikanische Psychologin Wendy Wood hat sich intensiv mit Routinen und Motivation beschäftigt. Sie fand in ihren Studien heraus, dass Menschen, die regelmäßig joggen gehen, im Schnitt genauso motiviert waren wie diejenigen, die sich kaum aufraffen konnten. Der Unterschied bestand nicht in der Willenskraft, sondern darin, wie sie sich organisierten. Wood treibt diese Aussage auf die Spitze, indem sie rät: Willst du eine Gewohnheit verändern, ziehe um.[70] Was sie damit sagen will: Unsere Umgebung prägt unsere Abläufe entscheidend mit. Ändern wir unsere Umgebung, ändern wir manchmal auch unser Verhalten.

Doch so radikal wie ein Umzug muss es gar nicht sein.

»Manchmal ist der Auslöser auch ein Mensch«, sagt Wood in einem Interview. »Man könnte etwa gemeinsam mit einem Freund Sport treiben. Er kommt immer abends nach der Arbeit vorbei, und dann geht man gemeinsam los.« Oder aber: Man stellt sich die Laufschuhe jeden Tag vor die Tür – als Signal, damit man den Morgenlauf nicht vergisst.[71] Neue Umgebungen schaffen neue Abläufe, und mit den Abläufen entscheidet sich oft, ob wir ein Verhalten wiederholen oder nicht. Das richtige System zu etablieren, darum geht es also im Grunde.

Es geht nicht darum, dir fest vorzunehmen, den Snooze-Knopf im Halbschlaf nicht mehr zu drücken und dich davon abzuhalten, die E-Mail-App schon im Bett zu öffnen, sondern, dich gar nicht mehr in die Lage zu bringen, dass du überhaupt auf Snooze drücken *kannst*. Kaufst du dir beispielsweise einen analogen Wecker ohne diese Funktion und lädst das Smartphone über Nacht in einem ganz anderen Raum auf, wirst du automatisch weder snoozen noch im Bett Mails checken. Kannst du also ein System etablieren, das dich vor Rückfällen schützt, auch wenn du gerade einen schwachen Moment hast, bist du auf der Gewinnerseite.

Das Gehirn kann eine Gewohnheit einfacher etablieren, wenn du sie an einen konkreten Ort und an eine konkrete, am besten immer gleiche Zeit knüpfst. Mach es dir also beispielsweise zur Gewohnheit, nicht überall in deiner Wohnung zu arbeiten, sondern bloß an deinem Schreibtisch. So verknüpft dein Gehirn den Schreibtisch mit der Zeit automatisch mit Arbeit und kommt leichter in einen Konzentrationsmodus, sobald du dich an den Tisch setzt. Noch leichter fällt es deinem Gehirn, in einen Zustand von Konzentration oder Entspannung zu kommen, wenn du ihm mit Routinen einen Weg bahnst: Wenn du vor dem

Schlafengehen immer eine Tasse Tee aufkochst, eine Wärmflasche füllst, die gleiche Entspannungsmusik abspielst, dein Smartphone ausschaltest und nochmals das Zimmer lüftest, signalisieren all diese kleinen Handlungen deinem System, dass es müde werden darf, weil Schlaf folgt. Diese 15 Minuten bereiten deinen Körper und deinen Geist automatisch auf das Schlafen vor. Genauso verhält es sich mit dem Abschalten nach der Arbeit: Schließt du am PC alle Programme, fährst deinen Laptop ganz runter, legst du deine digitalen Geräte in eine Schublade und räumst deinen Arbeitsplatz auf, hilfst du deinem Gehirn, mit der Arbeit abzuschließen und automatisch in den Freizeitmodus zu wechseln.

Knüpfe eine neue Gewohnheit dabei an eine bestehende. Möchte ich mehr lesen und weniger am Smartphone sein, kann ich das Leseverhalten sofort im Anschluss an ein bereits bestehendes Verhalten knüpfen, das sich möglichst täglich wiederholt. Ein guter Zeitpunkt dafür ist beispielsweise mein Weg zur Arbeit. Immer wenn ich in den Bus einsteige, nehme ich sofort mein Buch zur Hand und lese, bis ich wieder aussteigen muss. Noch einfacher machst du es dir, wenn du mit ganz kleinen Einheiten beginnst – beispielsweise zwei Seiten pro Tag. So gehst du sicher, dass das Verhalten einfach genug ist, um es wiederholen zu können. Und du implementierst automatisch die Routine, das Buch zur Hand zu nehmen und zu lesen. Wie viel du liest, spielt anfangs gar keine große Rolle. Es geht vielmehr darum, dass du überhaupt liest. Und damit mit deiner alten Gewohnheit des sinnlosen Scrollens brichst. Mit der Zeit wird daraus eine Gewohnheit, die du lieb gewinnst. Und die Lust, nach den zwei Seiten weiterzulesen, steigt automatisch. Außerdem hilfst du dir mit dieser niedrigen Schwelle, dein Verhalten aufrechtzuerhalten, auch wenn du mal müde bist oder keine Lust hast. Denn genau dann sind Systeme so wichtig: Wir lassen am ehesten nach, wenn unsere Energie nicht reicht, uns aufzuraffen.

James Clear hält sich seit Jahren eisern an die Regel: Niemals mehr als einmal auslassen. Ein Verhalten also einmal nicht tun ist eine Ausnahme. Ab dem zweiten Tag wird das Abbrechen zur neuen Regel. Hast du also mal an einem Tag kein Buch dabei und hängst stattdessen am Smartphone: Schwamm drüber und weiter. Genieß die Pause von deiner Routine, und knüpfe am nächsten Tag einfach wieder dort an, wo du aufgehört hast. Es ist nicht entscheidend, etwas von Anfang an perfekt zu machen. Gewohnheiten entstehen über die Anzahl der Wiederholungen. Das hat unter anderem mit der Beschaffenheit unseres Gehirns zu tun: Denn Synapsen, also die Kommunikationskanäle in deinem Gehirn, die Informationen hin und her schicken, funktionieren wie Wege: Läufst du den immergleichen Weg immer wieder, sprich, denkst du den gleichen Gedanken wiederholt oder führst die gleiche Handlung aus, wird der Weg immer breiter. Die Folge: Die Myelinschicht, also die Fettschicht, welche die Synapse umhüllt, wird dicker. Das Fett leitet die Energie schneller – die Handlung wird rascher durchgeführt – und automatisiert. Das ist schlecht, wenn wir ein negatives Verhalten abtrainieren wollen – weil die Neuronen richtig schnell feuern und der Befehl, das ungewollte Verhalten auszuführen, bei dicker Fettschicht deshalb umso rascher bei uns ankommt – im Positiven aber heißt das: Es gibt Hoffnung auf Veränderung. Denn unser Gehirn ist neuroplastisch, und wenn wir Geduld haben und ein neues Verhalten immer wieder einüben und durchziehen, verändern wir die Struktur unseres Gehirns. Und bauen neue Bahnen auf, die mit der Zeit schneller und automatischer senden.

Jedoch etabliert sich keine neue Gewohnheit ohne unmittelbare Belohnung. Wir sind im Grunde sehr einfach gestrickt: Werden wir sofort belohnt, wiederholen wir ein Verhalten, werden wir sofort bestraft, vermeiden wir es. Deshalb wird sich auch kaum jemand ein zweites Mal an der Herdplatte verbrennen: weil das Feedback zum Verhalten intensiv negativ ist und unmittelbar erfolgt. Die Belohnung sollte dabei mit deinem Wunschverhalten nicht im Widerspruch stehen. Möchtest du also deine Freizeit nicht mehr so oft digital verbringen, dann suche dir eine Belohnung, die nicht unbedingt digital ist.

Du kannst aber das Digitale in Maßen durchaus dazu nutzen, dich zu einem gewissen Verhalten zu motivieren, das langfristig gut für dich ist. Ich kann also eine sogenannte Bedürfniskombination machen: Ich verknüpfe ein Verhalten, das mir Spaß bereitet, mit etwas, das ich tun muss. Stellst du an dir beispielsweise fest, dass du oft Netflix schaust, deine Semesterarbeit oder deine sportliche Betätigung zu kurz kommen, kannst du das erwünschte, aber nicht ganz so spaßgetriebene Verhalten mit deinem Netflix-Konsumwunsch verbinden: indem du dir die Regel aufstellst, dass du pro Stunde fokussierter Arbeit eine Viertelstunde Netflix schauen darfst. Oder dass du im Anschluss an jede Sporteinheit in der Natur 15 Minuten YouTube-Videos schauen darfst. Aber nur dann. So streichst du das Verhalten, das du sowieso an den Tag legst, nicht einfach aus deinem Leben, sondern knüpfst es an eine Bedingung, die langfristig gut für dich und dein Leben ist. Du schlägst damit zwei Fliegen mit einer Klappe: Du etablierst eine neue, positive Gewohnheit, setzt deiner digitalen Nutzung Grenzen und genießt das Digitale viel bewusster.

Je öfter du deine eigene Abmachung einhaltst, desto eher fühlst du dich auch selbstwirksam. Weil dir bewusst wird: Ich kann etwas schaffen. Deshalb ist es auch so wichtig, dir nicht zu viel vorzunehmen. Wichtiger als große Schritte ist das Gefühl von: »Ich hab's geschafft!« Täglich ein kleiner Schritt addiert sich im Laufe von Tagen und Wochen zu einer großen Strecke. Und: Du kannst an dir selbst erleben, wie du daran wächst. Und besser wirst. Ohne dass es wehtut. Ich habe außerdem erkannt, dass mir jede Art von Routine, und sei es, dass ich jeden Mittwoch um 20 Uhr mit meiner Großmutter telefoniere, Halt gibt und mein System beruhigt. Ich weiß, womit ich meine Zeit verbringe, und kann mich, weil gewisse Dinge einfach klar sind, mit mehr Energie und Freude neuen Aufgaben widmen.

Was auch hilft: Wenn du deine angestrebte neue Gewohnheit zu einem Teil deiner Identität machst. Dann wird dich ein schlechter Tag auch nicht sofort aus der Bahn werfen. Zum Beispiel, indem du dir sagst: Ich bin ein wissbegieriger Mensch, der gerne lernt. Das bedeutet dann, auf dein digitales Nutzungsverhalten bezogen, dass du Inhalte favorisieren darfst, die dich in deinem Drang, Neues zu lernen, fördern. Beispielsweise kannst du dann auf dem Weg zur Arbeit ein digitales oder analoges Wissensmagazin lesen oder TED-Talks schauen, statt die zwanzigste Runde Candy Crush zu spielen (Candy Crush ist, wie alles, in Maßen total okay).

Verwende Zeit und Fokus darauf, für dich herauszufinden, welche Art von Routinen dir guttun. Wie viel Abwechslung du in welcher Form brauchst. Und wie du dir mehr Freiheit und zugleich Halt in deinem Leben erschaffen kannst. Das kann beispielsweise eine Morgenroutine sein, die aber wechselnde Elemente enthält. Das kann die tägliche Fahrt mit dem Rad zur Arbeit sein oder ein Pizza-Donnerstag. Was auch immer es ist:

Du wirst sehr viel mehr Energie und Konzentration haben und auch Zufriedenheit verspüren, wenn du dein Bedürfnis nach Autonomie und Sicherheit ernst nimmst und hinterfragst. Immer wieder neu.

Wenn es um die Etablierung von Routinen geht, kann dir die Digitalisierung ein guter Begleiter sein. Richtig eingesetzt, hilft sie dir nämlich, Widerstände zu reduzieren. Ein Grund, warum wir das Digitale so lieben, ist ja auch der, dass so vieles einfacher geworden ist. Die besten Apps und Produkte sind genau dafür gemacht: die mühsamen Schritte wegzuradieren, damit wir schneller und einfacher bestellen können, beispielsweise. Denk an deine letzte digitale Bestellung von Kleidung oder Essen: Mit ein paar wenigen Klicks ist alles bestellt, automatische Zahlung, die Adresse schon gespeichert. Und das Wichtigste: Die App erspart dir den Weg ins Restaurant. Oder das Einkaufen im Feierabend-Rush. Was sich negativ auf uns auswirken kann, wenn wir überall im Leben nur noch bequem sind, ist super, wenn du eine neue Routine etablieren willst. Du willst dich gesünder ernähren? Warum nicht online ein Abo für Gemüse- und Obstlieferungen direkt zu dir nach Hause abschließen? War dir der Gang ins Fitnessstudio zu weit oder zu mühsam, kannst du sofort gut von zu Hause trainieren, indem du dir online Übungsinstruktionen anschaust. Oder mit der richtigen Musik oder App in Schwung kommen. Auch hier gilt: bewusst entscheiden, nachhaltig konsumieren, und schon kannst du die Digitalisierung für dein persönliches Wachstum einsetzen.

Frage dich:

Welche Routine möchtest du von nun an etablieren?

Wann und jeweils wie lange? Was möchtest du damit erreichen?

Was hat das mit deinen Werten zu tun, die du für dich definiert hast?

Exkurs: Eine Morgenroutine etablieren

Ein paar der wichtigsten Denkerinnen und Macher unserer Zeit treffen sich jeden Morgen um fünf Uhr in der Früh zu einem gemeinsamen Ritual. Sie sind überall auf der Welt zerstreut, und jeder von ihnen führt ein anderes Leben mit anderen Herausforderungen. Doch was sie eint, ist der 5 *a. m.-Club*. Er wurde vom Star-Coach Robin Sharma ins Leben gerufen und folgt drei Kernprinzipien:[72] 20 Minuten Sport und Bewegung, 20 Minuten persönliches Wachstum in der Form eines wichtigen Projekts, Meditation oder Tagebuchschreiben und 20 Minuten Lernen. Die Idee dahinter: deine erste Stunde des Tages ganz dir und deinem persönlichen Wachstum zu widmen. Kritikerinnen sehen darin einen weiteren Schritt hin zu mehr Effizienz und Leistungsdenken. Andere fühlen sich besser und fokussierter, wenn sie in der ersten Stunde des Tages schon vieles von dem tun können, wofür zwischen Arbeit, Pendeln und Kindern normalerweise nur wenig bis keine Zeit mehr bleibt.

So oder so: Das frühe Aufstehen hat eine lange Tradition. Viele Schriftstellerinnen und Musiker, Politikerinnen und Stars lieben die frühen Stunden zwischen Nacht und Tag, diesen Dämmerzustand der Welt, wo der Wahnsinn des Tages noch nicht begonnen hat. Apple-CEO Tim Cook beispielsweise steht jeden Morgen um 3:45 Uhr auf, liest seine Mails und geht dann erst mal zum Sport.[73] Michelle Obama ist bereits um 4:30 Uhr morgens im Fitnessraum anzutreffen – oft zusammen mit ihrem Ehemann Barack.[74]

Ob du dem 5 *a. m.-Club* beitreten möchtest oder nicht: Dir zu überlegen, wie du in den Tag starten willst, kann sich lohnen. Dabei musst du nicht um vier Uhr in der Früh aufstehen und fünf Kilometer joggen. Du kannst auch langsam in den Tag starten, in deinem Lieblingsbuch lesen oder spazieren gehen. Je bewusster und erfüllter du deinen Tag beginnen kannst, desto besser wird er sich entwickeln. Eine Morgenroutine setzt den Ton für die kommenden Stunden. Und setzt deinen Fokus für den ganzen Tag. Mir hat sie geholfen, einige Dinge, die ich sonst immer auf den Abend verschoben habe, einfach auf den Morgen zu schieben. Beispielsweise Sport, aufräumen, schreiben oder die Wäsche machen. So habe ich abends nach der Arbeit mehr Zeit für mich und kann mich ohne schlechtes Gewissen einem Buch oder Freunden widmen.

Mach dir keinen Druck. Ich neige dazu, perfektionistisch zu sein und mir selbst schlecht zuzureden. Deshalb habe ich mir 20 Minuten als Zeitraum für mein Morgen-Yoga festgelegt. Das ist weniger, als ich von mir erwarten würde, aber lange genug, um mir selbst etwas Gutes zu tun. Lieber 20 Minuten täglich als zweimal im Jahr zwei Stunden.

Meine Morgenroutine wäre nur halb so schön, wenn ich sie mit meinem Smartphone verbringen würde. Ich habe mir deshalb angewöhnt, mein Smartphone in der Küche zu laden, es über Nacht ganz auszuschalten und es erst gegen neun Uhr in der Früh anzustellen. Dabei hilft es mir, das Smartphone außer Sichtweite zu laden, weil ich so den visuellen Reiz umgehe. So kann sich mein System langsam an den Tag gewöhnen, und ich priorisiere zuerst einmal mich selbst, bevor ich mich der Welt und all den Menschen zuwende, die etwas von mir brauchen oder wollen. Das ist sehr wichtig für meine Psychohygiene, und ich merke sofort, wenn ich diese Regel an manchen Tagen nicht befolge.

Gelingt es mir, morgens Abstand zwischen mir und den digitalen Anforderungen an mich herzustellen, bin ich den ganzen Tag über ruhiger, weniger angespannt und fokussierter. Ich empfehle dir deshalb, dein Smartphone die erste Stunde des Tages, egal wann du aufstehst, nicht anzufassen. Du kannst dich mental darauf vorbereiten, indem du visualisierst, dass du es nach dieser Stunde an einem spezifischen Ort und zu einer konkreten Handlung dazu anstellst und checkst. Auch das kann zu einer Routine werden. Es ist völlig okay, wenn du nicht ständig und immer erreichbar bist. Eine Stunde ganz abschalten lädt dich wieder auf für das, was du vorhast. Davon profitieren alle.

Auch hier gilt: Versuche, in dich hineinzuspüren und deinen persönlichen Weg zu gehen. Am Anfang ist das immer schwierig. Fängst du aber mal damit an, dich bei allem Möglichen zu fragen: Was brauche ich jetzt? Was ist mir lieber? Was fühlt sich besser an?, geht dir das mit der Zeit in Fleisch und Blut über. Und du trainierst damit automatisch deine Intuition und stärkst deinen Selbstwert. Wenn ich nicht am gleichen Ort aufwache wie sonst, falle ich vielleicht aus dem Rhythmus. Falls das bei dir auch der Fall ist: Sei gut zu dir. Du darfst auch mal einen Tag Pause machen. Oder du streckst dich einfach im Bett, oder du nutzt diese Zeit am Morgen für anderes, das deine Batterien auflädt und in der neuen Umgebung, in der du dich gerade befindest, zur Verfügung steht.

Manchmal brauchen wir aber umgekehrt genau das: eine neue Umgebung, die ein neues Verhalten überhaupt erst ermöglicht. Schließe ich mich in einem Kloster in ein Schreibzimmer ein, fällt mir das konzentrierte Arbeiten viel leichter als zu Hause. Du kannst also die Kraft eines Tapetenwechsels für den Start in deine Veränderung nutzen. Buche ein Digital-Detox-Wochenende, wo du mal drei, vier Tage im sicheren Rahmen einer Gruppe vom Digitalen loskommst und runterfahren kannst. Das kann dir helfen, den Rahmen für deine Veränderung zu Hause zu setzen. Stellst du aber fest, dass du immer nur dann glücklich bist, wenn du Urlaub auf Bali machst, musst du vielleicht genauer hinschauen, was du an deinem Alltag ändern kannst, um ein bisschen Bali-Feeling in dein Zuhause zu bringen.

Dein digitaler Frühlingsputz

Willst du mehr Ruhe finden, hilft es enorm, die Quellen deiner digitalen Ablenkung zu reduzieren, neu zu ordnen und nach deinen Bedürfnissen auszurichten. Wollen wir etwas Neues in unser Leben bringen, brauchen wir entsprechend Raum. Und spätestens seit die Japanerin Marie Kondo mit ihren Bestsellern Millionen von Menschen dazu inspiriert hat, zu entrümpeln, wissen wir: Loslassen entlastet die Seele. Hilft uns, mit Altem abzuschließen. Ordnet unseren Geist. Wir denken Tausende Gedanken am Tag, haben Dutzende To-dos. Was wir mit unseren Sinnen wahrnehmen, beeinflusst uns. Und die nehmen nicht bloß das dreckige Geschirr wahr, das noch in der Spüle liegt, sondern auch unbeantwortete Mails. Weil jeder Reiz, der in unser System gelangt, verarbeitet wird. Logisch also: Je mehr um uns herum ist, desto mehr muss das Gehirn verarbeiten, neu ordnen, filtern.

Klar haben wir die geistige Kapazität, uns im Schnitt alle fünf Minuten von unseren Smartphones ablenken zu lassen[75] und täglich Hunderte digitale Eindrücke zu verarbeiten. Doch das zahlt auf unser Verarbeitungskonto ein. Dabei verbraucht unser Gehirn jeden Tag rund 20 Prozent unseres gesamten Energieumsatzes.[76] Die Frage, worauf wir unsere Energie verwenden und wie wir unsere digitale und analoge Umgebung so gestalten können, dass sie freier, reizärmer und ruhiger wird, ist also von zentraler Bedeutung. Damit bleibt uns langfristig mehr Fokus und Energie für das, was zählt, und mehr Erholungs- und Freiraum für Dinge, die uns auf allen Ebenen nähren.

Manche machen einmal im Jahr einen Frühlingsputz, manche misten ihren Kleiderschrank aus, wieder andere zelebrieren Fastentage. Diese Idee des Entrümpelns können wir auch auf unsere digitalen Benutzeroberflächen und Programme übertragen. Wir können also einen digitalen Frühlingsputz machen.

Nimm dir dafür ein paar Stunden Zeit. Am besten einen Nachmittag an einem Wochenende. Oder du kannst dir auch mehrmals eine Stunde im Kalender blockieren, beispielsweise abends oder während der Mittagspause. Geh als Erstes in aller Ruhe deinen Smartphone-Bildschirm durch: Welche Apps hast du seit der Installation nie benutzt und kannst du löschen? Welche Apps brauchst du am meisten und möchtest sie griffbereit haben? Welche können in einen Ordner, damit die Oberfläche insgesamt ruhiger wirkt? Welche Apps gehören zu einem Verhalten, das du fördern willst, beispielsweise Meditation? Nimm sie nach vorne. Welche Apps fressen deine Zeit? Schiebe sie nach hinten, »verstecke« sie in einem Ordner oder lösche sie ganz. Nimm dir vor allem Zeit für eine kleine Reflexion zu deinen Social-Media- und Kommunikations-Apps, denn sie fressen viel Zeit und machen dich grundsätzlich unruhiger. Hast du die Möglichkeit, Social Media über den Browser aufzurufen? Oder am PC? Lösche, wenn möglich, Apps, die viel Zeit fressen. Bist du dazu noch nicht bereit, mach dir keine Vorwürfe. Das ist alles ein Prozess. Fordere dich aber heraus. Du kannst dich beispielsweise dazu entscheiden, sie für 30 Tage zu löschen und dann wieder zu installieren. Oder sie für das Wochenende zu löschen, an dem du einen Kurzurlaub planst und weißt, dass du sowieso mehr Zeit mit deinem Partner verbringen willst. Außerhalb deiner täglichen Routinen ist es einfacher, ein neues Verhalten auszuprobieren. Vergegenwärtige dir auch nochmals, warum du weniger online sein willst. Dich an dein Warum zu erinnern ist eine kraftvolle Möglichkeit, motivierter zu handeln.

Nimm als Nächstes deine Benachrichtigungen unter die Lupe. Viele Menschen ändern nichts an den automatischen Einstellungen der Hersteller. Gehe jede App durch und entscheide: Will ich Benachrichtigungen? In welcher Form? Deaktiviere, wenn möglich, das meiste. So kannst du die App öffnen, wann du willst, und nicht, wann die App es will. Prüfe, welchen Apps du die Lokalisierung deines Standorts erlaubt hast. Prüfe auch deine Sicherheitseinstellungen. Entschcide aktiv, wer welche Daten von dir benutzen kann. Und wozu. Probiere, wenn du magst, den Grayscale Mode deines Smartphones aus. Das ist eine Funktion, die es ermöglicht, den Bildschirm auf Schwarz-Weiß umzuschalten. Das wiederum deaktiviert unsere Sinnesreize, die auf Farben wie Rot mit Alarmbereitschaft reagieren. Probiere Instagram mal im Schwarz-Weiß-Modus aus! Du wirst rasch merken, wie sehr die digitale Welt an Reiz verliert, wenn die Farbe raus ist. Du kannst den Modus jederzeit deaktivieren, wenn du Fotos machst oder Farbe brauchst.

Das Gleiche kannst du auch mit deinem Laptop oder PC tun und somit deinen digitalen Arbeitsplatz ordnen. Welche Dokumente kannst du wegsortieren, welche wegwerfen? Kannst du mal wieder den Papierkorb leeren und Ordner neu beschriften? Welche Aufgaben brauchen mehr Zeit und möchtest du für die nächsten Wochen schon mal in deinen Kalender eintragen? Beispielsweise das Durchschauen und Ordnen deiner Mails? Überlege dir, wie du deinen Laptop oder PC am besten und effizientesten nutzen kannst. Welche Voreinstellungen brauchst du? Funktioniert alles? Ist der Drucker angeschlossen? Sind die Programme in der Menüleiste auch wirklich die, die du benutzt? Welche kannst du in den Hintergrund verschieben? Möchtest du WhatsApp Web auf deinem Laptop, oder frisst das bloß Zeit? Vielleicht entscheidest du dich auch dafür, WhatsApp vorwiegend auf dem Laptop zu bedienen, weil das digital achtsamer ist als am Smartphone. Du darfst hier nach deinen Bedürfnissen vorgehen. Du kannst bei Smartphone und Laptop beispielsweise einen positiven digitalen Hintergrund wählen, der dich motiviert, statt dich zu überfordern. Ordne und lösche auch bei deinem PC so weit, dass die Oberfläche Ruhe verströmt und keine Hektik.

Das Gute am digitalen Frühlingsputz: Du musst dich nicht sorgen, dass du etwas wegwirfst, das nie wiederkommt. Du kannst getrost großzügig löschen. Stellst du nach ein paar Wochen fest, dass du eine App oder eine Funktion vermisst, kannst du sie jederzeit wieder in dein Leben integrieren, indem du die App erneut runterlädst oder das Dokument aus dem Papierkorb fischst. Du kannst zur Sicherheit auch sämtliche Daten vor Löschung auf einer externen Harddisk oder in der

Cloud speichern. Denke aber daran, dass diese Art der Sicherheit manchmal zusätzlichen mentalen Ballast erzeugen kann – weil da irgendwo im Hinterkopf dann doch noch ein Nachrichten- und Dokumenten-Lager schlummert, das ausgemistet oder gelöscht werden will. Ein bisschen so, wie wenn du alles erst mal in den Keller räumst. Das geht, spätestens aber beim nächsten Umzug wird dir schmerzlich bewusst, dass da noch was war…

Eine weitere Möglichkeit, dein digitales Rauschen zu reduzieren, besteht darin, dich von Newslettern abzumelden, die du gar nicht erhalten willst. Kuratiere deine Newsletter genau so, wie du auch Social Media kuratierst. Du bist niemandem etwas schuldig. Abonniere stattdessen, was du auch wirklich liest. Überlege dir ein gutes digitales Ordnungs- und Datenspeichersystem in der Cloud und analog. So hast du alle Dokumente sicher gespeichert und an einem Ort. Welche Dokumente möchtest du physisch bei dir behalten? Welche digital abspeichern? Bei sehr wichtigen Dokumenten wie einer Passkopie oder dem Impfausweis lohnt es sich, sie in analoger und digitaler Form zu speichern. Und schließlich kannst du dich auch von Online-Abos und Mitgliedschaften abmelden, die dich bloß Geld kosten, die du aber selten benutzt. Oder zu viel. Sei dies das automatische Social-Media-Posting-Abo, das du nicht benutzt, oder das RTL-Now-Abo, das dir viel zu viel Zeit frisst. Nicht alles, was du gratis oder einfach haben kannst, tut dir langfristig auch gut. Beschränke deine digitalen Angebote auf Kurse und Sender, die dich wirklich interessieren. Und nimm das Abmelden auch als Chance für weniger Digitalkonsum in deiner Freizeit. Du kannst das Abo auf Netflix beispielsweise auch mit Freunden teilen oder für ein, zwei Monate pausieren, um in dieser Zeit ein, zwei Bücher mehr zu lesen.

Abstand schaffen

Jetzt, wo wir wissen, dass Verhaltensänderung sehr viel mit dem dahinterliegenden System zu tun hat und wenig damit, wie viel Willenskraft wir aufwenden, wird vielleicht auch klar, warum so viele Menschen so oft am Smartphone sind: weil sie es ständig bei sich tragen. Im Blickfeld haben. Griffbereit. Digitale Geräte liegen nicht mehr länger in einer Schublade oder sind fix installierte Arbeitsgeräte in unserem Büro. Sie sind omnipräsent. Mobil. Portabel. Mittlerweile tragen wir unsere Geräte oft nah an uns – viele Männer stecken ihr Smartphone in die Hosentasche, viele Frauen tragen es in der Handtasche mit sich oder hängen es sich um den Hals. Abgesehen davon, dass Studien einen Zusammenhang zwischen physischer Nähe des Geräts und damit einhergehenden Gesundheitsrisiken feststellen,[77] triggert die physische Nähe vor allem Gewohnheiten, die wir eigentlich verändern wollen. Du würdest doch auch keinen Schokoladenkuchen kaufen und ihn neben dein Bett stellen, wenn du dir vorgenommen hast, gesünder zu essen. Die Ernährungsforschung predigt schon lange: Willst du dich gesünder ernähren oder mehr Wasser trinken, dann stell Gemüse und Wasser vor deine Nase. Ganze Teams arbeiten daran, Räume so zu gestalten, dass ein gewisses Verhalten verstärkt und anderes minimiert wird. In einer Studie veränderten die Verantwortlichen in einer Krankenhaus-Cafeteria bewusst die Raumarchitektur, indem sie Wasser visuell zugänglicher machten und Süßgetränke weniger. Das Ergebnis: Drei Monate später hatte der Wasserverkauf um über 25 Prozent zugenommen und derjenige von Süßgetränken um über zehn Prozent abgenommen.[78] Alles, was deine Sinne wahrnehmen, kann ein Trigger sein. Und steuert dein Verhalten.

Kein Wunder also, dass es so vielen Menschen schwerfällt, Abstand zwischen sich und ihre digitalen Gewohnheiten zu bringen: Wir stellen gar keinen Abstand her, wortwörtlich. Wir tragen unsere Smartphones bei uns, wir halten sie den ganzen Tag in der Hand, wir lassen den Ton an und legen sie beim Essen neben uns auf den Tisch, den Bildschirm nach oben, sodass wir sofort sehen und reagieren können, wenn uns eine Nachricht erreicht. Unsere Laptops kriechen mit uns ins Bett, und unsere Smartphones begleiten uns aufs Klo.

Deshalb ist für deine Verhaltensänderung von großer Wichtigkeit, wo du deine Geräte deponierst. Am besten gewöhnst du dir an, sie so weit von deinem physischen Körper wegzulegen wie nur möglich. Du kannst mit einfachen Schritten starten: Checke an der Bushaltestelle den Fahrplan, und lass dein Smartphone dann wieder in deiner Handtasche verschwinden. Lege dein Smartphone, wenn du am Computer arbeitest, in einen anderen Raum. Studien zeigen, dass die reine Präsenz deines Mobiltelefons deine Konzentration um mehr als 30 Prozent verringert.[79] Ohne, dass es überhaupt mit dir interagiert.

Lege es also weg – das gibt deinem Gehirn die Möglichkeit, weniger Reize verarbeiten zu müssen, und du kannst konzentrierter arbeiten. Sollte dir dabei unwohl sein, kannst du das Smartphone auf laut stellen und es so einrichten, dass Anrufe automatisch durchgestellt werden. So verpasst du keine dringenden Anrufe, bist aber nicht dazu verführt, alle paar Minuten Nachrichten zu beantworten. Lade deine Geräte außerhalb deines Schlafzimmers. Schalte sie ganz aus. Richte in deinem Zuhause einen festen Ort für deine Geräte ein. Am besten im Flur oder an einem neutralen Ort. Ermuntere deine Familie oder Wohngemeinschaft dazu, es dir gleichzutun.

Hilfreich ist auch, digitale Geräte an dafür bestimmten Orten zu verwenden statt überall. Klar, ab und an netflixe auch ich im Bett. Was toll ist und bequem. Und meinen Sonntagmorgen oder meine Erkältungszeit gemütlicher macht. Doch grundsätzlich ist mein Schlafzimmer digitalfreie Zone. Kein Smartphone, kein Laptop. Weil ich damit meinem Gehirn signalisiere, dass hier drin runtergefahren und geschlafen wird. Nicht umsonst sagen viele Psychologinnen: für jede Tätigkeit ihren Platz. Ein Ort fürs Schlafen, einer fürs Essen, einer für Begegnung, einer für Arbeit, einer für Sex. Willst du ein neues Verhalten etablieren, lohnt es sich beispielsweise, dieses Verhalten an einen Gegenstand oder Ort zu knüpfen. Möchtest du öfter lesen, mach einen Stuhl zum Lesestuhl. Oder mach aus einer Ecke in deiner Wohnung die Sportecke. Mit der Zeit wird dein Gehirn das Verhalten mit dem Ort verknüpfen und dein Verhalten automatisch leichter initiieren, sobald du den Ort aufsuchst. So, wie das Klo signalisiert: Jetzt kann ich pinkeln.

Das Senden und Empfangen reduzieren

Wir senden mittlerweile alle fast ununterbrochen. Viele von uns haben länger auf als jeder Späti einer großen Stadt. Wir halten jeden Moment unseres Lebens als Sprachnachricht fest, wir kommunizieren jede Regung unseres Kindes im Internet, mischen uns in jedem Klassenchat ein und tragen da an einem Sonntag Dinge rein, die wir auch am Montag hätten persönlich klären können. Aber wozu warten? Es heißt ja nicht umsonst *instant messaging*. Wir denken gar nicht groß darüber nach, wir senden einfach, ohne Pause. Und verschicken so weltweit pro Tag über 100 Milliarden Nachrichten. Auf WhatsApp allein.[80]

Am Ende wundern wir uns, dass wir digital nie zur Ruhe

kommen, und beschweren uns über die vielen Nachrichten und sagen: Kann ich denn hier nie wirklich mit mir alleine sein? Dabei ist ein Teil von uns ganz eifrig dabei, sofort den Hörer abzunehmen, wenn es klingelt, und mitten in einem Maisfeld ins Telefon zu schreien, dass man grad nicht telefonieren kann. Klar, was soll's, ist ja nur kurz rangehen. Doch diese Mikrounterbrechungen halten uns davon ab, im Hier und Jetzt anzukommen.

Willst du dich wieder mehr mit dir selbst, anderen Menschen und deiner Umgebung verbinden, hilft es deshalb, wenn du beginnst, dich zu fragen:

Was willst du wirklich teilen?

Mit wem?

Wann lohnt es sich für mich, einen Moment zu unterbrechen, indem ich das Smartphone hervorhole und diesen Moment dokumentiere, und wann bleibe ich ganz hier und lasse das Dokumentieren und Teilen mal sein?

Eine Möglichkeit ist zum Beispiel, den Moment zu genießen und erst kurz vor Schluss noch ein »Erinnerungsfoto« zu machen. Oder du machst es umgekehrt und nimmst dir bewusst ganz viel Zeit, um ein Erlebnis zu dokumentieren. Beispielsweise, indem du deine Fotografiekenntnisse schulst.

Es geht beim Senden ohne Pause nicht nur darum, dass du dir selbst keinen Raum zugestehst, in welchem mal einfach nicht geredet wird. Senden wir weniger, empfangen wir weniger. Das ist quasi ein Gesetz. Möchtest du also weniger digitales Dauerrauschen, überlege dir bewusst, wem du wann was sendest – und auf welchem Kanal. Ob du jedes Foto einzeln schicken willst oder einfach mal alle zusammen. Ob du wirklich mit deiner Freundin fünfzehnmal schriftlich Terminvorschläge hin- und herschicken willst, statt einfach mal kurz anzurufen. Ob du wirklich noch eine Antwortmail mit wenig Informationsgehalt an das ganze Team schickst, um ebenfalls zu sagen »Ich nicht«.

Viele unserer digitalen Überlastungen haben auch damit zu tun, dass wir den Sinn dafür verloren haben, wann Kommunikation sich wirklich lohnt, wozu sie dient und in welcher Form sie am effizientesten ist. Mitunter, weil Kommunikation im Gegensatz zu früher gratis ist. Und wir dann denken: so viel wie nötig, so viel wie möglich, ist ja auch egal. Doch das hat Konsequenzen für unseren Energiehaushalt, unsere Konzentration und unser Stresslevel. Klar, wir können uns antrainieren, weniger zu reagieren, das Smartphone öfter mal liegen zu lassen, all diese Dinge. Doch gewöhnen wir uns an, weniger zu senden, müssen wir uns umgekehrt auch weniger abgrenzen. Und tun das alle, ist allen geholfen.

Überlege dir also:

Sind die Tageszeit und der Kanal angebracht?

Ist die Dringlichkeitsstufe gegeben?

Wäre ein Anruf einfacher?

Ginge das auch gebündelt?

Braucht es diese Kommunikation überhaupt?

Welche Art der Kommunikation erzeugt die größte Nähe und Verbundenheit?

Wie kannst du deine Wertschätzung ideal ausdrücken, ohne vollzuspammen?

So kannst du digital Grenzen setzen

Wir sprechen im feministischen Kontext von *consent*, von Einverständnis, wenn wir offen über sexuelle Grenzen sprechen wollen. Aber über digitale Grenzen? Spricht kein Mensch. Darf ich dich anrufen? Wie möchtest du kommunizieren? Hast du Lust, Nacktbilder zu kriegen? Willst du diese Aufgabe nach Arbeitsende wirklich übernehmen? In allen Bereichen unseres Lebens sind wir digital, und die Grenzen verschwimmen: zwischen Zeit und Raum, zwischen Rollen und Aufgaben, zwischen Online und Offline. Deshalb kann es helfen, wenn du für dich selbst definierst, welche Kommunikationskanäle welchem Zweck und welcher deiner Rollen dienen – beispielsweise deiner Rolle als Vater oder Chefin – und wo deine digitalen Grenzen liegen. WhatsApp nur privat, Mail beruflich? Werde dir deiner Bedürfnisse bewusst. Welcher Kommunikationstyp bist du? Kontaktierst du lieber schriftlich, rufst du an, brauchst du körperliche Nähe, um dich verbunden zu fühlen? Ich fasse all diese Fragen unter dem Begriff »digital consent« zusammen, da ich ihn breiter fassen möchte als bloß die Frage, ob es okay ist, Nacktbilder anderer im Internet zu posten.

Digitales Einverständnis kommt in vielen Formen und spielt an vielen Orten eine Rolle. Bei der Arbeit oder im Verein. Ob wir im öffentlichen Raum gefilmt werden wollen, ob wir alleine dafür zuständig sind, Kommentare unter unseren Posts zu löschen, wenn sie hasserfüllt sind und sich gegen unsere Integrität richten, oder ob wir grundsätzlich darüber debattieren müssten, solche Kommentare vorab zu verhindern.

Um aber mal vom Kleinen ins Große zu gehen: Du kannst schon in deinem unmittelbaren Umfeld, bei und mit dir selbst, ganz viel verändern. Beispielsweise, indem du gegenüber engsten Freunden und Familienmitgliedern aktiv kommunizierst, wie du von nun an kontaktiert werden willst, wann sie mit Erreichbarkeit rechnen können und wann nicht. Ein Trick, der sich für mich sehr bewährt hat, ist das Festlegen von Dringlichkeitsstufen. Beispielsweise: Anrufen, wenn's brennt. Zweimal anrufen bedeutet Notfall, Sprachnachrichten für Emotionales, das auch mal warten kann, kurze Textnachrichten für die Einkaufsliste oder To-dos, die heute noch zu erledigen sind. Bei der Arbeit kannst du grundsätzlich kommunizieren, dass E-Mails innerhalb von 24 Stunden (oder auch später) beantwortet werden und man im Notfall anrufen solle. Ihr könnt innerhalb eurer Partnerschaft Emojis als Zeichen festlegen – beispielsweise ein Auto-Emoji für »Ich fahre jetzt von der Arbeit los«. Je eher du für dich herausfindest, welche Art von Kommunikation dir guttut und welche automatisch dazu führt, dass du dich gestresst fühlst und abweisend verhältst, desto mehr kannst du die Vorteile der digitalen Kommunikation nutzen, statt dich vom Zuviel verrückt machen zu lassen.

Wir kommunizieren immer miteinander. Deshalb ist es genauso wichtig, im Rahmen von *digital consent* auch mal zu fragen: Wie geht's dir eigentlich damit? Hole also auch die Bedürfnisse deines Gegenübers ab. Wie möchte dein Gegenüber kommunizieren? Was ist der Person wichtig? Wie fühlt sie sich, wenn du nicht zurückschreibst? Welche Dringlichkeitsstufen gibt es zwischen euch? Erkläre ruhig und sachlich, dass du die Person nicht weniger schätzt, nur weil du mal ein paar Stunden nicht zurückschreibst. Zeige auf, wie positiv sich diese Freiheit auf dich auswirkt und diese Nichterreichbarkeit auch die Beziehung stärken kann. Denn hier gilt es oft, das Vertrauen ineinander wieder zu stärken. Macht ihr beide immer wieder die Erfahrung, dass die Beziehung stabil bleibt, auch wenn ihr euch mal einen Tag nicht hört, lernt das System, dass ihr euch aufeinander verlassen könnt – eine wunderbare Erfahrung! Kommunizierst du dein Bedürfnis nach Pausen, erteilst du damit übrigens auch indirekt deinem Gegenüber die Erlaubnis, sich mal nicht sofort melden zu müssen.

Gerade im beruflichen Kontext kann es manchmal passieren, dass Erreichbarkeitsgrenzen überschritten werden. Oder dir Leute aus dem beruflichen Kontext plötzlich abends um elf noch eine WhatsApp-Nachricht schreiben. Auch wenn sich das vielerorts bereits eingebürgert hat: Es ist nicht in Ordnung, wenn es sich für dich nicht gut anfühlt. Mit deinem Gefühl bist du übrigens nicht alleine: Eine Studie kam bereits 2018 zum Schluss, dass das bloße Gefühl, nach Feierabend könnte noch eine Arbeitsmail reinkommen, die psychische Gesundheit von Arbeitnehmenden negativ beeinflusst. Und nicht nur ihre eigene – auch diejenige des Partners.[81] Die zunehmende Evidenz in diesem Bereich führt dazu, dass immer mehr Staaten sich auf politischer Ebene einmischen und mit Gesetzen gegen die permanente Erreichbarkeit vorgehen. Die Diskussion wird auch im Europäischen Parlament geführt.[82]

Bis es so weit ist, dass ganze Staaten digitale Regeln etablieren, die für alle gelten, kannst du damit beginnen, eigene Regeln zu reflektieren. Und kannst dich der Psychologie bedienen, wenn du Veränderung anstrebst. Fühlst du dich im Grunde mit dieser invasiven Art der Kontaktaufnahme nicht wohl, »entwöhne« die Person Schritt für Schritt. Antworte nur noch zu Büroöffnungszeiten und nicht am Wochenende. Verweise freundlich, aber bestimmt darauf, dass sie die Anfrage gerne nochmals per Mail schicken soll – das kostet das Gegenüber Aufwand, und die Person wird sich in Zukunft zweimal überlegen, ob sie dich nochmals auf die gleiche Art und Weise kontaktiert. Erinnere dich daran: Das Gegenüber macht bloß nach, was du vorgibst. Stellt sich am Flughafen jeder in die schön aufgereihte Schlange, stellt sich eine neue Person mit großer Wahrscheinlichkeit sauber dazu. Steht jeder ein bisschen anders, machen wir das nach. Jeder Impuls, den du sendest, ist also auch eine Einladung an dein Gegenüber, sich an deinen Rhythmus anzupassen. Vorausgesetzt, du kommunizierst achtsam, flexibel und tolerant.

Nicht alles, was wichtig ist, ist auch dringend. Darauf werden wir im Kapitel zur Arbeit noch näher eingehen, weil die bewusste Unterscheidung zwischen dringend und wichtig viel Klarheit bringt. Und dir auch digital helfen kann, Prioritäten zu setzen. Da das Digitale aber nicht bloß in unserem Berufsleben präsent ist, sondern auch privat, stellen sich hier ähnliche Fragen: Wann wollen wir Raum schaffen für digitale Nachrichten und Verpflichtungen? Und wie wollen wir diese organisieren? Weil die ständigen Mikrounterbrechungen, wie bereits erwähnt, deiner Aufmerksamkeit schaden, dir wertvolle Zeit stehlen und dich emotional belasten können.

Du kannst dem entgegenwirken, indem du für dich entscheidest, was gerade Priorität hat. Und indem du mit deinem Gegenüber ein System entwickelst, das für euch beide funktioniert. Beispielsweise kannst du Telefonate mit einer Freundin auf einen bestimmten Tag legen. Mit deinem Partner vereinbaren, dass ihr euch während der Arbeit nur im Notfall kontaktiert. Oder deiner Tante mitteilen, dass du übers Geburtstagswochenende wegfährst, dich aber total über Glückwünsche freust, wenn du das nächste Mal bei ihr im Garten sitzt. Manche reagieren gereizt, wenn du mal nicht erreichbar bist. Oder rufen dich an, wenn du grade nicht sprechen willst – und du weißt gar nicht recht, wie du darauf reagieren sollst. Das sind klassische digitale Kommunikationsdilemmata, die wir alle kennen. Nimm das nicht persönlich. Menschen haben unterschiedliche Stressniveaus und suchen Erklärungen für dein Verhalten, die gar nichts mit dir zu tun haben. Dem kannst du einfach und effektiv begegnen, indem du den ersten Schritt machst – und deine Bedürfnisse kommunizierst und nachfragst, welche Bedürfnisse dein Gegenüber hat. Falls dein Gegenüber wirklich keinerlei Verständnis zeigt und auch nicht kompromissbereit ist, überlege dir gut, ob es sich für dich lohnt, an der Beziehung festzuhalten.

Auf der anderen Seite hast du selbst vielleicht schon die Erfahrung gemacht, dass deine Nachrichten bei einigen Leuten liegen bleiben. Statt das persönlich zu nehmen, kannst du das nächste Mal einfach nachfragen, woran es liegt. Vielleicht sind diese Menschen sehr eingespannt oder können schlecht Prioritäten setzen. Biete ihnen an, andere Wege oder Rhythmen für euren Kontakt auszuprobieren. Oft erzeugt dieses gegenseitige Verständnis sehr viel mehr Nähe als gedacht.

Wir haben oft das Gefühl, wir seien Erreichbarkeit schuldig. Sind wir aber nicht. Wir haben ein Recht auf unsere eigenen Grenzen und Regeln. Mach deinem Gegenüber klar, wo deine Grenzen sind, und prüfe, ob er oder sie bereit ist, diese Grenzen auch zu respektieren. Du willst dein Leben mit Menschen verbringen, die positiv, zugewandt und respektvoll mit dir umgehen. Das gilt im Analogen genauso wie im Digitalen. Und schenke den anderen das Gleiche.

Die Kontrolle abgeben

Vieles am Digitalen haben wir selbst in der Hand: Wir können unsere Benachrichtigungseinstellungen ändern, den Flugmodus aktivieren oder uns dazu entscheiden, Social Media gar nicht erst zu benutzen. Doch das Internet hat uns auch beigebracht, dass vieles unkontrollierbar ist. Dass wir nie wissen können, wo unsere Daten landen, wer unser Profilbild kopiert oder ob und in welcher Form ein Shitstorm über uns hereinbricht. Eine Antwort, die menschlich nachvollziehbar und natürlich ist: Wir versuchen, diesen Kontrollverlust mit noch mehr Kontrolle wettzumachen. Immer mehr Versicherungen bieten beispielsweise Cyber-Security an, versichern sogar im Falle von Online-Hass.[83] Andere behelfen sich mit Überwachungs-Apps, um zumindest in Bezug auf andere Menschen vermeintlich eine gewisse Sicherheit zurückzugewinnen. Klar ist: Schon vor der Digitalisierung war die Welt ein unsicherer Ort. Wer akzeptieren kann, dass nicht alles innerhalb seiner Kontrolle liegt und dass es auch nicht sinnvoll und nötig ist, überall die totale Sicherheit herzustellen, lebt gesünder, entspannter und auch flexibler.

Gerade in diesen schwierigen Zeiten ist es umso lohnenswerter, sich zu fragen: Was kann ich überhaupt ändern, und was liegt außerhalb meines Wirkungsbereichs? So kannst du deine Energie schonen – und sie umso kraftvoller dort einsetzen, wo du auch wirklich etwas bewegen kannst. Denn zu wissen, was du ändern kannst, und loslassen zu dürfen, was nicht zu ändern ist, gibt Halt und Orientierung. Der »Circle of Influence« des amerikanischen Autors Steven R. Covey ist dabei ein großartiges Werkzeug, um für dich immer wieder abzugleichen, ob deine Gedanken und Handlungen konstruktiv und zielführend sind oder ob du deine Energie an Dinge verschwendest, die außerhalb deines Einflussbereichs liegen.[84]

Im äußersten Kreis, dem Circle of Concern, sitzen all deine Sorgen und alles, was dich beschäftigt, was du aber nicht beein-

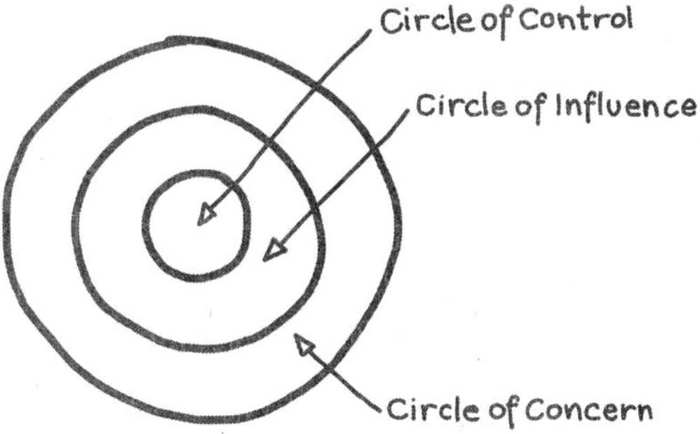

flussen kannst. Beispielsweise ist das die Art und Weise, wie Millionen von Menschen mit dem digitalen Wandel umgehen. Oder dass es Krankheiten gibt. Bleibst du gedanklich und energetisch auf dieser Stufe stecken, treibt dich das in Sorge, Stress und Panik – weil du dich den Umständen hilflos ausgeliefert fühlst. Und die Probleme außerhalb deines Wirkungskreises liegen. Sie sind schlicht zu groß und zu weit weg, als dass du sie verändern könntest.

Im zweiten Kreis, dem Circle of Influence, liegen all die Dinge und Menschen und Entscheidungen, auf die du einen Einfluss hast, die du aber nicht vollständig kontrollieren kannst – beispielsweise die Reaktion deines Partners in einem Streit, wie dein Kind auf dein gekochtes Essen reagiert oder ob einer deiner Kunden dein neues Angebot bucht. Du kannst zwar einiges dafür tun, dass die Reaktion oder Handlung des Gegenübers positiv und zu deinen Gunsten ausfällt, du hast aber nicht die ganze Kontrolle über das Geschehen. Du kannst beeinflussen, aber nicht entscheiden. Beißt du dich auf dieser Ebene zu sehr fest, dann erzeugt das Stress – und du fühlst dich überverantwortlich und ausgelaugt und frustriert, weil die Dinge am Ende doch anders laufen als von dir geplant.

Im letzten und für dich wichtigsten Kreis aber ist dein Circle of Control – deine Kontrollebene, dein Bereich, in dem du aktiv handeln und verändern kannst. Diese Themen kannst du beeinflussen *und* entscheiden. Beispielsweise sind das deine Gedanken oder deine Handlungen.

Der Circle of Influence zeigt mir immer wieder auf, wo ich mit meinen Gedanken und Handlungen gerade stehe. Das ist vor allem dann nützlich, wenn ich das Gefühl habe, dass mir gerade alles entgleitet. Beispielsweise, wenn ich in den Nachrichten von ganz viel Leid lese, ein Krieg ausbricht, auf Social Media gerade eine Hasswelle über jemanden hereinbricht. Anhand von diesem Zirkel fällt mir oft erst auf, dass sehr viele meiner Gedanken sich gerade dann, wenn es mir schlecht geht, in einem Bereich aufhalten, den ich gar nicht kontrollieren kann. Ich denke dann über Dinge nach wie, ob Putin einen dritten Weltkrieg anzettelt oder mein Partner mich auf seiner Reise für eine andere verlassen wird. Oder ich fühle mich aufgrund bestimmter Posts und Social-Media-Nachrichten plötzlich minderwertig und hilflos. Oder ich habe plötzlich das Gefühl, ich müsse auch irgendwelche Social-Media-Videos für meine Instagram-Seite drehen, weil das andere erfolgreich tun. Das kann ich alles denken – es wird mir aber nichts nützen. Im Gegenteil. Solche Gedanken schaden mir nur, weil ich mich gemäß Covey im Circle of Concern aufhalte. Und das wiederum dazu führt, dass ich mich noch ohnmächtiger fühle als sowieso schon.

Wie bewegst du dich durchs Netz? Hast du auf Twitter das Gefühl, du müsstest dich in jede Diskussion einmischen? Hast du Angst, dass niemand deinen Blog liest, und schreibst deshalb keine Texte? Sitzt du resigniert vor dem PC und arbeitest Hunderte von E-Mails ab und hast das Gefühl, du seist komplett fremdbestimmt? Was daran kannst du aktiv in deinen Kontrollbereich zurückholen, und was musst du hinnehmen? Du wirst nie vollständig beeinflussen können, wer alles deine Posts liest, ob du Lob für deinen Blog bekommst oder ein Krieg beendet wird. Doch du kannst innerhalb deines Wirkungsbereichs deine Ideen in die Welt tragen, Geflüchtete unterstützen oder einfach mal deinen Laptop ausschalten und spazieren gehen.

Frage dich:

Welche digitalen und analogen Dinge, Handlungen, Situationen und Menschen in deinem Leben haben einen Einfluss auf dich und stressen dich?

Was davon kannst du aktiv beeinflussen?

Wie?

Und was musst du akzeptieren, weil du es nicht ändern kannst?

Woran merkst du den Unterschied?

Du hast jetzt einen digitalen Frühlingsputz gemacht, Gewohnheiten unter die Lupe genommen, über digitale Grenzen nachgedacht, Abstand zu deinen Geräten gewonnen und für dich geklärt, worauf du Einfluss hast. Im nächsten Kapitel geht es darum, wie du deinen Körper nähren, ihn beruhigen und bewegen kannst, damit du mehr Energie und Freude spüren kannst.

3. Nähre deinen Körper

Es gibt Tage, an denen sitze ich so viele Stunden vor meinem Laptop, dass ich vergesse, wie sich mein Bein überhaupt anfühlt. Ich spüre nicht mal, ob ich Füße habe oder einen Hals. Mein Geist ist ganz woanders, ich denke sehr viel nach und bin über Stunden in meinem Kopf und vergesse dabei manchmal sogar kurz, zu atmen. Ich war noch nie besonders sportlich, und lange Zeit war mir das auch ziemlich egal. Ich war jung, ich rauchte Kette, ging jeden Samstagabend tanzen, war schlank, und meine Haut strahlte gesund. Doch jetzt bin ich älter, digitaler und ein bisschen weiser. Und muss für mich erkennen: Ich vernachlässige meinen Körper nicht bloß sträflich, ich ignoriere ihn oft regelrecht. Und ich bin damit nicht allein. Über 40 Prozent der Deutschen bewegen sich laut einem Bericht der Weltgesundheitsorganisation WHO nicht genug. Bei den Elf- bis 17-Jährigen kommen ganze 84 Prozent nicht einmal auf die empfohlene Dauer von 2,5 Stunden körperlicher Aktivität pro Woche. Die Fachleute warnen: Ändert sich nichts, könnten bis 2030 weltweit bis zu 500 Millionen Menschen an Herzproblemen, Diabetes, Depressionen oder Demenz erkranken – aufgrund von zu wenig Bewegung.[85]

Auf der einen Seite hat die westliche Kultur eine lange Geschichte mit der Idee, dass der Kopf und der Geist zwei unterschiedliche Dinge sind und dass der Geist, der Intellekt, über allem anderen steht. Wer denkt, der ist, glauben wir heute noch, obwohl die Wissenschaft schon seit geraumer Zeit darauf hinweist, dass Körper, Emotionen, Geist und Bewusstsein untrennbar miteinander verbunden sind.[86] Wer schon einmal traurig war und dann fünf Minuten durch die Wohnung hüpfte, hat am eigenen Körper erfahren, dass Bewegung und Körper unsere Emotionen verändern – und unsere Emotionen auch unsere Körper. Was wir denken, was wir essen, was wir empfinden, was wir atmen, all das hat Auswirkungen auf unsere körperliche Gesundheit. Und auch die Tatsache, wie oft, wie lange und wie fixiert wir auf Bildschirme starren. Welche digitalen Inhalte wir »in uns hineinfressen« – und wie wir unser Leben abseits des Digitalen gestalten.

Denn unsere modernen Leben zwingen uns kaum, unsere Körper einzusetzen oder sie wahrzunehmen. Die meisten von uns arbeiten nicht mehr im Wald, auf dem Feld oder in einer Mine. Immer mehr Menschen sitzen den ganzen Tag in einem Büro oder zu Hause und arbeiten immer längere Stunden am PC. Das Digitale hat uns die Welt in unsere Hand gelegt, doch das verleitet uns auch dazu, sie in der Realität weniger zu entdecken.

Viel zu rasch ist es doch am Ende wieder passiert, dass ich mir zwei Stunden YouTube-Videos von Fitness-Influencerinnen angeschaut habe, aber keine einzige Minute joggen war. Oder mir eine App herunterlade, die mich sechsmal am Tag daran erinnert, ein Glas Wasser zu trinken, statt einfach mal mein Durstgefühl selbst wahrzunehmen.

Je digitaler unser Alltag, unsere Leben werden, desto wichtiger ist deshalb die Frage, wie wir gesund bleiben. Auf der einen Seite dürfen wir lernen, uns weniger digitalem Stress auszusetzen, auf der anderen Seite dürfen wir damit beginnen, den digitalen Sitzzeiten analoge Bewegungszeiten entgegenzusetzen, wieder mehr in Kontakt mit der Natur zu treten, das Haptische zu priorisieren und Zeit für das Spüren von Raum, Körper und Zeit zu fördern.

Mach mal wieder Sport

Die Autorin Glennon Doyle hat ein Buch über ihr Leben geschrieben, es heißt *Ungezähmt.*[87] Der Text beginnt mit einer Geschichte von einer Gepardin in einem Zoo. Und davon, wie sie mit ihrer Familie in diesem Zoo steht und ein Mädchen fragt, ob es dem wilden Tier nichts ausmache, dass es in Gefangenschaft lebe, und die Zoowärterin sagt: »Nein, das macht ihr nichts aus, sie kennt nichts anderes.« Doch das stimmt nicht. Die Gepardin erinnert sich. Weil ihr Körper sich erinnert. Weil sie ein Tier ist, das über Jahrhunderte in der Wildnis jagte.

Sehr ähnlich ist das mit uns. Egal, wie digitalisiert unsere Welt ist, egal, wie viele Algorithmen wir programmieren, wir sind doch Menschen mit einem Gehirn, das sich seit Jahrtausenden nur minimal gewandelt hat. Dessen limbisches System und dessen Stammhirn so ziemlich die Gleichen sind wie damals, als wir durch eine Steppe rannten und nichts weiter trugen als einen Lendenschurz und einen Speer. Unser Alltag mag immer weniger davon abhängen, wie kraftvoll und schnell unser Körper ist. Das bedeutet aber nicht, dass unsere Körper nicht dennoch bewegt und genutzt werden wollen. Wir haben noch immer einen Körper aus Fleisch und Blut, und noch immer ist vieles an ihm uns ein Rätsel. Forschende können auch heute noch nicht nachverfolgen, wie unser Gehirn genau funktioniert. In puncto Bewegung sind wir zum Glück schon einen Schritt weiter – und können all das, was wir von Kindsbeinen an gehört, gelesen und für gut befunden haben, nun auch in den Kontext eines immer digitaleren Alltags stellen. Ich möchte an dieser Stelle all das, was zu den Vorteilen von körperlicher Bewegung schon bekannt ist, nicht wiederholen, dazu gibt es Tausende Bücher, Studien, Dokumentarfilme und Menschen, die täglich auf Social Media davon erzählen, wie Sport ihr Leben verändert hat. Nur so viel: Bewegung heilt Krankheiten, hilft uns, Emotionen zu regulieren, lässt unser Gehirn weniger rasch altern, fördert eine gesunde Verdauung und lüftet unseren Kopf, macht uns sozialer, gelassener und fokussierter.

Vor allem aerobes Training, also Ausdauersport, hat sich für den Abbau von Stress und das Ausschütten von Glückshormonen als sehr effektiv erwiesen.[88] Das können Tätigkeiten wie Schwimmen, Joggen oder Tanzen sein. Und hier kommt die Relevanz für unsere digitalen Leben ins Spiel: Denn eine wichtige Funktion von Ausdauertraining oder Training mit hoher Intensität ist es, überschüssige Energie loszuwerden, die dein Körper vor dem Bildschirm angestaut hat. Und dein Nervensystem zu regulieren (dazu später mehr). Kann dein Körper nämlich diese Energie nicht abbauen, führt das langfristig zu chronischen Schmerzen, Verspannungen, zu inneren Spannungszuständen, Gedankenkreisen. Was den digitalen Teufelskreis dann nur verstärkt: Denn sind wir müde, abgespannt, haben Schmerzen und fühlen uns irgendwie träge und matt, setzen wir uns umso eher vor den Fernseher oder scrollen mal kurz noch eine Timeline runter, bis wir kurz vor Mitternacht mit verspanntem Nacken und total unzufrieden ins Bett fallen. Körper sind für Bewegung gedacht, genauso, wie dein Gehirn denken will.

Lege also für den Anfang einen festen Termin pro Woche in deinem Kalender fest, an dem du aerobes Training ausprobierst.

Du kannst ganz klein anfangen, vielleicht alle paar Tage mit zehn Minuten. Oder such dir eine Gruppe, die dich motiviert. Mach dich nicht fertig, wenn du zuerst nur ein paar Minuten am Stück joggst. Egal! Einfach anfangen. Wir sind viel zu fixiert darauf, etwas zu leisten, es perfekt zu machen, zu performen. Unter anderem dank des Einflusses von Social-Media-Influencerinnen, die uns das vermeintlich perfekte Sportlerinnenleben vorleben. Lass dich nicht beirren. Kannst du dich nicht alleine aufraffen, such dir Unterstützung in Form einer Jogginggruppe oder eines Sportvereins. Hast du grade keine Lust, mit Sport zu beginnen, bewege dich einfach insgesamt mehr. Geh öfter und länger zu Fuß, überlege, ob du auch mit dem Fahrrad zur Arbeit fahren kannst, oder führe den Hund einer betagten Person in deinem Umfeld spazieren. Solche Angebote gibt es. Sie spornen dich an, dich mehr zu bewegen, und jemand anderes wird entlastet.

Such dir etwas, das sich einfach in deinen Alltag integrieren lässt und nicht nur das Ziel hat, fitter oder attraktiver zu werden, sondern dir auch etwas bedeuten könnte, wenn du es zulässt. Magst du die Berge? Oder liegt es dir am Herzen, Flüchtlingen zu helfen? Dann kannst du an den Wochenenden öfter mal wandern gehen oder dich in deiner Stadt nach Initiativen erkundigen, die Sport und Bewegung als Integrationsrahmen nutzen. Kannst du Bewegung in einen größeren Kontext stellen, bei dem auch deine Seele und deine Persönlichkeit lebendig werden, erfüllt dich das viel nachhaltiger.

Bewegung in ihrer ursprünglichsten Form, frei von digitaler Ablenkung und in Verbindung mit dir oder anderen ist Balsam für die Seele. Das heißt aber nicht, dass alles Digitale des Teufels ist: Gerade weil ich mich mit dem Joggen oft schwertue, fällt es mir leichter, damit anzufangen, wenn ich mir dabei mein Smartphone um den Arm binde, einen Podcast höre und die Nike-Running-App aktiviere. Was auf den ersten Blick nicht nach digitaler Balance aussieht, ist für mich genau das: weil ich mich bewusst dazu entscheide, mich mithilfe von digitalen Angeboten zu mehr Bewegung zu motivieren. Diesen Sog, den digitale Angebote manchmal auf uns ausüben, nutze ich hier genau dazu, mich davon abzulenken, wie mühsam mein Kopf die Bewegung gerade findet. Doch mein Körper und meine Psyche werden es mir danken. Und so hilft mir das Digitale, meinen inneren Schweinehund zu überwinden.

Es gibt also Momente, in denen ich meine sportliche Betätigung tracken will, meine Kopfhörer reinmachen und mich abschotten und ablenken, weil ich mich damit von einer Umgebung abgrenzen kann, die mir Energie nimmt. Beispielsweise, wenn ich an einer lauten Straße jogge oder in Ruhe Yoga machen will, während meine Mitbewohnerin kocht – weil wir uns unsere Umgebung manchmal nicht aussuchen können und der *bewusste* Einsatz von Technologie uns dabei unterstützt, gesünder zu leben und uns selbst mehr Raum zu geben für Bewegung, Entspannung und Sport. Gehe ich aber in einem Wald spazieren, nehme ich das Smartphone nicht mit. Weil ich dann die Vögel singen hören möchte. Und den Wald spüren. Und mich wirklich mit meiner Umgebung verbinden, weil sie mir guttut. Auch kann, was uns abschottet, rasch sehr gefährlich werden: Verkehrsunfälle aufgrund von Unachtsamkeit durch digitale Geräte haben in den letzten Jahren dramatisch zugenommen. In Deutschland sorgen Smartphones inzwischen für mehr Verkehrstote als Alkohol, in Österreich ist jeder fünfte Fußgängerunfall auf Ablenkung durchs Handy zurückzuführen.[89] Setze Technologie also achtsam ein.

Genauso auch bei Fitness-Trackern: Sie können den Anfang leichter machen, indem sie dich mit konkret messbaren Zielen motivieren, am Ball zu bleiben. Du kannst mit Trackern deinen Schlaf verbessern und deine allgemeine Fitness erhöhen. Hör jedoch genau auf deinen Körper. Externalisiere nicht deine Beweggründe. Wenn du dich nur bewegst, weil ein Gerät an deinem Handgelenk es dir sagt, ist das meist nicht von Dauer. Weil du damit nicht abspeicherst, warum du dich in deinem Innersten wirklich dazu entschieden hast, dich mehr zu bewegen. Oft fokussieren wir uns stärker darauf, 10.000 Schritte zu schaffen, als langfristig gesünder zu leben. Vieles in unserer datengesteuerten Welt zielt auf messbare Ergebnisse ab – und das, was nicht sofort in Zahlen messbar ist, uns aber langfristig guttut, wird unterschätzt. Deshalb: Hör auf, mit Trackern zu arbeiten, wenn du zunehmenden Druck verspürst, gegen andere zu gewinnen oder dich auf ungesunde Weise zu messen. So ein Tracker soll dir eine Hilfe sein, zu dir selbst zu finden, und nicht noch eine zusätzliche Stressquelle, die dir Befehle erteilt und dich dazu bringt, abends um zehn noch dreimal die Treppe zu deiner Küche hoch- und runterzurennen, weil dir für dein Tagesziel noch 50 Schritte fehlen. Eine gute Alternative zu Trackern kann eine eigene, von Hand geschriebene Liste sein, die du dir an deine Schlafzimmertür klebst. Dort notierst du, welches Verhalten du verstärken willst, und machst ein Kreuz, wenn du es eingehalten hast. Statt beispielsweise aufzuschreiben, wie viel du wiegst, kannst du festhalten, ob du dich jeden Tag bewegt hast. So hast du automatisch eher den Prozess als dein Ziel vor Augen und kannst dich dafür belohnen, ein Verhalten langfristig aufzubauen, statt auf reine Zahlen zu setzen.

Frage dich:

Welche Art von Bewegung ist dir sympathisch und setzt dich nicht unter Druck?

Möchtest du lieber alleine Sport machen oder in der Gruppe?

Wie prägen dich deine Herkunft und deine Ursprungsfamilie beim Thema Sport?

Wie kannst du Bewegung in den nächsten Wochen aktiver in deinen Alltag einbinden, in kleinen Schritten?

Und kann das Digitale dir dabei behilflich sein?

Kleine, aber eigentlich ganz große Notiz am Rande: Sosehr wir uns im Alltag sportlich betätigen können – die Digitalisierung hat ihre ganz eigenen Krankheitsbilder hervorgebracht: Handy-Nacken, Daddeldaumen, gereizte und tränende Augen, Schlafstörungen. Alleine bei Neigung unseres Kopfes um mehr als 45 Grad nach vorne, wenn wir aufs Handy oder Tablet schauen, wirken 20 zusätzliche Kilogramm auf den Nacken. Das kann zu dauerhaften Muskelverhärtungen und einer Schonhaltung führen. Schmerzen im Schulter-Nacken-Bereich, Kopfschmerzen und Verschleißerscheinungen sind die Folge.[90] Die ungleichmäßige Belastung des Daumens bei der Nutzung des Smartphones kann zum Karpaltunnelsyndrom führen,[91] tränende und übermüdete Augen aufgrund von teils über Stunden andauerndem Bildschirmbetrachten in gleicher Distanz sind keine Seltenheit. Das Blaulicht, das digitale Geräte bis vor Kurzem noch standardmäßig ausstrahlten, kann überdies zu verminderter Schlafqualität führen, weil es unseren Hormonhaushalt durcheinanderbringen kann und das Schlafhormon Melatonin hemmt.[92] Millionen

Menschen rennen jährlich zum Arzt, weil sie von Rücken- und Nackenschmerzen geplagt werden. 70 Prozent der deutschen Bevölkerung leidet regelmäßig unter Kopfschmerzen.[93] Die Ursachen: mitunter Bewegungsmangel, zu langes Sitzen, Stress, muskuläre Verspannungen. Alles Dinge, die bei der Arbeit vor dem PC begünstigt werden.

Die Digitalisierung führt also nicht bloß dazu, dass wir uns zu wenig bewegen, sondern hat auch ganz konkrete Auswirkungen auf zahlreiche körperliche Funktionen, wenn wir vor dem Bildschirm sitzen. Deine Sporteinheiten im Alltag werden dir beispielsweise helfen, Haltungsschäden vorzubeugen. Trotzdem kannst du auch während der Zeit am Bildschirm einiges tun, um gesünder zu bleiben: Kauf dir einen Bürostuhl, der dich ergonomisch unterstützt, einen Bildschirm, eine Tastatur und eine Maus und insgesamt anständiges Mobiliar. Auch ein Stehpult ist eine gute Alternative zum Sitzen. Achte darauf, dass du deine Muskulatur regelmäßig dehnst und auch kräftigst. Es gibt dazu zahlreiche Übungen im Internet, und auch das Fitnessstudio in deiner Nähe und ein guter Physiotherapeut können dir dabei helfen, deine Haltung zu verbessern und schmerzfrei zu leben.

Dem Schutz deiner Augen kommt ebenfalls eine Bedeutung zu. Denn das lange Starren auf Bildschirme, vor allem auf kleinformatige, hat negative Konsequenzen für deine Augen. Sie werden müde, die Muskulatur ist zu einseitig beansprucht, es kann sogar zu Kurzsichtigkeit kommen.[94] Du kannst aber einige Dinge verändern, die dir helfen, deine Augen zu schützen. Es gibt beispielsweise mittlerweile zahlreiche Bildschirme mit Blaufilter im Angebot. Du kannst auch eine Lese- oder Sehbrille mit integriertem Blaulichtfilter kaufen. Wie viel diese bringen, ist umstritten, informiere dich also, und probiere am besten für dich selbst aus, ob der Filter dir hilft. Gegen schmerzende Augen können Übungen helfen. Suche dir einen Arbeitsplatz aus, der, wenn möglich, eine Weite in deinem Blickfeld hat – so kannst du deinen Blick immer wieder schweifen lassen. Die Augen brauchen täglich unterschiedliche Sichtdistanzen, um gesund zu bleiben. Auch eine gute Beleuchtung ist zentral fürs gute digitale Arbeiten. Ebenso solltest du versuchen, dich immer wieder physisch von deinem Arbeitsplatz zu entfernen. So kommst du in eine andere körperliche Position, kannst deinen Blick schweifen lassen, dein Nervensystem beruhigen und Abstand zu deinem digitalen Alltag bekommen. Arbeitest du von zu Hause aus, eignen sich kleine Arbeitspausen hervorragend dazu, etwas Physisches zu tun: joggen, einkaufen, Wäsche waschen, kochen.

Iss bewusst

Das gemeinsame Essen gehörte viele Jahrhunderte lang in jeder Kultur dieser Welt zum Wichtigsten, was eine Gesellschaft und die Familie zusammenhielt. Wir wurden nicht dazu geboren, alleine zu essen, und auch nicht, alleine vor einem Bildschirm ein Sandwich runterzudrücken. Und doch passiert immer öfter genau das: Einer amerikanischen Umfrage zufolge schauen ganze 88 Prozent der Befragten beim Essen auf einen Bildschirm, die meisten gaben zu, dass ihr Essen kalt wird, während sie aussuchen, was sie schauen wollen, und eine Mehrheit sagte, es sei auch vorgekommen, dass sie dabei ganz vergessen, zu essen. Die Hälfte der Befragten beschäftigt sich während des Essens mit dem Lesen und Beantworten von E-Mails, 37 Prozent schauen YouTube-Filme.[95]

Viele Menschen sitzen vor allem dann beim Essen vor einem Bildschirm, wenn sie alleine sind. Wir assoziieren alleine zu essen mit negativen Gefühlen von Einsamkeit, sozialem Ausschluss und Scham. Weil in unserer Kultur gilt: Wenn du alleine bist, bist du fehlerhaft. Da klaffen sozialer Erwartungsdruck und Realität ganz schön auseinander, denn in Amerika etwa wird mittlerweile jede zweite Mahlzeit alleine eingenommen, und ein ganzes Drittel aller Europäer und Europäerinnen isst sämtliche Mahlzeiten allein.[96] Da kommt das Smartphone bei vielen gerade recht: Damit können wir beim Essen unsere negativen Gefühle regulieren und zumindest kurzzeitige Ablenkung von Einsamkeit finden. Natürlich ist das nicht der einzige Grund, beim Essen das Smartphone oder den Laptop im Blickfeld zu haben. Wir können damit schneller Mails bearbeiten, während der Mittagspause zoomen oder uns unterhalten und weiterbilden. Doch der Effizienzgewinn und das Unterdrücken von unangenehmen Gefühlen hat auch rein körperlich seine Nachteile: Wir essen, sind digitale Geräte involviert, hastiger, unachtsamer, nehmen mehr Kalorien zu uns und spüren schlechter, ob und wann wir gesättigt sind.[97] Außerdem geraten wir kollektiv in eine Abwärtsspirale: Denn wenn immer mehr Menschen alleine an Geräten sitzen und so die physische Kontaktaufnahme mit anderen im gleichen Raum erschweren, erschaffen wir damit unbewusst Schritt für Schritt eine Umgebung, in der wir uns – oh Wunder – noch unzugehöriger fühlen. Und damit noch lieber in ein Gerät schauen.

Doch die digitale Dauerpräsenz hört nicht auf, wenn wir nicht mehr allein sind: Das Handy ist bei vielen auch in sozialen Essenssituationen ein ständiger Begleiter, und Familien stellen mit dem Bildschirm ihre Kinder ruhig – auch beim Essen. Das hat ebenfalls Konsequenzen: Eine Studie fand heraus, dass wir ein gemeinsames Essen in Begleitung weniger genießen und uns dabei weniger zufrieden fühlen, wenn wir währenddessen digital interagieren.[98]

Und Kinder, die gar nicht mehr in der Lage sind, ohne Bildschirm vor der Nase Nahrung aufzunehmen, sind ein wachsendes Problem.[99]

Was also kannst du tun? Ein Konzept, das sich mit einem Leben in digitaler Achtsamkeit sehr schön verbindet, ist das des intuitiven Essens. Es ist relativ neu und wird als Gegenbewegung zur Diätkultur angesehen. Weil du damit wieder mehr Kontakt zu dir und deinen körperlichen Bedürfnissen bekommst und lernst, vermehrt auf die Signale deines Körpers zu hören. Im Grunde also eine uralte Fähigkeit – die wir vor lauter Regeln und Verboten schlicht vergessen haben. Versuche, auch im Restaurant und Café bewusst zu konsumieren. Ich weiß: Das kann gerade dann, wenn du alleine unterwegs bist und alle um dich herum mit Smartphone in der Hand essen, besonders schwierig sein. Weil du dich vielleicht komisch fühlst. Scham in dir hochkriecht. Doch lass dich nicht entmutigen. Du genießt bloß dein Essen, in einem Restaurant, in das man kommt, um Essen zu bestellen, und auch oft viel mehr dafür zahlt als zu Hause. Klingt das wirklich so verrückt?

Brauchst du bei deiner Nahrungsaufnahme immer ein digitales Gerät vor dem Gesicht, frage dich, warum das so ist.

Wozu brauchst du diese zusätzliche Unterhaltung?

Willst du dich ablenken?

Fühlst du dich alleine?

Hast du Stress?

Siehst du das Essen als Zeitverschwendung an?

Spür in dich hinein und erforsche dein Verhältnis zum Essen. Und auch, welche Rolle das Digitale in deinen Essgewohnheiten spielt. Am Ende geht es darum, auch hier in eine digitale Balance zu finden. Das fängt schon beim Kochen an: Achte bereits am Herd darauf, dass dich das Smartphone nicht ständig ablenkt. Koche mit Kochbüchern. Kochst du mit Rezepten aus einer App oder dem Internet, drucke die Rezepte vorher aus. Oder öffne die Seite, schau dir alles an und mach den Flugmodus rein. So bleibst du bei der Sache. Hast du beispielsweise die Möglichkeit, ein iPad zu benutzen, tu das. Entscheide dich für das Gerät, das am wenigsten »digital kommuniziert«, wo also am wenigsten von außen reinkommt, während du kochst. Erinnere dich daran, dass dein Körper rund 20 Minuten braucht, um dem Kopf zu signalisieren, dass du satt bist.[100] Lass dir also Zeit. Um mit deinem Verhaltensmuster zu brechen, kann es helfen, auf Tricks und Ideen aus den vorangehenden Kapiteln zurückzugreifen. Beispielsweise, indem du die Umgebung umgestaltest oder deine Rituale neu ausrichtest. Wenn du merkst, dass dein ungesundes Essverhalten mit einer bestimmten Uhrzeit, einem stressigen Tag oder damit zu tun hat, dass du dich alleine fühlst, überlege dir, was dich unterstützen könnte, bessere Entscheidungen zu treffen.

Statt komplett gestresst am Computer zu essen, nimm etwas mit, was du nicht aufwärmen musst, und geh an die frische Luft. Verabrede dich mit Kolleginnen zum gemeinsamen Kochen und Essen, oder packe alle digitalen Geräte weg, bevor du den Kühlschrank öffnest.

Achte auf gesunden Schlaf

Die Schlafqualität ist für mich einer der wichtigsten Faktoren, an denen ich ablese, wie es mir geht. Schlafe ich schlecht, merke ich das in der Regel sofort: Ich bin müde, unkonzentrierter, lustloser, habe weniger Energie für soziale Interaktion und weniger Lebensfreude. Chronischer Schlafmangel erhöht das Risiko von Demenz und Infarkten, Depression und Angsterkrankungen.[101] Erhole ich mich hingegen gut und ausreichend, ist es manchmal, als schwebte ich auf einer wohligen Wolke der Zufriedenheit. Ich habe mein Smartphone deshalb vor drei Jahren aus meinem Schlafzimmer verbannt. Weil zum guten Schlaf die Vorbereitung auf die Nachtruhe gehört: Bist du zwar müde, checkst aber im Bett noch News, erhält dein Körper auf der digitalen Ebene ganz andere Signale, nämlich viele Bilder, Informationen und teils aufwühlende Inhalte. Dein Nervensystem ist aktiviert und braucht eine gewisse Vorbereitungszeit, um zur Ruhe zu kommen. Auch halten sich viele Menschen absichtlich noch wach, obwohl sie müde sind, weil sie noch ein paar Stunden vom Tag haben wollen. In der Fachsprache nennt man das »Revenge Bedtime Procrastination« – und meint damit den Trotz, noch eine Folge mehr zu gucken, weil wir finden, der Alltag hat uns schon genug abverlangt.[102]

Respektierst du dein natürliches Bedürfnis nach Schlafroutine nicht, kann das dein System durcheinanderbringen. Die Folge: Schlafstörungen. Neuste Studien weisen auf den Zusammenhang zwischen erhöhtem Smartphone-Gebrauch und Schlafproblemen hin. So zeigt eine Studie aus Indien von 2022: Eine zweistündige Nutzung des Smartphones erhöhte die Wahrscheinlichkeit von Schlafproblemen bei jungen Erwachsenen um das Zwei- bis Dreifache.[103] Bei Kindern zeigten sich Probleme beim Ein- und Durchschlafen[104], bei Erwachsenen zeigen sich ähnliche Effekte. Dein Smartphone hat also einen nicht zu unterschätzenden Einfluss auf deinen Schlaf. Nutze deshalb am besten mindestens eine Stunde vor dem Schlafengehen keine digitalen Geräte mehr.[105] Suche dir stattdessen Aktivitäten, die dich beruhigen: Lesen, Meditieren, Dankbarkeitstagebuch, leise Musik, Kerzen, gedimmtes Licht. Alles, was deinem System suggeriert: Ich bin sicher, ich bin geborgen. Experten empfehlen klare Zeiten, zu denen du ins Bett gehst und zu denen du aufstehst, Rituale, die das Schläfrigwerden einläuten, und so wenig Input wie möglich. Achte darauf, dass es in deinem Schlafzimmer dunkel ist, wenn du schläfst. Bringe Dunkelvorhänge oder Rollläden an. Achte auch auf das Licht digitaler Geräte oder Steckerleisten. Entferne diese oder dunkle sie ab, indem du sie beispielsweise bedeckst. Achte darauf, dass es ruhig ist. Das kannst du nicht immer zu 100 Prozent selbst bestimmen. Hast du laute Nachbarn, komm ins Gespräch. Schau, dass du nicht zur Straße hin schläfst, und nutze Ohropax, wo es nicht anders geht. Kauf dir einen analogen Wecker. So wird das Schlafzimmer wieder ein Ort der Ruhe, Entspannung und Intimität. Es geht beim digitalfreien Schlafzimmer nicht bloß um blaues Licht oder Strahlung, sondern vor allem darum, dir Raum und Zeit für dich zu nehmen – und nicht als Erstes damit in den Tag zu starten. Denn das kann bei dir schnell zu einem Gefühl der Überforderung führen, das dich in deinen Tag begleitet.[106] Und seien wir ehrlich: Es ist doch auch ein schöner Gedanke, die Tür zum Internet mal schließen zu dürfen und zu sagen: Dieser Moment gehört jetzt einfach nur mir ganz allein.

Verbinde dich mit der Natur

Eine weitere Möglichkeit, dich ganzheitlich zu nähren, ist dein Kontakt mit der Natur. Denn: Wir sind Natur. Wir haben es bloß vergessen. Vieles am modernen Leben ist auf *convenience* ausgerichtet, auf Bequemlichkeit. Wir fahren in SUVs, in denen wir kein Lüftchen mehr spüren, und haben bald Kühlschränke zu Hause, die uns sagen, was wir kochen sollen. Gemüse und Früchte sind immer zur Hand, wir müssen genauso wenig wissen, was gerade Saison hat, wie, dass wir von alleine draufkommen müssen, wie das Wetter heute wird, indem wir aus dem Fenster schauen. Die Wetter-App sagt es uns minutengenau. Und joggen müssen wir schon lange nicht mehr im Wald, wir können das im Fitnessstudio tun. Die Folge: Unser Leben wird einfacher, doch gleichzeitig entfernen wir uns immer mehr von der Natur.

Der Mensch hat ein natürliches Bedürfnis nach Kontakt mit seinem Ursprung. Wir blühen auf, wenn wir Blumen sehen, wir werden, wie durch Zauberhand, ganz ruhig und zufrieden, wenn wir ein paar Stunden in den Bergen wandern. Was anfänglich immer ein bisschen mühsam ist, weil wir uns aus unserem Convenience-Kokon herausschälen müssen und den Laptop mal zuklappen, entpuppt sich, wenn wir den Sprung schaffen, als etwas vom Besten und Gesündesten, was das Leben uns zu bieten hat. Halten wir uns in der Natur auf, reduziert das nachweislich unseren Stress im Körper, macht uns konzentrierter und glücklicher. Studien fanden sogar heraus, dass Grünflächen in der Nähe von Schulen die geistige Leistung von Kindern fördern und die bloße Aussicht aufs Grüne kindliche Selbstregulierung stärkt.[107]

Den ganzen Tag vor dem Bildschirm sitzend, spürt dein Körper zwar, dass ihm etwas fehlt. Doch erst, wenn du deinen inneren Schweinehund überwindest und rausfährst, eine Stunde in den Wald gehst oder mal wieder ein paar Tage am Meer verbringst, hat er eine Erinnerung, an die er anknüpfen kann. Wie mit so vielem, was dir guttut: Regelmäßigkeit ist wichtig. Wenn du dir nicht so sicher bist, wie gut die Natur dir wirklich tut, dann lass dich von der Wissenschaft inspirieren: In Japan wird das sogenannte Waldbaden, auf Japanisch *shinrin yoku*, sogar medizinisch verschrieben.[108] Weil man herausgefunden hat, dass Bäume miteinander kommunizieren – und du inmitten ihres Netzwerks Sauerstoff, Grün und Energie tanken kannst. Bäume in deiner Wohnumgebung können ähnlich wirken wie Antidepressiva.[109] Und Meer und Wasser können unsere Seele heilen.[110] Wer schon mal Eisbaden ausprobiert hat, weiß, wie unglaublich viel Überwindung das Eintauchen in die Kälte kostet. Und wie unglaublich lebendig, ruhig und gelassen man sich danach fühlt.[111] Kurz: Natur, Wiese, Meer, Wald – die Elemente – heilen.[112]

Natur fördert nicht bloß unsere Güte und sogar Kreativität, sondern wird in Kombination mit der Überwindung von Herausforderungen sogar als eigenständige Therapie angeboten, unter dem Begriff *adventure therapy*.[113] Nicht umsonst erinnern wir uns auch noch Jahre später an die eine Nacht im Zelt, als es gestürmt hat. Und nicht an die Fahrt im Taxi, bei der alles glatt lief. Widerstände, die wir überwinden, bringen uns aus unserer Komfortzone heraus. Je digitaler, perfekter und polierter unsere Umwelt, desto größer unsere Sehnsucht nach dem Chaos des Lebens. Dann *erleben* wir mal was. Und *erfahren* die Welt. Je bequemer wir es uns einrichten, desto mehr dürfen wir auch mal raus in den Dreck. Uns körperlich herausfordern und es uns nicht immer so einfach wie möglich machen. Events wie der Ironman haben auch aus diesem Grund Hochkonjunktur, genauso wie Tourismus-Angebote, die Menschen im Nirgendwo aussetzen, wo sie Wildnis und Abenteuer spüren wollen statt Fünf-Sterne-All-Inclusive.[114]

Mehr Natur und mehr Abenteuer tun deinem Leben gut. Im großen, aber auch ganz klein, mit einem Freund beim Orientierungslauf oder beim Zelten mit der Familie. In der Überwindung liegt eine ungeheure Kraft. Deshalb kannst du, steht gerade kein Abenteuerwochenende vor der Tür, den Begriff Natur um Natürlichkeit erweitern. Und dich der Natur Stück für Stück annähern – auch in deinen eigenen vier Wänden, mithilfe von Pflanzen, einer gesünderen, naturbelassenen Ernährung oder indem du dich im Waldverein oder in einer Klimajugendgruppe engagierst oder mal wieder zelten gehst. Das mag profan klingen, doch jeder noch so kleine Schritt in Richtung Natürlichkeit lässt dich deinen Ursprung spüren. Und bringt dich über die Monate und Jahre in eine größere Bewusstheit für die Natur um dich herum und deine Bedürfnisse, mit ihr in Kontakt zu sein und sie zu schützen. Je stärker wir mit unserer eigenen Natur und der Natur um uns herum in Kontakt sind, desto weniger brauchen wir das Digitale als Dauerersatz.

Richtig atmen

Fast nichts tun wir selbstverständlicher als atmen. Es ist das Erste, das wir tun, wenn wir geboren werden, und das Letzte, bevor wir für immer gehen. Unsere Atmung ist das Fundament unseres Lebens. Die Atmung beeinflusst unseren ganzen Körper und auch unsere Psyche jeden Tag – von uns meist gänzlich unbemerkt. Denn die Atmung ist Teil des vegetativen Nervensystems, ist also autonom. Genauso wie unser Magen und unser

Darm. Die Prozesse werden ohne unseren aktiven Willen ausgeführt. Im Gegensatz zu Magen und Darm jedoch ist die Atmung der einzige Teil des autonomen Nervensystems, den wir aktiv steuern können, wenn wir bewusst unseren Fokus darauf legen.

Wir atmen täglich rund 20.000 bis 25.000 Mal.[115] Doch wir atmen falsch. Viel zu flach, viel zu kurz, viel zu häufig. Viele von uns atmen selten in den Bauchraum hinunter. Behalten die Luft oben – vor allem, wenn wir unter Stress stehen. Die Digitalisierung hat dieses falsche Atmen noch verstärkt: Linda Stone, eine Autorin und Forscherin, hat bereits 2008 in einem Artikel den Begriff E-Mail-Apnoe geprägt. Laut ihren Beobachtungen halten rund 80 Prozent der Leute während einer intensiven Bildschirmphase ihren Atem an.[116] Atmen wir nicht richtig und vor allem selten in den Bauch, kann das gesundheitliche Folgen haben: Das Gehirn bekommt zu wenig Sauerstoff, es treten Konzentrationsschwäche, Kopfschmerzen, Magen-Darm-Beschwerden und Müdigkeit auf. Auch Panikattacken können die Folge sein, bis hin zu Herz-Kreislauf-Beschwerden.[117]

Sitzen wir den ganzen Tag vor einem Bildschirm, ist tiefes Durchatmen rein von unserer Körperhaltung her schon schwieriger. Weil die freie Bewegung von Zwerchfell und Rippen behindert ist. Die vielen Bilder und Nachrichten und Timelines und digitalen Aufgaben stressen uns – und führen auch dazu, dass wir rascher und oberflächlicher atmen. Atmen wir aber kurz und flach, signalisieren wir unserem System, dass Gefahr besteht. Der Körper gerät in Panik, wechselt in den Krisenmodus, atmet noch flacher, wir sind noch gestresster, kriegen noch mehr Angst. Es ist ein Teufelskreis. Einer, der uns angeboren ist und der uns vor echten Gefahren im Leben schützen wollte: Denn flache Atmung ist sinnvoll, wenn wir rennen müssen, und steht wirklich Lebensgefahr im Raum, sind wir unserem Körper dankbar dafür, dass er vom Entspannungs- in den Überlebensmodus wechselt. Doch atmen wir über Jahre hinweg flach und schnell, hat das Konsequenzen für unser Gehirn, unseren Körper und unsere Psyche.

Die gute Nachricht ist aber: Das System reagiert auch andersrum. Holen wir Atmen in unser Bewusstsein und atmen langsam und tief über ein paar Minuten hinweg in den Bauchraum hinein, beruhigen wir damit unser vegetatives Nervensystem. Und stabilisieren unsere psychische Verfassung. Angstgefühle können vermindert werden, die Muskeln entspannen sich, und das wiederum fördert eine Positivspirale. Wir können uns besser konzentrieren, sind achtsamer, spüren die Bedürfnisse unseres Körpers mehr. Kein Wunder, dass das Thema Atmen im Yoga integral dazugehört und in digitalen Zeiten und in großen, hektischen Städten Atemtherapie und Atemkurse boomen. Im Englischen wird der Trend »Breathwork« genannt, also Atemarbeit. Gibt man den Begriff auf YouTube ein, erscheinen Tausende von Videoanleitungen zur kontrollierten Atmung. Sie versprechen, das Immunsystem zu stärken, Ängste aufzulösen und mehr Energie freizusetzen. Internationale Bestsellerautoren und Expertinnen sagen der Atemarbeit bereits voraus, sie werde das neue Yoga. Weil es den Menschen, so schreibt der US-Autor James Nestor in seinem Buch *Breath – Atem*, schlicht für immer verändere.[118]

Viele Menschen suchen in diesen stressigen digitalen Zeiten nach Hilfsmitteln, um sich zu erden und zu stabilisieren, möchten das aber auf eine natürliche Art und Weise tun. Es lohnt sich also, dich in deinem digitalen Alltag immer mal wieder zu fragen, wie es gerade um deinen Atem steht. Du kannst dir beispielsweise ein Post-it an deinen Computerbildschirm kleben oder dir alle 30 bis 45 Minuten einen Wecker stellen, der dich daran erinnert, ein paar Mal tief ein- und auszuatmen. Integriere das bewusste Durchatmen in all seinen Facetten in deinen Alltag. Fülle deine Lungen ganz, atme alles aus, was dich stresst. Du kannst Atemübungen auch in deine Morgen- oder Abendroutine integrieren. Oder dich über Singen, Tanzen, Musizieren, Schwimmen oder Tauchen mit deinem Atmen vertraut machen. Versuche, so gut es geht, auch während deiner E-Mail-Zeit oder am Telefon immer mal wieder tief zu atmen. Es macht nichts, wenn du dich nicht ständig ans Atmen erinnerst – es hat ja auch seine guten Gründe, warum es von uns weitgehend unbemerkt abläuft. Sich jedoch ab und an mit dem Atemfluss zu verbinden, fördert deine Erdung und deine Verbundenheit mit dir selbst, beruhigt dein Nervensystem, lässt dich Stress abbauen und gibt dir Halt, wenn du ihn brauchst.

Komm zurück zu dir

Sei ehrlich: Wie sehr magst du deinen Körper? Wie angenehm findest du es, deine eigenen Füße zu berühren, wie oft schaust du in den Spiegel und bist glücklich mit dem, was du siehst? Wie oft hast du schon eine anbahnende Erkältung weggedrückt mit Medikamenten, statt dir Ruhe zu gönnen? Ich habe über Jahre so viel unternommen, um meinen Körper gerade *nicht* zu spüren. Weil ich in meiner Schulzeit nicht gut im Sportunterricht war. Mir selbst nie zugetraut habe, dass mein Körper eine sechsstündige Wanderung schafft. Weil ich in jungen Jahren als heranwachsende Frau mit Diättipps und Dating-Druck konfrontiert war – lange vor Social Media. Was vor ein paar Jahren schon problematisch war, hat sich in digitalen Zeiten weiter verstärkt:

Die Medien, vor allem die digitalen, und all die ausgesprochenen und unausgesprochenen gesellschaftlichen Regeln der heutigen Zeit üben unglaublichen Druck auf uns aus. Wir tun so, als wären wir alle frei und dürften tun und lassen, was wir wollen. Dabei gilt vielerorts die unausgesprochene Maxime: Du darfst alles sein – solange du das Richtige bist. Ein Fünftel der Teilnehmenden in einer Umfrage der britischen Mental Health Foundation 2019 sagten, sie würden sich für ihren Körper schämen. Fast 20 Prozent sagten, ihr Körper widere sie an.[119] Laut einer Studie der WHO machen 25 Prozent aller 15-jährigen Mädchen bereits eine Diät oder versuchen, anderweitig abzunehmen.[120]

Wir leben in schwierigen Zeiten. Auf der einen Seite bewegen wir uns immer weniger, auf der anderen Seite sind Bewegung und attraktive Körper zu einem Statussymbol geworden. Dabei sind ausreichend Bewegung und gesundes Körperbewusstsein vor allem: Leben. Denn unser Körper trägt uns, er hat ein Recht auf Bewegung, er hat Muskeln und Knochen. Er braucht gute Luft, und er braucht positive Gedanken und Gefühle, um entspannt zu sein und gesund zu bleiben. All diese Dinge erreichen wir nicht, indem wir auf Social Media noch mehr Influencern folgen, die uns sagen, wie wir um welche Zeit unsere kalt gepressten Säfte zu uns nehmen sollen. Oder dadurch, dass wir uns zu Bewegung zwingen, die wir hassen, um uns dann mit toxischen Gedanken zu plagen und dem Gefühl, dass wir nicht genügen.

Unser Körper ist auch ein Träger von Sinnesorganen. Unsere Haut ist unsere Verbindung in und gleichzeitig Abtrennung von der Außenwelt. Unser Körper ist das, was ein anderer Mensch als Erstes wahrnimmt, wenn er uns sieht. Wir können sogar aufgrund von Ausdünstungen unseren Partner fürs Leben finden oder Angst riechen.[121] Und wir können mit Berührung und Zuwendung Menschen heilen, uns selbst trösten, Liebe und Sinnlichkeit leben und: glücklicher werden. Mehr zum Thema Sexualität und Sinnlichkeit findest du im Kapitel zur Liebe weiter hinten im Buch.

Ich bin Verfechterin eines intuitiven Zugangs zu deinem Körper und deinen Bedürfnissen. Intuitiv bedeutet, eine Beziehung zu dir herzustellen. Lernen, dich zu lesen, dich wahrzunehmen, dich zu erfühlen. Wann habe ich Hunger? Wie fühlt sich mein Körper vor, während, nach Bewegung an? Welche Art von Berührung tut mir gut? Wann sagt mir mein Körper, dass er wirklich mal Ruhe und einen Netflix-Abend auf der Couch braucht, und wann ist es nur mein Kopf, der sich querstellt? Körperlichkeit bedeutet, deine Gefühle klarer zu spüren, deine körperlichen Bedürfnisse bewusster wahrzunehmen und insgesamt besser auf die Signale deines Körpers zu achten. Körperlichkeit ist nichts anderes als Respekt vor dir selbst. Denn du bist ein Körper. Dein Körper trägt dich ein Leben lang. Oft danken wir ihm aber erst, wenn es zu spät ist, er krank und mürbe wird, unsere Gesundheit in Gefahr ist. Tragen wir unserem Körper gegenüber hingegen Sorge, hilft er uns, uns zu erden, ins Hier und Jetzt zu kommen und den Stress, den das Digitale mit sich bringt, abzubauen.

Viele der digitalen Möglichkeiten sind gut gemeinte Hilfestellungen, um uns näher an einen gesunden Lebensstil zu bringen. Und für manche stimmt das auch. Vor allem in einer Anfangsphase können die Belohnungs- und Gamification-Systeme der Apps Motivation geben. Weil es einfach mehr Spaß macht, etwas zu tun und dann von der App mit einem»Super gemacht!«

belohnt zu werden oder einem süßen Maskottchen der Meditations-App *Headspace*. Doch beobachte und hinterfrage auch hier, was dir wirklich langfristig guttut – wo dir die Digitalisierung Hilfe ist und wo reine Ablenkung. Denn Gesundheits-Apps sind auch ein Milliardenbusiness.[122] Und können, wenn wir nicht achtsam mit ihnen umgehen, auch zwanghafte, total entgrenzte und sogar schädliche Formen annehmen.

Klar kann es helfen, wenn du eine personalisierte Fitness-App hast, die dich dazu animiert, täglich jede Mahlzeit, die du zu dir nimmst, und jeden Schritt, den du machst, digital festzuhalten. Aber seien wir mal ehrlich: Willst du das ein Leben lang machen? Daran scheitern die meisten Vorhaben: dass wir uns Verhaltensweisen aufzwingen, die weder natürlich sind, sich gut anfühlen, noch langfristig in unseren Alltag integrierbar sind. Am Ende haben wir den Unternehmen viel Geld in die Kassen gespült und Daten geschenkt und haben mehr Zeit damit verbracht, Daten einzutragen, als wirklich schwimmen zu gehen. Dann bleiben wir mit einem Gefühl von Versagen zurück. Dabei liegt es, wie wir im Kapitel zu Routinen und Motivation gelesen haben, nicht per se an uns selbst oder unserem Willen, sondern am System, das wir uns aufgezwungen haben.

Deinen Körper und dein Leben zu spüren bedeutet manchmal, das Digitale außen vor zu lassen. Dir eine Pause zu gönnen, damit du dich ganz bewusst deinem inneren Wissen zuwenden kannst. Nicht googeln, was gerade mit dir los ist. Keine App nutzen, um dich zu regulieren. Keine Notification, die dir sagt, dass Zeit für ein Stück Apfel wäre. Einfach mal das weiße Rauschen außen vor lassen, all die Eindrücke und Meinungen anderer, all die Bilder und gut gemeinten Ratschläge, und dich wieder verbinden, mit dir und deinem Körperwissen, das jeder in sich trägt.

Du hast nun deinen Arbeitsplatz ergonomischer eingerichtet, dir Gedanken zu deiner Schlafhygiene und zu deinem Essverhalten gemacht und vielleicht auch schon Bewegung in deinen Alltag eingeplant. Im nächsten Kapitel geht es darum, deine Persönlichkeit und deine Bedürfnisse noch besser kennenzulernen und deinen Geist zu beruhigen.

4. Beruhige deinen Geist

Ich hätte gerade ein paar Minuten Zeit. Einfach mal Ruhe. Ich sitze im Bus, fahre durch die Stadt und versuche, ganz gelassen und in Ruhe aus dem Fenster zu schauen und einfach mal nichts zu denken. Das Handy mal in der Tasche lassen und Pause einlegen. Doch das ist so schwierig geworden. Noch schwieriger als früher. Ich spüre, wie wuselig, wie nervös und sprunghaft mein Kopf ist, Tausende Gedanken, alle rennen an einen anderen Ort. Im Sekundentakt denke ich an all das, was noch zu erledigen ist. Will zum Smartphone greifen, um etwas zu notieren, zu googeln, zu bestellen. Dann wäre es zumindest erledigt, endlich weg. Oder? Mein Blick schweift rüber zu einem kleinen Mädchen, das vor mir sitzt und aus dem Fenster schaut, während wir über die Brücke fahren, wo die Schwäne darauf warten, gefüttert zu werden. Wie gerne wäre ich jetzt sie. Gedanklich bloß beim Rausschauen. Bei Schwänen. Fähig, noch zu staunen. Ohne Pflichten. Ohne Termine. Ohne Hunderte offene Tabs in meinem Kopf, der mittlerweile von innen aussehen muss wie mein digitaler Arbeitsplatz: vollgestopft.

Wir leben in einer digitalen Welt, die niemals schläft. In einem digitalen Dauerrauschen, das unseren Lebenstakt so prägt und anfeuert wie kaum je etwas zuvor. Wir leben eine digitale Realität, vermehrt auch in unserem Inneren. Viele Ideen der Effizienz, der Zeitersparnis, des Multitaskings haben sich so sehr in unsere Leben und Gehirne verwoben, dass wir kaum noch unterscheiden können: Ist das jetzt ein Gerät, das was von mir will? Ein Mensch? Oder bin das am Ende einfach: ich? Da sind Druck und Erwartungen von außen und von innen. Das eine existiert nicht ohne das andere, und beides befruchtet oder hemmt sich gegenseitig. Wer innerlich zur Ruhe kommen möchte, der braucht im Außen Ruhe. Und die wiederum stärkt Ruhe im Inneren.

Aber was tun in einer Welt, die nicht mehr schläft? Die uns bombardiert, ohne Pause? Und was tun mit der Tatsache, dass uns dieses digitale Leben stresst, wir aber ja auch selbst dazu beitragen, immer mehr Inhalte produzieren und zumindest ein Teil von uns ja auch aus eigenem Antrieb immer mehr Stunden im Internet verbringt?

Viel zu schnell ist auch nach dem schönsten und entspanntesten Wochenende schon wieder Montag, und wir sind wieder *full on*. Haben alles auf der To-do-Liste, bloß keine Zeit für uns selbst. Im Hier und Jetzt sein? Verschieben wir dann gerne auf später. Und wenn wir dann mal Meditation auf der Liste stehen haben, dann als lästigen Punkt, als weitere Aufgabe, die wir auch noch abhaken müssen. Und die uns Druck macht.

Wir haben in den letzten Kapiteln schon viel aufgeräumt, hinterfragt und reduziert. Das Reduzieren und Loslassen sind ganz elementare Bausteine eines ruhigen Geists. Je klarer dein Fokus und je reduzierter dein Leben, desto mehr Kraft kannst du schöpfen für das, was für dich zählt.

Manchmal reicht das aber nicht. Wir können noch so sehr löschen, aufräumen und neu ordnen, das Leben kommt dann doch wieder um die Ecke, Chaos ist vorprogrammiert, alle wollen was von dir, das Kind schreit, der nächste Auftrag liegt im Postfach. Dann hilft es, ein paar Werkzeuge parat zu haben, die es dir erleichtern, deinen Geist zu beruhigen. Zu Routinen und

Struktur sowie Werten haben wir schon einiges gelesen. An dieser Stelle erweitern wir dein Wissen mit ein paar Gedanken zum Thema Achtsamkeit, Meditation und Dankbarkeit. Es hilft auch sehr, dich, deine Glaubenssätze und dein Temperament besser zu kennen. Weil deine Persönlichkeit mit darüber entscheidet, wie du durchs Leben gehst – analog und digital.

Ein gesundes Nervensystem

Für viele Menschen sind Yoga und Meditation mittlerweile Instagram-Posen oder etwas für Leute, die in engen Leggings gut aussehen. Achtsamkeit ist als Begriff so abgenutzt, dass es fast schon wehtut, das Wort überhaupt in den Mund zu nehmen. Dabei geht es bei diesen Techniken im Grunde bloß um eine Frage: Wie bringe ich wieder Luft in mein Sein? Wie kann ich meinen Geist so beruhigen und regulieren, dass ich wieder präsenter bin, offener, gelassener und dadurch auch fröhlicher und glücklicher? Es geht im Kern um die Beruhigung des Nervensystems. Darum, unserem Körper und Geist zu signalisieren, dass keine Gefahr lauert. Und das müssen wir ihm antrainieren, wenn es aus der Balance geraten ist.

Denn unser Nervensystem und unser Gehirn funktionieren noch mehrheitlich genau wie vor Tausenden von Jahren. Viele basale Funktionen unseres Körpers wie Hungergefühl, Lustempfinden und Angst sind historisch betrachtet älter als Teile des Gehirns, die für Willenskraft und Motivation zuständig sind.[123] Das hat durchaus seine Vorteile, weil wir uns dadurch eher fortpflanzen, in der Regel kaum je vergessen, irgendwann zu essen, oder bei einer Flutwelle innerhalb von Sekunden panisch wegrennen. Unser Gehirn meint es gut mit uns: Es will unser Überleben sichern.

Was das aber auch bedeutet: Die gleichen Mechanismen, die im echten Leben Angst, Zugehörigkeit oder Wut auslösen, wirken auch digital. Unsere Welt mag sich ändern, unser Gehirn aber reagiert gleich. Das heißt konkret: Laute Geräusche interpretiert das Gehirn als unangenehm und gefährlich, schnelle Bilder erregen das Nervensystem, viele Informationen oder unbeantwortete Mails, die mit der Signalfarbe Rot als ungelesen markiert sind, lassen ganz real unseren Puls höher schnellen.[124] Woher soll unser Nervensystem denn auch wissen, dass das, was wir mit unseren Sinnen wahrnehmen, virtuell ist? Und sowieso: Vieles, was wir digital erleben, ist ja real. Die Kriegsbilder sind real. Die schrecklichen Nachrichten. Die Dringlichkeit in der Stimme der aufgeregten Kollegin am Telefon.

Und weil das nicht mehr alle paar Tage der Fall ist, sondern mittlerweile vom Aufstehen bis zum Schlafengehen fast pausenlos, sind wir kollektiv überreizt und überfordert. Vor allem seit der Pandemie zeigen sich bei vielen Menschen Anzeichen von digitaler Erschöpfung, Begriffe wie digitales Burn-out kommen auf.[125] Mitunter auch, weil wir unserem übererregten Nervensystem ungenügend beruhigende Reize entgegensetzen. Verbringen wir so viele Stunden am Tag vor Bildschirmen, gerät unser ganzes System aus dem Gleichgewicht. Und der Parasympathikus, der für Entspannung zuständig ist, kann nicht einfach von null auf hundert reingrätschen und uns nach Stunden in latenter Alarmbereitschaft innerhalb von fünf Minuten in den Schlaf wiegen. Je chronisch überaktivierter das System, desto problematischer und schwieriger wird die Regulierung. Die Folgen sind chronische Krankheiten, Angststörungen, chronische Schmerzen, Schlaflosigkeit oder Entzündungen.[126] Erinnere dich doch mal daran, wie es dir geht, wenn du dich konstant gestresst fühlst: Hast du das Gefühl, du kannst gute Gedanken fördern? Oder achtsam und tolerant sein gegenüber deinen Mitmenschen? Angst verändert, wie wir die Welt wahrnehmen. Das hat nicht bloß Auswirkungen auf uns selbst, sondern auf die ganze Gesellschaft.[127]

Deshalb ist es so wichtig für deine eigene psychische und körperliche Gesundheit und für ein besseres und glücklicheres Leben aller, dass wir Wege finden, in eine digitale Balance zu kommen und unser Nervensystem und unseren Geist zu beruhigen. Lernst du, dich selbst nicht primär durch Mediennutzung zu regulieren, sondern mithilfe von alternativen Quellen, wie beispielsweise deiner Atmung, Bewegung in der Natur oder Meditation, ist das die halbe Miete, um mit den analogen und digitalen Herausforderungen deines Lebens besser und nachhaltiger umzugehen. Das kann auch das Aufschreiben von Gefühlen sein, Kuscheln mit deinem Kind oder Rumplantschen im Pool. Kreativität ist wunderbar, um den Geist zu beruhigen. Mehr zum Thema Flow und Kreativität liest du später im Buch.

Eine Überaktivierung des Nervensystems erkennst du beispielsweise daran, dass du eine innere Anspannung verspürst, keine »Nerven« für etwas hast, mit Angst und Abwehr reagierst oder dich komplett zurückziehst und in eine Art Lethargie verfällst. Die Psyche und unser Gehirn haben sich ganz schön schlaue Tricks überlegt, um uns zu schützen. Achte also auf Angriff, Totstellen oder Wegrennenwollen[128] – wenn auch nur bildlich gesprochen. Beobachte mal, wie es dir zu bestimmten Zeiten im Alltag geht und wann du das Gefühl hast, Entspannung zu benötigen.

Reduziere dann als Erstes, soweit möglich, digitale Reize. Insbesondere, wenn du sowieso schon gereizt bist. Viele Menschen sind tagsüber schon gestresst und dröhnen sich nach Feierabend noch mit Games und Inhalten zu, die sie weiter reizen. Wir sind dann zwar abgelenkt, die Aktivierung des Systems aber bleibt. Möchtest du das Digitale nicht ganz weglassen, entscheide dich stattdessen bewusst für digitale Inhalte, die dir helfen, runterzufahren: indem du eine beruhigende Playlist abspielst oder ein Meditationsvideo schaust, *Traumschiff* guckst oder ein klassisches Konzert streamst. Achte also darauf, dass die digitalen Inhalte dich nähren. Spürst du, dass du weiterhin gestresst bist, dein Körper angespannt ist und dein Atem flach, nimm Abstand vom Digitalen, und komm zurück ins Hier und Jetzt. Entscheide dich nach einem stressigen Tag auch mal bewusst für eine digitale Pause, und tanke ohne Geräte wieder auf. Je öfter und bewusster du deinem Nervensystem antrainierst, von Erregung in Entspannung zu wechseln, desto flexibler wird es – und kann sich vermehrt wieder selbst regulieren.

Grundsätzlich kann man das Nervensystem mit positiven Gedanken und Dankbarkeit regulieren, einfacher und schneller geht das aber über die Sinne. Weil Atmung und Sinnesorgane viele Funktionen im Körper regulieren und auch integral involviert sind, wenn wir aus der Balance geraten. So entstehen bei vielen Menschen Spannungszustände und Ängste, weil sie über lange Zeit in einen Bildschirm starren. Mehr noch: Sie werden regelrecht physisch krank davon. Ein Phänomen, das *cybersickness* heißt, zu Deutsch: Cyberkrankheit.[129] Dir wird also schlecht von zu viel Bildschirmzeit.

Willst du dich beruhigen, schau im Raum umher, und kreiere Weite. Richte deinen Körper im Raum aus. Lauf umher. In der Traumatherapie nennt man das *orienting*.[130] Atme bewusst und tief in den Bauchraum hinein, und atme länger aus als ein. Fasse deine Haut an, Berührung beruhigt. Sanfte Bewegung, Tee, Honigmilch oder ein warmes Bad können zusätzlich helfen, dich zu beruhigen. Auch Düfte wie Lavendel auf dem Kissen beruhigen und erden. Ist dein Nervensystem sehr aktiviert und du kippst in Angst oder Panik, helfen intensive, körperliche Erfahrungen wie eine kalte Dusche, Eisbaden oder deine Handgelenke unter kaltes fließendes Wasser zu halten.[131] Auch in eine Zitrone beißen hilft – also alles, was die Gedanken- und Panikschleifen abrupt unterbricht und auf den Körper fokussiert.

Eine zentrale Rolle spielt dabei der Vagus-Nerv.[132] Du kannst diesen Nerv, der für inneren Ausgleich zuständig ist, manuell stimulieren, indem du beispielsweise die Augenbrauen hebst, den Kopf drehst, gurgelst oder singst. Oder du legst seitlich beide Handflächen außen an den Hals und streichst dir mit sanften Bewegungen zwischen Ohr und Schulterübergang kreisend über die Haut. Webseiten zu Angst und Panikstörungen und Trauma liefern außerdem sehr viele nützliche Infos zur Regulierung des Nervensystems – möchtest du das Thema für dich angehen und brauchst Unterstützung, kann die Arbeit mit einem Körpertherapeuten oder einer körperzentrierten Trauma- oder Bewegungstherapeutin Sinn machen.

Nimm dir nun ein paar Minuten Zeit, und reflektiere, wie du dich in deinem Alltag fühlst.

Wie oft fühlst du dich gestresst?

Wie oft bemerkst du, dass du gegenüber dem Außen weniger offen und zugewandt bist, als du es dir wünschen würdest?

Kannst du an deinem digitalen Verhalten Punkte festmachen, die zu körperlicher Anspannung bei dir führen?

Welche Schritte kannst du unternehmen, um dein Nervensystem zu regulieren?

Mindful Social Media

Sprechen wir von Dingen, die von außen intensiv auf dich einwirken und deine psychische Verfassung beeinflussen, kommen wir am Thema Social Media nicht vorbei. Ein gesunder Geist nährt sich aus positiven und nachhaltigen Inputs. Deshalb ist es umso wichtiger, darauf zu achten, was du täglich digital an dich heranlässt. Vor allem auf Plattformen, in die viel deiner Zeit fließt. Weltweit liegt die durchschnittliche Nutzungsdauer von Social Media bei mittlerweile fast 2,5 Stunden pro Tag.[133] Das sind fast 40 Tage pro Jahr! Beginnst du damit, aktiver zu entscheiden, was du dir digital ansiehst, wem du folgst, wie du selbst in den sozialen Medien aktiv sein willst, wie viel du von dir preisgibst und zu welchem Zweck, kannst du deinen Geist beruhigen und hast mehr Energie für echte Verbundenheit mit dir selbst und anderen. Digital und analog.

Soziale Medien haben Vorteile. Für manche Menschen, die ein gutes Selbstbild haben, wirken sie sich sogar positiv auf das psychische Wohlbefinden aus.[134] Zahlreiche Expertinnen sprechen aber schon seit Jahren davon, dass die sozialen Medien psychische Krankheiten begünstigen – und bestehende psychische Instabilität weiter verschlimmern können.[135] Deshalb ist es wichtig, Social Media bewusst, nachhaltig und achtsam zu nutzen. Dieses Buch hat dir bereits an einigen Stellen Input dazu gegeben. Falls du deine Social-Media-Profile noch nicht auf potenziell negative Trigger analysiert hast, ist jetzt der richtige Zeitpunkt, es nachzuholen. Entfolge Absendern, die dir nicht guttun und deine Gedanken bloß kreisen lassen. Erhältst du negative Kommentare auf Posts, reagiere – indem du löschst, blockierst, entfolgst. Natürlich ist Zivilcourage im Netz wichtig, und je mehr Menschen sich aktiv und öffentlich gegen Hater wehren, desto eher ändert sich was. Es darf dir aber auch einfach primär um deine eigene Gesundheit gehen. Gehen dir Dinge zu nahe, entferne sie. Du musst dich nicht rechtfertigen oder entschuldigen. Fühlst du dich mit einem eigenen Post unwohl, lösch ihn wieder. Postest du was und merkst, dass du gerade keine Energie dafür hast, digital zu interagieren, lass es bleiben. Das ist in Ordnung.

Ein ruhiger Geist hat auch viel damit zu tun, dass wir Leitplanken für unser Verhalten haben. Dass wir handeln können, weil wir wissen, was wir tun wollen – und was nicht. Genauso ist es auch auf Social Media. Gerade, wenn du zu denjenigen gehörst, die nicht bloß passiv teilhaben, sondern auch aktiv posten, ist eine Auseinandersetzung mit deinen Werten Pflicht.

Überlege dir also in Ruhe:

Welche Art von Inhalten kann und will ich posten, die in Einklang mit meinen Werten sind?

Wie kann ich mich selbst darstellen, sodass ich hinter dem Eindruck stehe, den Menschen von mir kriegen können?

Wozu poste ich überhaupt? Welche Funktion erfüllt die aktive Teilhabe an Social Media?

In welchem Zeitraum und in welcher Frequenz möchte ich posten? Und wann wird's mir zu viel?

Wie regle ich Antworten auf Kommentare und Nachrichten?

Welche Art von Beitrag kommt meiner Persönlichkeit entgegen? Will ich vor allem Text, Bilder oder Videos posten oder ein bisschen von allem?

Gerade, weil wir alle im Hinterkopf haben, dass irgendwelche Algorithmen auf Social Media uns bestrafen, wenn wir mal 48 Stunden offline sind, geraten viele Menschen unter enormen Druck. Tausende Webseiten und Blogs geben Nutzerinnen Tipps, wie sie ihre Reichweite erhöhen und die perfekten Posts für die Algorithmen produzieren können, die Suchanfrage »Instagram Reichweite erhöhen« liefert allein auf Deutsch über zwei Millionen Ergebnisse. Das Posten und Checken werden für manche zu einer nie enden wollenden Qual, der man sich dann einfach fügt, weil der Kapitalismus das so entschieden hat. Einem Freund von mir, der mit seiner Musik einen Plattenvertrag landen wollte, wurde vom Label gesagt, er solle wiederkommen, wenn er sich eine Followerschaft in den sozialen Medien aufgebaut habe. Die Folge: monatelange Versuche, die Zahlen zu erhöhen, bis er fast an seiner Depression zerbrach.

Auch wenn Social Media gute Seiten hat und es viele Menschen gibt, die wirklich Spaß am Posten haben und Energie daraus ziehen, weil die Plattform kreativen Spielraum lässt und Community Building ermöglicht – geh in einer ruhigen Minute einen Schritt zurück, und frage dich, wie *du* Social Media eigentlich gestalten willst. Dein Geist ist ruhiger, wenn du mit dir in

Einklang bist. Dein Fokus ist klarer – und deine Botschaften im Netz sind authentischer, weil du mehr Luft hast, dir ein paar Gedanken zu machen, bevor du postest.

Apropos: Wir dürfen uns auch ein paar Gedanken zum eigenen Einfluss machen, den wir auf andere haben können, wenn wir Inhalte produzieren und nicht nur konsumieren. Weil nicht nur wir getriggert werden, sondern auch alle anderen, die sich im Netz aufhalten. Natürlich ist jeder grundsätzlich für seine eigenen Gefühle und Reaktionen selbst verantwortlich. Und trotzdem können wir gemeinsam dazu beitragen, die sozialen Medien zu einem authentischeren, besseren, für die Psyche gesünderen Ort zu machen, indem wir bewusster und achtsamer posten und interagieren.

Deshalb: Poste etwas erst, wenn du es emotional selbst verarbeitet hast. Wir neigen dazu, in dieser Instant-Communication-Gesellschaft sofort alles rauszuhauen, was uns durch den Kopf geht. Ab und an ist Social Media gut, um Dampf abzulassen. Besser aber ist, deinem System erst mal Zeit und Ruhe zu schenken, das Erlebte für dich einzuordnen und zu verarbeiten. Social Media kann dich unterbewusst unter Druck setzen. Gib nicht nach. Die Plattform ist auch morgen noch da. Poste deine Inhalte im Wissen darum, dass Social-Media-Plattformen eine mögliche Quelle der Anerkennung und Visibilität sind. Sie sind aber nicht die einzigen Orte der Anerkennung. Erinnere dich daran, dass du im Internet oft nicht die gleiche Art von Nähe, Anerkennung und Liebe finden wirst wie in deinen engsten Beziehungen. Lass dich loben, liken und beglückwünschen. Aber mach nicht alles davon abhängig.

Das Internet schläft nie. Es lässt sich auch nicht zu Ende scrollen. Deshalb musst *du* damit beginnen, deine eigenen zeitlichen Grenzen zu ziehen. Und für dich zu entscheiden, wann du wie viel konsumierst. Von wem. Wie viel du selbst mit der Welt teilst, und vor allem wann und zu welchen Konditionen. Das Gleiche gilt auch für deine zeitliche und emotionale Verfügbarkeit. Menschen dürfen dir auf Plattformen schreiben, kommentieren, liken. Doch sie sollten nicht über deine gesamte Zeit verfügen. Niemand hat das Recht, ständige Erreichbarkeit von dir zu fordern. Das kannst du auch entsprechend kommunizieren. Stellst du an dir selbst fest, dass du erreichbar sein willst, auch wenn das von dir gar nicht erwartet wird, gehe in dich, und prüfe deinen Anspruch auf Perfektion. Reflektiere auch, wie groß deine Angst vor Ablehnung ist und welche sozialen Konsequenzen du fürchtest, wenn du dich abgrenzt.

Überlege dir genau, welche Details und Erinnerungen aus deinem echten Leben du auf Social Media teilst. Was öffentlich ist. Und was nur dir gehören soll. Oder dem Familienalbum. Versuche, so gut es geht, Social Media nicht ausgerechnet dann zu benutzen, wenn du dich unsicher, traurig, alleine oder irgendwie minderwertig fühlst. Diese Plattformen sind so konzipiert, dass sie deine Emotionen verstärken, wie beispielsweise Wut.[136] Dazu hast du ja schon einiges gelesen. Und als Reminder: Permanente digitale Verbundenheit ist nicht das Gleiche wie echte, zwischenmenschliche Verbundenheit. Beides soll in deinem Leben Platz haben. Doch nutze deine digitalen Möglichkeiten der Verbundenheit nicht auf Kosten der analogen. *Real life first, digital life second.*

Achte darauf, mit welcher Einstellung du dich digital bewegst. Die Psychologie unterscheidet zwischen *growth mindset* und *[illegible] mindset*.[137] Menschen, die soziale Medien positiv für sich nutzen, setzen sie ein, um zu wachsen – andere Menschen sind ihnen Inspiration, Wissensquelle und Ansporn. Das ist der Growth Mindset. Manche wiederum sehen in anderen Menschen eine Konkurrenz. Oder sie sehen in den Posts von anderen einen vermeintlichen Beweis, wie wenig sie selbst können. Das ist ein Set Mindset. Er äußert sich darin, dass du denkst, etwas sei unveränderbar. Und du seist der Welt hilflos ausgeliefert. Unsere Einstellung gegenüber Social Media beeinflusst, wie wir uns fühlen. Du kannst dich selbst dabei unterstützen, einen Growth Mindset zu entwickeln, indem du an deinem Selbstwert arbeitest und radikal allen entfolgst, die dir ein schlechtes Gefühl geben.

Führst du viele parasoziale Beziehungen?[138] Die Psychologie beschreibt mit diesem Begriff eine einseitige Beziehung – beispielsweise unsere Beziehung zu einer Influencerin oder einem Musikstar. Wir begleiten diese Menschen in den sozialen Medien teilweise über Jahre, bekommen vermeintlich alles aus ihrem Alltag mit, wissen, was sie essen und wie sie sprechen. Wir binden uns emotional an sie. Ein bisschen fühlt sich das an wie eine echte Freundschaft. Bloß, dass sie einseitig ist. Weil die andere Person in den meisten Fällen gar nichts von deiner Existenz weiß. Parasoziale Beziehungen haben wir alle schon vor dem Internet geführt. Ich war mal großer Fan vom Model Kate Moss, habe ihre Biografie gelesen, weiß viel über sie. Und habe mich ihr nahe gefühlt. Studien zeigen jedoch, dass Menschen mit einem geringen Selbstwertgefühl parasoziale Beziehungen sogar realen bevorzugen können.[139] Weil das Risiko, von einer Internetpersönlichkeit, die dich nicht kennt, abgelehnt zu werden, klein ist. Falls du also dazu neigst, viele parasoziale Beziehungen zu haben, schau genauer hin, was du im realen Leben damit vermeidest.

Wunderwaffen des Glücks: Achtsamkeit, Meditation & Dankbarkeit

Achtsamkeit ist im Grunde nichts anderes, als präsent zu sein mit dem, was ist. Verbundenheit bedeutet auch, sich einzulassen auf den Moment. Ein Moment, der echt ist und den wir körperlich und mental präsent erleben. Vielen von uns fiel das schon vor der Digitalisierung schwer. Denn es sind nicht bloß die digitalen Aufgaben oder Benachrichtigungen, die uns in andere Welten beamen, sondern auch unsere Gedanken an die Vergangenheit und die Zukunft. Genauso, wie es wahr ist, dass jede Art von Impuls, ob digital oder analog, uns wegbeamen kann, ist jede Art von Achtsamkeit, beim Abwaschen genauso wie unter der Dusche, auch Meditation. Achtsamkeit kannst du überall und jederzeit einsetzen. Es braucht keine Zeit und keinen Ort dafür. Und sie kostet nichts. Und ist gleichsam eines der wirksamsten Wundermittel gegen einen vollen Kopf und die Angst, nicht mehr hinterherzukommen.

Achtsamkeit musst du nicht im Sitzen üben. Sie ist überall. Du kannst mit Liebe und Achtsamkeit kochen, du kannst schreiben, du kannst aus dem Fenster sehen, du kannst achtsam mit deinen Kindern spielen. Du kannst für dich selbst ein Ritual entwickeln, das dich ins Hier und Jetzt holt. Auch das ist Meditation. Auch das ist Achtsamkeit. Für mich ist das Schreiben so was. Es ist achtsam, und es ist etwas, das mir hilft, meinen Geist zu beruhigen, indem ich das, was in mir ist, loslassen, deponieren und ordnen kann. Ich gebe meinem Unterbewussten und meinem Kopf die Erlaubnis, sich selbst eine Struktur zu bahnen, und gebe gleichsam Raum fürs »Auskotzen«. Du kannst für dich selbst also ruhiger werden, indem du Tagebuch schreibst oder beispielsweise indem du dich von den *Morning Pages* der

Künstlerin Julia Cameron inspirieren lässt:[140] Jeden Morgen schreibst du einfach drauflos. Am besten mit Stift auf Papier. Drei Seiten oder 15 Minuten – wie du magst. Laut Cameron hilft dir das freie Schreiben, zu dir zu finden, deine Kreativität zu aktivieren, und schafft einen Ort für deine Gedanken und Worte, den du mit niemandem teilen musst. Das Schreiben ist psychologisch ein sehr wirksames Mittel, um deine Gefühle und Gedanken zu ordnen und Geschehenes zu verarbeiten. Und es beruhigt deinen Geist. Was aufgeschrieben ist, muss dein Gehirn nicht mehr speichern.

Der Molekularbiologe Jon Kabat-Zinn hat die moderne Achtsamkeitslehre maßgeblich geprägt. Und im Rahmen eines Programms, des medizinischen Achtsamkeitstrainings MBSR (Mindfulness-Based Stress Reduction), mehrere Meditationen und Übungen entwickelt, die dir helfen können, Stress mithilfe von Achtsamkeit zu bewältigen. Die Wirksamkeit seines Programms ist wissenschaftlich bewiesen.[141] Es soll auch Menschen ohne spirituellen Bezug bei unterschiedlichsten Problemen helfen und wird auf der ganzen Welt von zertifizierten Lehrerinnen und Lehrern angeboten. Das MBSR-Programm führt dich analog oder digital über acht Wochen in die wichtigsten Prinzipien der Achtsamkeit ein, und du übst von Tag eins an, praktisch zu meditieren. Achtsamkeitspraxis ist Bestandteil neuerer verhaltenstherapeutischer Verfahren und wird in den USA und in Deutschland bereits in Kliniken angewandt.

Möchtest du dich per App mit dem Konzept von Achtsamkeit und Meditation vertraut machen, empfehle ich dir die Apps Headspace oder Calm. Der App-Markt für Meditations-Apps alleine wird bis 2028 auf einen Wert von über zwei Milliarden Dollar geschätzt – rund viermal mehr als 2022.[142] Apps haben viele positive Effekte und können eine regelmäßige Meditationspraxis fördern, sofern wir danach nicht noch auf der Yogamatte sitzend E-Mails beantworten. Aber dafür gibt's ja zum Glück Dinge wie Flugmodus. Oder neue, minimalistischere Produkte wie den Meditations-Timer von Offgrid Mindfulness, weil er ohne Internetverbindung auskommt – so muss ich morgens den Flugmodus nicht rausnehmen und kann meine digitalfreie Morgenroutine weitestgehend einhalten. Interessierst du dich für Entspannungstechniken, bei denen du eher mit dem Körper arbeitest, empfehle ich dir Tai-Chi oder progressive Muskelentspannung. Du kannst auch in deiner Nähe nach Studios und Gemeinschaften suchen, die verschiedene Entspannungstechniken anbieten, und einfach mal ein paar davon ausprobieren.

Praktizieren wir regelmäßig in kleinen Dosen, können wir lernen, uns wieder öfter mit dem Moment zu verbinden. Und gleichzeitig Abstand zu unseren Gedanken, zu unseren To-dos und zu unseren digitalen Anforderungen zu gewinnen. Dabei geht es nicht darum, dass wir auf einem Kissen sitzen und ja nichts denken sollen, sondern darum, deine Gedanken und Gefühle wahrzunehmen und ziehen zu lassen. Denn Leid entsteht oft dann, wenn wir einigen unserer Gedanken und Gefühle zu viel Gewicht geben. Und sie loswerden wollen. Manchmal fühlt es sich so an, als hätten wir all die Tabs und Fenster, die auf unserem Computer noch offen sind, auch in unserem Kopf noch offen. Hast du mehr Kontrolle über deine Aufmerksamkeit, lernst du, sie besser auf dich selbst zu lenken, und kannst dich darin üben, dich ganz auf einen Moment, einen Menschen oder eine Handlung einzulassen. Und bist in der Folge auch weniger anfällig für das ganze digitale Bling-Bling um dich herum. Den Geist zu trainieren, sich nicht verrückt machen zu lassen, ist im Zeitalter der Aufmerksamkeitsökonomie enorm wichtig.

Eine weitere Wunderwaffe für einen ruhigen Geist ist Dankbarkeit. Denn unser Gehirn ist mit einem *negativity bias*[143] ausgestattet: Es orientiert sich automatisch eher an Negativem, weil das unser Überleben sicherte. Denn: Wenn wir uns von einem schönen Schmetterling so weit hätten ablenken lassen, dass wir den Tiger nicht mehr gesehen hätten, dann wären wir wohl alle nicht mehr hier. Dieser Überlebensmechanismus bedeutet aber auch, dass wir Negatives, das uns widerfährt, tatsächlich intensiver wahrnehmen als Positives – und länger darüber nachdenken. Willst du glücklicher sein, solltest du dich aktiv darum bemühen, das Positive in deinem Leben bewusster wahrzunehmen und wertzuschätzen. Das hat mit zwanghaftem positivem Denken nichts zu tun. Viel eher bringt Dankbarkeit mehr Gelassenheit und Perspektive in dein Leben und gibt dir einen Gegenpol zum Negativen.

Eine der am besten erforschten Interventionen innerhalb der Positiven Psychologie ist das Dankbarkeitstagebuch. Das geht ganz einfach: Du schreibst täglich ein paar Dinge auf, für die du dankbar bist. Alternativ kannst du deine Dankbarkeit auch rituell in deinen Tag einflechten, beispielsweise indem du dich für dein Essen bedankst oder indem du dich daran gewöhnst, innerlich für dein Leben zu danken, wenn du das Haus verlässt. Dankbarkeit lindert nachweislich Angst, Stress und Hilflosigkeit.[144]

Lenkst du deinen Fokus also auf das, wofür du dankbar bist, stärkt das deine Zufriedenheit, Ruhe und psychische Stabilität. Studien fanden heraus, dass Menschen, die täglich Dankbarkeit übten, nach ein paar Wochen besser schliefen, weniger depressive Symptome zeigten und allgemein mehr Optimismus an den

Tag legten.[145] Worte der Dankbarkeit zu finden kann helfen, dich an das Gute in deinem Leben zu erinnern. Und deinen Geist zu beruhigen.

Vergiss bei all dem Einsatz, den du gerade zeigst, aber bitte nicht: Wandel braucht Zeit. Und dein Geist auch. Wer schon mal ein paar Tage zur Kur oder in einem Yoga-Retreat war, weiß aus eigener Erfahrung, dass das Runterkommen Zeit braucht. Und sich total unangenehm anfühlen kann. Der österreichische Forscher Bernd Hufnagl führt seit 2004 ein Experiment durch, bei dem er Menschen einfach fünf Minuten lang aus dem Fenster schauen lässt. 95 Prozent der Teilnehmenden empfinden beim Experiment Stress statt Entspannung.[146] Er bringt diese Ergebnisse auch mit dem Smartphone in Verbindung: weil wir durch die ständige Berieselungsmöglichkeit in unserer Tasche verlernt haben, einfach mal nichts zu tun. Dein Weg hin zu mehr Entspannung und Achtsamkeit kann sich also erst mal unangenehm anfühlen – weil du dein System erst wieder daran gewöhnen musst, Leerräume auszuhalten. Doch langfristig wirst du reich belohnt werden: mit einem gesünderen Nervensystem, einer größeren Verbundenheit zur Welt und zum Moment. Und mit mehr Zufriedenheit und mentaler Stärke. Gerade deshalb ist es von unschätzbarem Wert, wenn wir wissen, wie wir unseren Geist beruhigen und neu ausrichten können. Und auch, wie wir es schaffen, unsere Gedanken zu ordnen und den Input zu reduzieren.

Ich, als von ADHS Betroffene, kenne einen Geist, der niemals schläft, nur zu gut. Und leide oft darunter. Weil mein Gehirn schlecht Prioritäten setzen kann. Mir nach 15 Minuten Textarbeit so langweilig wird, dass mein Körper schmerzt. Und mein Gehirn natürlicherweise mehr Dopamin braucht als das anderer

Leute. Ständig auf Social Media rumzuhängen finden Teile meines Gehirns also eine ganz tolle Idee! Ein Buch, das mir bei der Beruhigung meines Geistes enorm geholfen hat, ist *The One Thing* von Gary Keller.[147] Die Kernbotschaft: Finde heraus, was gerade Priorität hat, und ignoriere alles andere.

Einfacher gesagt als getan, dachte ich zuerst. Doch der Satz hat sich mir eingebrannt und dient mir nun in vielen Momenten als Leitplanke. Die Frage, die du dir stellen darfst, wenn du nicht weißt, was du tun sollst, ist: Welche *eine* Sache kann ich jetzt tun, die alles andere einfacher oder überflüssig macht? Wenn du beispielsweise im Job nicht hinterherkommst, frage dich: Welche Aufgabe ist die wichtigste? Und welche Handlung kann ich vornehmen, die alles andere automatisch einfacher oder überflüssig macht?

Vielleicht liegt die Antwort darin, das Projekt zu delegieren. Oder du entscheidest, das Geburtstagsfest deiner Tochter im Aquarium zu machen, das alles für dich organisiert, statt dich damit verrückt zu machen, Alternativen für die Party im Garten zu brainstormen, falls es regnet. Du kannst diesen Satz mal in Ruhe auf dich wirken lassen und ihn für verschiedene Situationen zurate ziehen. Vielleicht hilft er dir ja, mehr Klarheit zu erlangen. Und damit auch einen ruhigeren Geist.

Wie deine Glaubenssätze und Gefühle dich beeinflussen

Wir glauben oft, dass wir allein dadurch digital achtsamer werden, dass wir die externen Reize vermeiden: Benachrichtigungen, E-Mails, Newsletter. Das ist nicht falsch, aufzuräumen und abzuschalten ist ein wichtiger Schritt hin zu mehr digitaler Balance. Wer gar nicht erst in ein Burger-Restaurant geht, wird auch kein

Problem damit haben, zu viele Burger zu essen. Doch es sind nicht bloß äußere Faktoren, die uns an den Geräten halten. Auch wenn ich mein E-Mail-Programm oder mein Smartphone auf lautlos stelle, schaue ich immer wieder nach, ob etwas passiert ist. Ich folge einem *inneren Impuls*, der mich dazu antreibt, mich mit den Geräten und Programmen zu verbinden.

Wir haben bereits darüber gesprochen, wie Gewohnheiten entstehen, welcher Tricks sich die Leute aus dem Silicon Valley bedienen und wie klassische Konditionierung funktioniert. Hier möchte ich aber auf noch etwas anderes eingehen: deine innere Landkarte an Bedürfnissen und Glaubenssätzen. Denn hinter allem, was wir tun, sitzt ein Bedürfnis. Ein Wunsch nach etwas. Ein Mangel an etwas. Ein Glaubenssatz, der uns treibt. Ein Schmerz, dem wir entkommen wollen. Eine Hoffnung, die wir hegen. Wollen wir zu größerer digitaler Balance gelangen, kommen wir deshalb nicht umhin, uns auch um das zu kümmern, was uns im Innern antreibt. Kurz gesagt: um die Systeme in uns, die unser Verhalten überhaupt steuern.

Wir leben zwar heute in klimatisierten Wohnungen oder fahren mit Elektroautos zur Arbeit, unser Wunsch nach Nähe, Nahrung, Körperlichkeit und Anerkennung ist aber seit Jahrtausenden unverändert. Unsere Handlungen sind selten auf sich selbst bezogen. Sie geschehen, weil wir uns davon etwas erhoffen. Oft geht es darum, sich anders zu fühlen als gerade jetzt, in diesem Moment. Zündest du dir eine Zigarette an, isst du Chips oder scrollst du durch deine Social-Media-Timeline, geht es in Wirklichkeit also nicht um die Zigarette, die Chips oder den Like. Es geht darum, dass du dich durch diese Dinge anders fühlst.[148] Mit der Zeit bringst du beispielsweise deinem System bei, den Besuch von Social-Media-Seiten automatisch mit dem Bedürfnis nach Anerkennung zu verbinden. Und speicherst ab: Gehe ich auf Social Media, lenke ich mich kurzzeitig von meiner Angst ab. Du kannst deine Benachrichtigungen also alle abschalten – und das ist auch ein sinnvoller erster Schritt. Hast du aber internalisiert, dass du auf der Plattform Anerkennung erhältst, wirst du von dir aus immer zurückkehren. Dein innerer Antrieb ist in diesem Fall deine Sehnsucht nach Anerkennung, die du bereits vor Social Media hattest. Deine unbefriedigte Sehnsucht fällt im Digitalen nun also auf fruchtbaren Boden.

Gründe für dein digitales Verhalten können beispielsweise sein:

- Langeweile
- Angst vor sozialem Ausschluss
- Unsicherheit in Bezug auf andere oder dich selbst
- Minderwertigkeitsgefühle
- Angstgefühle
- Stressabbau
- Prokrastination und Vermeidung

Die eigentliche Ursache für deine Handlungen zu kennen ist deshalb ein sehr wichtiger Bestandteil deines Weges. Du erkennst deine dahintersteckenden Bedürfnisse einfacher, wenn du dir ein paar Wochen Zeit dafür nimmst, dein Verhalten, deine Gedanken und Gefühle zu beobachten. Beobachten und Erkennen sind gute erste Schritte hin zur Veränderung. Kannst du etwas benennen, kannst du es verändern – weil du eine automatische Handlung und deine Gefühle ins Bewusstsein holst.

Mit deinem inneren Antrieb eng verknüpft sind Themen, die deinen Selbstwert betreffen. Wovor wir uns im Leben fürchten, was wir zu vermeiden versuchen und was wir anstreben, hängt stark mit unserer kindlichen Prägung zusammen. In der Psychologie spricht man bei Prägungen mitunter auch von »Glaubenssätzen«.[149] Glaubenssätze entstehen, wenn du als Kind und auch als Jugendlicher versuchst, das, was du in deiner Umgebung wahrnimmst, sozusagen als Gesetz in dich selbst aufzunehmen, um danach zu leben. Glaubenssätze sind also immer Meinungen von anderen Menschen, die du im Laufe der Zeit internalisiert hast und als wahr akzeptierst, weil du entsprechende Erfahrungen und Feedback dazu erhältst. Beispielsweise kann es sein, dass deine Mutter dir immerzu sagt, dass du doch lieber malen statt Tennis spielen sollst, weil du dich für Ballsportarten nicht eignest. Oder dein Vater behauptet am Mittagstisch immer, dass man ein Verlierer ist, wenn man nicht hart arbeitet. Und sagt Sätze wie: »Im Leben wird einem nichts geschenkt!« Mit den Jahren nimmst du diese Meinungen und Aussagen in dich auf und festigst sie. Am Ende denkst du über dich, dass du schlecht im Sport bist oder hart für deinen Erfolg arbeiten musst. Du internalisierst die Glaubenssätze deiner Eltern und machst sie zu deinen. Du wirst dann von dir sagen: »Ich bin nicht sportlich.«

Glaubenssätze sind dein »inneres Programm«, mit dem du die Welt betrachtest. Es gibt hilfreiche und weniger hilfreiche Glaubenssätze. Und sie kommen von ganz nahen Bezugspersonen aus deiner Kindheit. Dann klingt es im Kopf manchmal so: »Ich bin nichts wert«, »Ich bin eine Versagerin«, »Niemand mag mich« und so weiter. Die meisten deiner Glaubenssätze spulst du unbewusst ab – dennoch findet dieses negative Selbstgespräch statt. Und hat starke Auswirkungen auf deinen Selbstwert, deine Stimmung und deine Motivation. Es gibt dabei konstruktive und destruktive Glaubenssätze. Viele Menschen, die ein positives

Selbstbild haben, sich selbst also ganz gut finden, wie sie sind, haben auch eine positive Grundeinstellung sich selbst gegenüber und dementsprechend auch positive Glaubenssätze: »Ich mag mich, wie ich bin«, oder: »Ich bin mutig, egal, was andere sagen«.

Glaubenssätze sind verallgemeinernd und lassen kaum Spielraum. Sie beinhalten oft eines der folgenden Worte: muss, sollte, niemals, immer, völlig, keiner, niemand, alle, jeder. Negative Glaubenssätze sind nichts Ungewöhnliches. Wichtig ist aber, dass du anfängst, sie wahrzunehmen und sie zu hinterfragen. Denn: Sie stimmen meistens nicht. Sie sind nicht die Wahrheit. Das ist der schwierigste Teil. Denn woher sollte man wissen, dass etwas nicht stimmt, wenn man es den ganzen Tag denkt? Klar: Du kannst es erst mal nicht wissen. Doch Menschen, die mit sich und der Welt im Reinen sind, halten diese Unsicherheit aus. Sie glauben an sich, auch wenn sie nie hundert Prozent sicher sein können, dass es sich lohnt, an sich zu glauben. Doch sie wissen von sich, dass sie wertvoll sind und dass sie sich selbst vertrauen können. Und sie erlauben sich, sich zu mögen. Nur weil dein Gehirn den ganzen Tag Gedanken hat, heißt das nicht, dass diese auch den Tatsachen entsprechen. Dein Gehirn verarbeitet Tausende Gedanken am Tag.[150] Der Unterschied zwischen ungesundem und gesundem Umgang mit ihnen besteht lediglich darin, ob du dich auf einen bestimmten Gedanken fokussierst und dich übermäßig mit ihm identifizierst oder ob du in der Lage bist, diesen auch distanziert zu betrachten.

Wie wir die Welt sehen und erfahren und uns mit ihr fühlen, hat also weniger mit den Tatsachen als vielmehr mit den Geschichten zu tun, die wir uns erzählen und die sich im Laufe unseres Lebens in uns hineinbrennen. Ich habe als Kind mehrmals Erfahrungen von Ausgrenzung durch andere Kinder gemacht. Und habe irgendwann den Glaubenssatz entwickelt: Ich gehöre nicht dazu. Laufe ich jetzt mit diesem, oft unbewussten, Glaubenssatz durch die Welt, werde ich in meinen Beziehungen übermäßig sensibel auf potenziellen Ausschluss reagieren. Beispielsweise, indem ich wütend werde, wenn Freunde sich schon ohne mich treffen, weil ich später von der Arbeit komme. Oder ich nehme nach einem Social-Media-Post, den ich abgesetzt habe, alle paar Minuten das Smartphone in die Hand, um nachzusehen, wie viele Menschen meine Aussagen oder Bilder liken, weil ich damit meiner Angst, nicht gesehen und akzeptiert zu werden, vermeintlich etwas entgegensetze.

Dein digitales und analoges Verhalten hat also sehr viel damit zu tun, was du von dir selbst und der Welt glaubst, tun oder lassen zu müssen, um geliebt und geachtet zu werden. Wenn du an dir feststellst, dass du in ein ungesundes Verhältnis zum Digitalen gekommen bist, darfst du also genauer hinschauen und dich fragen: Was hat dieses Verhalten für einen Zweck? Welche Bedürfnisse werden angesprochen? Und welche Glaubenssätze schwingen in diesem Verhalten mit?

Nachfolgend habe ich dir ein paar Beispiele an negativen Glaubenssätzen aufgelistet:

»Ich bin nicht gut genug.«

»Ich kann niemandem trauen.«

»Ich darf nicht wütend/traurig/ärgerlich sein.«

»Ich darf keine Fehler machen.«

»Nur wenn ich etwas leiste, werde ich geliebt.«

»Ich muss alles alleine schaffen.«

»Ich bin unsportlich/ungeschickt/unmusikalisch.«
»Ich darf anderen nicht zur Last fallen.«
»Wenn ich um Hilfe bitte, ist das ein Zeichen von Schwäche.«
»Ich muss immer perfekt/vernünftig/stark/mutig sein.«
»Ich muss anderen helfen. Wenn ich es nicht tue, tut es niemand.«

Nimm dir nun ein paar Minuten Zeit, und lies diese Glaubenssätze ruhig und laut vor. Gibt es welche, die mehr Resonanz bei dir finden? Sprechen dich andere gar nicht an? Kommen dir noch weitere in den Sinn? Horche in dich hinein, und schreib auf, was du empfindest.

Der Glaubenssatz, der bei dir am meisten Resonanz findet:

Wie beeinflusst dieser Glaubenssatz dein digitales Nutzungsverhalten?

Welchen positiven Glaubenssatz kannst du entgegenstellen, der dir helfen kann, ein konstruktiveres Verhalten zu etablieren? Beispielsweise: »Meine Sensibilität hilft mir, das Schöne im Leben zu erkennen«, oder: »Ich vertraue den Menschen, und wenn sie mich enttäuschen, dann merke ich das früh genug. Und kann und darf mich wehren.«

Nimm dir vor, den neuen, positiven Glaubenssatz täglich zu wiederholen.

Jedem Verhalten gehen ein Gedanke und ein Gefühl voraus – in der Regel ein Drang. Das ist sowohl bei guten wie auch schlechten Gewohnheiten der Fall. Lernst du also, deine Gedanken und Gefühle just in dem kleinen Moment vor dem Ausführen deiner

Handlung zu beobachten, kannst du mit der Zeit besser feststellen, welche Bedürfnisse dein Verhalten initiieren. In diesem Sinne ist das Digitale nicht die Ursache aller Probleme, sondern eine Strategie, derer du dich bedienst, um dich zu regulieren. So kannst du auch dein *compulsive checking* deines Smartphones reduzieren. Versuche, Ruhe zu bewahren und dem Drang, nachzuschauen, ein paar Minuten zu widerstehen, bis er nachlässt. Frustrationstoleranz lässt sich also trainieren. Das ist körperlich zuerst unangenehm, du wirst mit der Zeit aber die Abstände vergrößern können und deinem System mehr Gelassenheit antrainieren. Weil du mit dem Abwarten den Reiz von der Reaktion entkoppelst. Das ist ungefähr das Gleiche, als wenn du immer sofort zur Schokolade greifst, wenn du Lust auf Süßes hast. Irgendwann wirst du es kaum aushalten, nichts Süßes zu essen, wenn du den Impuls dazu verspürst.

Beobachte genau. Und beginne dann mit der Zeit in einem zweiten Schritt zu akzeptieren, dass diese Impulse da sind. Unterdrücken wir Gedanken und Gefühle nämlich über längere Zeit, kann uns das krank machen.[151] Gefühle sind da, um gefühlt zu werden – und sind wichtige Boten, um dich selbst und andere besser zu verstehen. Es geht beim Veränderungsprozess also nicht darum, dass du nie wieder an dein Smartphone denken darfst oder dich nie wieder schlecht fühlen sollst, sondern darum, dass du das fühlst und denkst, was gerade ist, es dir auch erlaubst, daraus aber keine Handlung erfolgt.

Es ist wie mit der Emotionsregulation in einer Liebesbeziehung: Du kannst wütend auf deinen Partner sein, und es ist wichtig für deinen Prozess, die Wut zu akzeptieren und sie körperlich zu fühlen. Du kannst ihr einen Ausdruck geben, indem du beispielsweise darüber schreibst, malst, die Energie in Form von Sport rauslässt oder in ein Kissen boxt. Doch wir sind uns alle einig, dass es nicht okay wäre, deinen Partner zu schlagen, weil du wütend bist. Wir können also unsere Gedanken und Gefühle nicht kontrollieren, wir können aber lernen, sie zu akzeptieren – und sie fließen zu lassen als das, was sie sind: Gedanken und Gefühle. Therapieformen wie die Acceptance and Commitment Therapy arbeiten genau damit: Wir akzeptieren unsere inneren Impulse, handeln aber anders.[152] Nämlich so, wie wir uns das gegenüber uns selbst versprochen haben.

Interessierst du dich für das Thema Emotionsregulation, findest du im Internet zahlreiche Blogbeiträge und Therapierichtungen und Ansätze, die dir dabei helfen können, konstruktiver mit deinen Emotionen umzugehen. Denn Emotionen sind nicht per se gut oder schlecht, sie sind einfach da. Der konstante Hang dazu, alles positiv zu sehen und das Negative aus unserem Leben verbannen zu wollen, wird in der Psychologie als *toxic positivity* bezeichnet.[153] Diese »toxische Positivität« bringt dich nicht weiter. Im Gegenteil: Unterdrückte oder ignorierte Emotionen verschwinden nicht einfach. Sie bleiben in deinem Körper gespeichert. Was du nicht fühlen willst, drängt sich irgendwann umso heftiger in dein Bewusstsein.

Trotzdem kann der Versuch, dich von deinen Gefühlen abzulenken, erst mal als gesunde Reaktion deines Systems verstanden werden, weil du nicht ständig Gefühle und Gedanken verarbeiten kannst. Manchmal musst du diese Verarbeitung verschieben und zeitweise verdrängen können. Menschen, die ihre Emotionen adäquat verarbeiten und besonnen reagieren, statt impulsiv und explosiv, haben größere soziale Fähigkeiten. Sind aber Ablenkung und Verdrängung stets deine erste Wahl, um Unangenehmes nicht fühlen zu müssen, ist das kontraproduktiv und schädlich. Es ist also förderlich für deine Entwicklung, wenn du dich in regelmäßigen Abständen, sei das täglich, wöchentlich oder alle paar Monate, mit deinem Innenleben auseinandersetzt. Und dich auch mit deinen Impulsen vertraut machst, die dich in ein digital unachtsames Verhalten reinziehen.

Solltest du häufiger das Gefühl haben, von deinen Emotionen und von äußeren Einflüssen schnell überwältigt oder überfordert zu sein, und deshalb zu Vermeidungsverhalten neigen, könnte auch ein anderer Grund die Ursache dafür sein.

Bist du hochsensibel?

Nimmst du bei dir wahr, dass du sensibel auf Geräusche reagierst, schnell müde wirst oder dir oft alles zu viel wird, bist du vielleicht hochsensibel. Etwa 15 bis 20 Prozent der Bevölkerung bezeichnet sich in Umfragen als sensibler als andere.[154] Die Wissenschaftslage ist hier noch uneindeutig, weil das Thema Hochsensibilität lange Zeit stiefmütterlich behandelt wurde. So oder so: Das zentrale Nervensystem ist bei Betroffenen überdurchschnittlich differenziert (Neurosensitivität), was auch eine überdurchschnittliche Wahrnehmungsfähigkeit zur Folge hat. Hochsensible Menschen erleben also alles ein wenig intensiver. Es kann sein, dass du nach einem emotionalen Film noch eine halbe Stunde lang total von der Rolle bist und vielleicht auch weinen musst, weil dich die Geschichte so berührt, während andere einfach aufstehen, ihr Popcorn in den nächsten Mülleimer werfen und weiterleben. Oder du bist nach einer Zugfahrt so müde und reizüberflutet, dass du es kaum mehr aushältst, mit Menschen in Kontakt zu sein.

Hast du den Verdacht, hochsensibel zu sein, lohnt es sich,

dich näher mit dem Thema zu befassen. Ein erster Schritt kann ein Test im Internet sein oder sich auf spezialisierten Themenseiten zu informieren, beispielsweise auf https://www.zartbesaitet.net. Du kannst auch mit einem Arzt darüber sprechen, der sich mit Neurodiversität und Neurosensitivität auskennt. Weißt du mehr über das Thema, kannst du dich besser schützen. Und deinen Alltag reizärmer gestalten. Gerade für hochsensible Menschen ist das Thema der digitalen Balance besonders wichtig. Unser Gehirn ist bereits im normalen Zustand nicht darauf ausgelegt, so viele Eindrücke in so kurzer Zeit nachhaltig zu verarbeiten. Bist du aber hochsensibel, verarbeitest du digitale Reize noch intensiver als andere. Und bist früher überreizt und müde. Beobachte dich also im Alltag genau. Schau vor allem darauf, was dein Körper und deine Psyche brauchen, um runterzufahren. Und wie viel Digitalität dir im Alltag guttut.

Manchmal können wir aber noch sosehr mit beiden Beinen auf dem Boden stehen und Dutzende Selbsthilfebücher gelesen haben: Plötzlich packt uns die Angst, oder wir fallen so sehr in digitales Suchtverhalten hinein, dass wir keinen Ausweg mehr sehen. Ich kenne solche Momente gut. Oft entstehen sie aus einer Mischung von verschiedenen Auslösern. Vielleicht hatte ich zu wenig Schlaf, bin unterzuckert oder fühle mich aus irgendeinem Grund minderwertig, bei der Arbeit läuft es schlecht, oder ich hatte Streit mit meinem Partner. Dann braucht es nicht mehr viel, und das Fass läuft über. Anstatt dass ich mich zu etwas aufraffe, das mir guttut, falle ich in eine digitale Panikschleife, die den ganzen Tag andauert: Ich checke alle paar Minuten mein Handy, drücke irgendwelche Apps, schaue wahllos Videos und tigere in der Wohnung herum. Nervös und verunsichert und zugeballert mit Tausenden Social-Media-Eindrücken habe ich mit der Zeit immer stärker das Gefühl, dass ich mein Leben nicht im Griff habe.

So was kann vorkommen und ist, solange solche Tage nicht der Normalzustand sind, noch kein Grund zur Sorge. Und doch brauchen wir genau in solchen Momenten manchmal jemanden, der uns da wieder rauszieht. Uns auf andere Gedanken bringt. Oder uns schlicht einen Plan an die Hand gibt, den wir blind befolgen können. Ich habe dir deshalb nachfolgend ein paar Handlungen aufgeschrieben, die du befolgen kannst, wenn du das Licht am Ende des Tunnels gerade nicht siehst. Sie werden dir helfen, dein Nervensystem zu beruhigen, Abstand zum Smartphone zu gewinnen und dich wieder neu auszurichten, damit du deine Batterien auf eine nachhaltigere Art und Weise wieder aufladen kannst.

Tipps für den (digitalen) Notfall

Schalte dein Smartphone aus. Jetzt. Sofort. Auch wenn es nur zehn Minuten sind. Aber schalte es sofort komplett aus. Widme dich deinen Angst- und Stressgefühlen. Schreib all deine Gedanken und Gefühle auf – am besten handschriftlich. Diese Methode hat sich für das Gehirn als sehr gut bewiesen – denn dein Gehirn will sich alles behalten, um sicherzugehen, dass du das Problem nicht vergisst. Schreibst du alles auf, entlastest du dein System. Und kannst deine Gefühle und Gedanken besser verarbeiten. Atme in den Bauch hinein. Ich weiß, Loslassen macht Angst. Du musst nicht ganz loslassen. Nur einen Moment langsamer machen. Du kannst deinen Körper abklopfen, ihn schütteln oder ihn unter kaltes Wasser stellen. Das hilft, blockierte Energien freizusetzen. Geh aus dem Haus. Raus mit dir! An die frische Luft. Wenn du dich gleichzeitig bewegen kannst, umso besser. Auch wenn es nur zehn Minuten um den Block sind. Lüfte deinen Kopf. Lass alle Geräte dabei zu Hause.

Aktiviere ein Programm, das dir hilft, alle Seiten temporär zu blockieren, die dich aufwühlen. Beispielsweise SelfControl oder ColdTurkey. Setz den Timer auf mindestens zwei Stunden. Mach es einfach, auch wenn dir Gedanken kommen, dass das zu lange sei. Mach dich jetzt sofort an die Umsetzung einer Handlung. Egal, ob das eine Aufgabe bei der Arbeit ist oder die Wäsche aufhängen, leg einfach los. Das wird dich erden und dir das Gefühl geben, dass du etwas kannst und dein Leben im Griff hast. Packen dich soziale Ängste, ruf jemanden an oder schreibe, aber knüpfe diese Kontaktaufnahme an konkrete Begegnung. Verabrede dich physisch mit dieser Person, macht ein festes Datum aus. Mach aeroben Sport, der deine Energien freisetzt und dir nicht so viel Raum für Grübeleien gibt. Je anstrengender, desto besser: Dann ist dein System abgelenkt und kann neue Verbindungen knüpfen, statt im alten Alarmsystem zu verweilen. Übe eine Tätigkeit aus, die dich in den Flow-Zustand bringt – tanzen, musizieren, malen. Sind diese Tätigkeiten zu ruhig oder kommt dein Kopf damit nicht aus dem Grübeln raus, höre ganz laut Musik, und spüre deinen Körper – beispielsweise, indem du deinen ganzen Körper mit aller Kraft anspannst, die Anspannung so lange wie möglich hältst und dann loslässt.

Übe dich in Dankbarkeit, und lenke deinen Fokus bewusst auf das Positive. Zähle mindestens drei, idealerweise auch mehr

Dinge auf, für die du dankbar bist und die du real um dich herum siehst oder fühlst – von deinem Bett über deine Freunde hin zur Luft, die du atmest. Du kannst diese Dankbarkeit auch ausdehnen, indem du meditierst oder jemandem mit etwas eine Freude machst. Beispielsweise mit einem selbst gebackenen Kuchen. Werde dir klar darüber, dass das Gefühl von Überforderung eine reale Grundlage hat: Du hast wahrscheinlich in den letzten Tagen viele Dinge erledigt, warst vielleicht viel online und hast dich gepusht – das Rad der digitalen To-dos, Gedanken und Erledigungen drehte wohl ziemlich schnell. Finde deshalb zurück in die Langsamkeit und den Fokus: Nimm das Tempo raus, nimm dir für alle anstehenden Aufgaben doppelt so viel Zeit vor wie ursprünglich angedacht. Und schreib dir die *eine* Sache auf, die du *jetzt* angehst. Alles andere kann warten. Die Welt geht ohne dich nicht unter, auch wenn sich das manchmal so anfühlt. Konzentriere dich auf die einfachen Dinge, die dich erden, dich physisch die Welt spüren lassen und dein Nervensystem beruhigen. Das kann sein, ein Tierfell zu streicheln, mit einem Kind zu spielen, Essen zu kochen, ein Bad zu nehmen. Involviere deinen Körper, und bringe ihn in Kontakt mit dir selbst oder anderen Menschen, Tieren oder der Natur. Lenke deine Aufmerksamkeit bewusst auf reale Dinge und weg von deinen Panikgedanken, die gerade kreisen und nichts Nettes zu dir sagen.

Alles ist in Ordnung. Alles ist gut. Du hast dich bloß ein bisschen übernommen, und jetzt darfst du wieder runterfahren. Gib dir aktiv die Erlaubnis dazu, loslassen und dich erholen zu dürfen. Einfach mal nichts tun. Die Welt und das Internet können warten.

Die Macht von Charakterstärke und Temperament

Ich bin rastlos und neige dazu, auf Situationen mit Angst zu reagieren. Das liegt nicht nur an meiner Vergangenheit, sondern hat auch mit meinem Charakter und meinem Temperament zu tun. Wollen wir glücklich sein, geht es also nicht bloß darum, unser Leben zu verbessern, sondern es in eine Richtung zu lenken, die unserem Wesen entspricht. Es gibt kein richtiges Leben im falschen, sagte bereits Adorno. Dich so lieben zu lernen, wie du bist, mit all deinen Stärken und Schwächen, und dein Leben aktiv in eine Richtung zu lenken, die sich für dich richtig anfühlt, ist ein großer Bestandteil von Glück. Denn Zufriedenheit kommt auch mit der Gelassenheit, zu erkennen, was du ändern willst und kannst – und was nicht. Und stolz auf das sein zu dürfen, was du bereits mitbringst.

Das bedeutet nicht, dass du von jetzt an nichts mehr lernen und nichts an dir verbessern kannst. Viel eher kannst du aufgrund deiner Selbsterkenntnis deine Stärken so einsetzen, dass sie dich durch schwierige Zeiten führen, und dein Leben so einrichten, dass du nach deinem Naturell lebst – und nicht dagegen. Das spart wertvolle Energie, die du dann übrig hast für Dinge, die dir wirklich wichtig sind. Wir denken oft, wir müssten extrovertierter, sympathischer, klüger, dünner oder einfach gelassener sein, und beneiden die Person, die neben uns im Büro sitzt, die immer im richtigen Moment die Stimmung auflockert. Oder die Nachbarin, die mit einer Wahnsinnsdisziplin Sport macht und immer freundlich grüßt.

Natürlich zeigt sich deine Persönlichkeit auch im Digitalen. Bist du sehr sensibel und neigst dazu, Dinge ganz genau zu nehmen, kommst du vielleicht mit der Art und Weise, wie auf Twitter debattiert wird, noch schlechter klar als andere Menschen um dich herum. Andererseits erfreust du dich als introvertierter Mensch vielleicht an einer App, mit deren Hilfe du Pflanzen im Wald erforschen kannst, und hast gar keinen Impuls, immer allen gleich ein Foto zu schicken.

Und auch in puncto digitales Konsumverhalten gibt dir dein Typ interessante Einblicke in mögliche Suchttendenzen. Deine Persönlichkeit lässt nämlich Rückschlüsse zu, auf welche Apps und Funktionen du besonders offen reagierst – und demzufolge auch, welche dir besonders Spaß machen, welche dir besonders nützlich erscheinen, bei welchen du aber auch besonders gefährdet bist, in ein Suchtverhalten zu verfallen. Verschiedene Studien, die in den letzten Jahren zum Thema Smartphone-Nutzung und Persönlichkeit publiziert wurden, verweisen darauf, dass Menschen unterschiedlich auf die Chancen und Versuchungen von Apps reagieren.[155] Auch stellten Studien beispielsweise fest, dass sowohl die Persönlichkeitsdimension Extraversion als auch Neurotizismus mit digitalem Suchtverhalten zusammenhängen: Die Forschenden gehen davon aus, dass die Erregbarkeit extrovertierter Menschen niedriger ist als die von Introvertierten und diese deshalb eher nach Stimulation suchen. Neurotische Menschen hingegen zeigen teils starke emotionale Reaktionen auf Stimuli – und nutzen ihr Smartphone eher dazu, Stress und Besorgnis besser zu bewältigen.[156]

Kennst du deine Persönlichkeit, kannst du also besser reflektieren, welche »digitalen Fallen« auf dich lauern. Ein guter Startpunkt für deine Reise in die Welt der Persönlichkeitserforschung ist der DISG-Test.[157] Ich habe ihn zu einem Zeitpunkt gemacht, als ich mich bei der Arbeit innerhalb meines Teams ausgeschlossen und unverstanden fühlte. Ich stellte fest, dass ich anders tickte als der Rest der Gruppe: Ich wollte häufiger reden, Späße

und öfter mal Pause machen, hatte keine Lust, mich in Dossierarbeiten zu vertiefen. Ich hatte zwar großen Spaß an meiner Arbeit, fühlte mich aber immer ein bisschen neben der Spur. Und den anderen einfach auch ein bisschen lästig. Umgekehrt konnte ich nicht verstehen, wie alle so viele Stunden am Stück still in ihren Bürostühlen sitzen und sich über Papierberge bücken konnten, beim Mittagessen aber keinen Ton über ihr Privatleben sagten. Lange dachte ich, ich sei einfach falsch, bis ein Freund mir dann diesen Test empfahl, um mich und auch die anderen im Team besser zu verstehen.

Der DISG-Persönlichkeitstest basiert auf einer Typologie von William Moulton Marston aus dem Jahr 1928 und teilt Menschen in vier Grundtendenzen auf: Der dominante Persönlichkeitsstil etwa mag Herausforderungen und schnelle Ergebnisse. Dominante Persönlichkeiten können andere gut motivieren und übernehmen gerne Verantwortung. Der initiative Persönlichkeitsstil arbeitet gerne in Teams und teilt seine Ideen am liebsten mit anderen. Die Person ist sehr offen und wirkt auf andere charmant. Stetige Menschen sind sehr hilfsbereit und wirken gerne im Hintergrund. Sie mögen Kooperationen und lange loyale Geschäftsbeziehungen. Gewissenhafte Menschen haben eine Vorliebe für Zahlen, Daten und Fakten. Man erkennt sie an ihrer diplomatischen Art und ihrem Hunger nach Wissen.

Den Tendenzen werden Farben zugeordnet. Dabei steht Rot für dominant, Gelb für initiativ, Grün für stetig und Blau für gewissenhaft. Die meisten Menschen sind Mischtypen. Ich beispielsweise bin eine Mischung aus Rot und Gelb, mit der höchsten Punktzahl bei Gelb. Und habe durch diesen Test schätzen gelernt, dass ich als extravertierte, sehr kontaktfreudige und redselige Person Pausen unter anderem dazu nutze, mit Menschen in Kontakt zu kommen und neue Ideen zu spinnen. Was in dem einen Kontext ein Makel ist, ist in einem anderen Kontext Gold wert. Den DISG-Persönlichkeitstest kannst du beispielsweise hier gratis machen: https://www.disg-schnelltest.de/.

Mein DISG-Typ schlägt sich nicht nur in meinem analogen, sondern auch in meinem digitalen Leben nieder. Ich hatte, obwohl ich Journalistin bin, nie eine große Affinität für News und Schlagzeilen, habe aber umgekehrt große Schwierigkeiten, mich von Social-Media-Apps und WhatsApp fernzuhalten. Weil ich gerne konstant kommuniziere, über meine Erlebnisse sprechen will und kreativ bin – was auch bedeutet, dass ich gerne schöne Bilder anschaue und anfällig bin für Lob und soziale Anerkennung durch andere – beispielsweise auf Instagram. Meine Suchtanfälligkeit ist also nicht grundsätzlich auf mein Smartphone bezogen, sondern auf spezifische Nutzungsbereiche. Mir das klarzumachen, hat mir geholfen, mich und mein Nutzungsverhalten ein Stück besser zu verstehen. Und mich rechtzeitig an die Zügel zu nehmen, damit ich beispielsweise genug Energie und Fokus aufbringe, um dieses Buch zu schreiben – was mir als gelber Typ schwerer fällt als anderen Typen.

Das Digital Wellness Institute in New York hat die vier Archetypen dem digitalen Nutzungsverhalten zugeordnet und eine Tabelle zusammengestellt, die ich hier gerne wiedergebe.[158]

	Rot	**Gelb**	**Grün**	**Blau**
Tech-Versuchungen	E-Mail, To-do-Listen	Social-Media-Apps	Telefon, Chat, Text	Aktien, News, Infos
Stärken	Fokus, Aufgabenmanagement, delegieren können	Begeisterungsfähigkeit, Engagement	Große soziale Unterstützungsfähigkeit	Analyse
Schwächen	Zoom-Fatigue, E-Mail-Burnout	FOMO (Fear Of Missing Out), Fokus	Dinge ins Endlose bereden wollen (bspw. in Onlinemeetings)	Einsamkeit, News-Sucht

Vielleicht telefonierst du lieber als dein Partner, fühlst dich von Mails viel schneller gestresst oder schüttelst den Kopf darüber, dass deine Kolleginnen immer die neusten Klatschnachrichten nachschauen müssen. Weißt du, wie du tickst, kannst du bewusster mit einigen der Tools und Funktionen von Smartphone und Co umgehen. Und besser einordnen, warum du anders auf gewisse digitale Reize reagierst als dein Partner oder deine Familie.

Versuche, öfter einzusetzen, was du gut kannst, statt das im Fokus zu haben, was du nicht kannst. Denn die Positive Psychologie zeigt klar: Wer nach seinen Stärken lebt, ist glücklicher, fühlt sich verbundener und ist auch ruhiger und gelassener. Weil es dich automatisch entspannt, wenn du deine Stärken für dich und andere einsetzen kannst. Der Begründer der Positiven Psychologie, Martin Seligman, forscht seit Jahrzehnten zum Thema Stärken und Werte und wie sich deine Tugenden auf dein Leben auswirken. Er hat zusammen mit seinem Team den Values in Action-Inventory of Strength-Fragebogen – kurz VIA-IS – erarbeitet, der aus 240 Fragen besteht.[159] Im Kern geht Seligman davon aus, dass wir Menschen 24 Werte besitzen, also psychologische Stärken. Das können Werte sein wie Tapferkeit, Fairness oder Freundlichkeit. Diese Stärken wiederum bündeln Seligman und sein Team in sechs Hauptkategorien, also Tugenden. Tugenden sind beispielsweise Mut, Gerechtigkeit oder Transzendenz. Klingt erst mal kompliziert, ist aber eigentlich ganz einfach, denn: Kennst du deine Stärken, kannst du sie bewusster einsetzen. Und dir auch eher verzeihen, wenn du irgendwo mal nicht so reagierst, wie du es gerne hättest.

Ich habe den Test von Seligman, den du online gratis unter http://www.charakterstaerken.org machen kannst, vor ein paar Jahren ausgefüllt. Bei mir kam beispielsweise raus, dass ich Ehrlichkeit als Topstärke habe, sich also vieles in meinem Leben um diesen Wert dreht. Kein Wunder, dass ich Journalismus studiert habe! Auch interessant: Sinn für Ästhetik und Exzellenz sind in meinen Top 5. Was erklärt, warum es mir immer so wichtig war, in einer schönen Umgebung mit gutem Kaffee zu arbeiten, oder ich immer totalen Stress hatte, wenn ich in einem Zimmer mit schlechter Beleuchtung schlafen oder eine hässliche Regenjacke tragen musste. Was für andere Menschen total oberflächlich klingt, weil sie andere Stärken weiter oben in ihrer Rangliste haben, wie beispielsweise Flexibilität oder Ausdauer, ist für mich ein ernst zu nehmender Faktor und hat Einfluss auf mein Glücksempfinden. Nicht nur leide ich stärker in einer Umgebung, die meine Werte nicht priorisiert, sondern umgekehrt heißt das auch, dass ich stark darin bin, schöne Designs auszusuchen, bei einer Geburtstagsparty alle mit Blumendeko beglücke oder mit meiner Ehrlichkeit Dinge ansprechen kann, vor denen sich andere fürchten.

Deine Stärken zu kennen wird dir nicht bloß helfen, selbst zufriedener zu werden, sondern auch, andere besser zu verstehen: Denn wir vereinen alle die gleichen Stärken und Tugenden in uns. Wir gewichten sie einfach anders.[160] Zahlreiche Studien haben in den letzten Jahren belegt, dass sich der Einsatz von Stärken im Alltag lohnt. Unter anderem waren die Zufriedenheitswerte von Teilnehmenden, die ihre Stärken einsetzten, noch Monate nach Studienabschluss erhöht – und depressive Symptome kleiner.[161] Deine Stärken kannst du auch daran erkennen, dass es dir leichtfällt, eine bestimmte Stärke anzuwenden, dass du dabei intrinsisch, also aus dir selbst heraus, motiviert bist und dass du die Stärke als dir zugehörig empfindest, du also findest: Ja, genau, so bin ich!

Wenn du aber zum Schluss kommst, dass du gewisse Stärken und Tugenden, die bei dir nicht so ausgeprägt sind, trainieren möchtest, wie beispielsweise mehr Ausdauer zu entwickeln oder trotz Stress freundlicher zu sein, habe ich auch hier gute Nachrichten für dich: Das geht. Je öfter du neues Verhalten übst, das diese Stärken beinhaltet, desto eher wird dieses Verhalten irgendwann zu einem Teil deiner Persönlichkeit.[162]

Den Stärken-Test kannst du wie bereits erwähnt hier gratis machen: http://www.charakterstaerken.org. Gehe nach Abschluss des Tests einmal in dich, und frage dich:

Wie und wann zeigen sich diese Stärken in deinem Leben?

Wie kannst du diese Stärken öfter ausleben?

Inwiefern kannst du diese Stärken auch in puncto digitaler Balance anwenden?

Hast du beispielsweise Kreativität und Freundlichkeit als Stärken, könntest du dir verschiedene Wege überlegen, wie du im analogen und digitalen Raum genau diese Stärken ausleben kannst. Indem du einem Freund hilfst, seine Webseite schöner zu gestalten, oder online dazu aufrufst, dein Viertel mit Frühlings-Guerilla-Pflanzaktionen zu beleben.

Du hast nun dein Temperament erforscht, hast dich stärker mit dem Hier und Jetzt verbunden, dir Gedanken zu einem achtsamen Umgang mit Social Media gemacht und deine Stärken kennengelernt. Im nächsten Kapitel geht es darum, wie du deinen eigenen Bindungsstil kennenlernen, konstruktiv streiten und achtsam daten kannst.

5. Liebe leidenschaftlich und sicher

Am schlimmsten ist's, wenn alles läuft. Wenn wir einen schönen Tag hatten und wandern waren und dann plötzlich die Sonne kommt und wir auf einem großen Stein sitzen und uns eine Wurst teilen und ins Tal runterschauen und uns an der Hand halten. Wenn wir endlich mal wieder Zeit füreinander haben, uns nahekommen, ich mich verstanden fühle. Wir verabschieden uns dann an einem Bahnhof, und das Wochenende ist vorbei, ich fahre nach Hause und bin im Grunde ganz erfüllt von uns, und für eine kurze Zeit ist mein System ganz ruhig und sicher. Irgendwann koche ich mir was und denke an den Menschen und schicke ein Foto von meinem Rührei und schreibe, wie schön der Tag war und dass ich das alles schon vermisse. Und dann kommt: nichts.

Es kommt nichts, weil du gerade fernsiehst. Oder deine Wäsche zusammenfaltest. Es kommt nichts, weil du vielleicht noch joggen bist oder schon eingeschlafen. Es kommt nichts, weil du vielleicht arbeitest oder noch was trinken bist, mit einem Freund, spontan, und mir davon nichts erzählt hast. Vielleicht hast du auch beschlossen, mich nicht mehr zu lieben und dich zu trennen und dich nie wieder bei mir zu melden, solche Dinge passieren. Der vernünftige Teil in mir findet diese letzte Option sehr gewagt und unwahrscheinlich und auch ein bisschen lächerlich und an den Haaren herbeigezogen. Weil du doch gar nicht der Typ für so was bist. Aber wer ist das schon?

Nun, es ist zu spät. Zu spät für rationales Verhalten. Zu spät für Wahrscheinlichkeitsrechnungen und entspannte Abende alleine in der Badewanne, in Sicherheit im Schaum liegend, zufrieden mit mir selbst. Es ist zu spät für ein zufriedenes Leben, weil er sich nicht mehr gemeldet hat, ein paar Minuten, ein paar Stunden schon. Und deshalb habe ich kurz aufgegeben, eine erwachsene unabhängige Frau zu sein, die ein Leben hat, und damit angefangen, sinnlos in der Wohnung umherzuirren und alle paar Minuten das Smartphone in die Hand zu nehmen und nachzuschauen, ob eine Nachricht von ihm gekommen ist.

Warum wir zum Smartphone greifen, wenn wir verliebt sind

Ich habe mich über viele Jahre gewundert, warum ich so stark auf Nachrichten reagiere. Beziehungsweise, wie sehr es mich emotional runterzieht und gedanklich beschäftigt, wenn sie mal ausbleiben. Vor allem dann, wenn ich gerade jemanden kennengelernt hatte. Oder wenn ich in einer langjährigen Beziehung war, wir Streit hatten und die Sache nicht geklärt war. Als wäre ich ein verwirrtes Tier, habe ich teilweise Stunden damit verbracht, den Chat anzuschauen. Mich wie eine Irre daran zu klammern, ob er online geht. Ob da oben in Grau steht: »schreibt…«.

Weil mir das ein Gefühl der Kontrolle suggerierte, die im Grunde aber gar keine ist. Im Gegenteil. Die digitale Kommunikation überdeckt manchmal nur erfolgreich, dass wir uns ausgeliefert fühlen. Der andere weit weg ist und in der Lage, jede Art von Kommunikation zu stoppen, wann auch immer er oder sie will. Der andere legt einfach das Handy weg, und wir, wir warten. Bangen. Hoffen. Das Gehirn ist Brei. Ich will gar nicht zusammenzählen, wie viele Stunden meines Lebens ich deshalb nicht in der Lage war, zu arbeiten. Mich auf das zu fokussieren, was in diesem Moment wichtig für mich gewesen wäre. Ich bin bloß geflutet von Angst. Und statt dann mal in mich zu gehen, in den Bauch zu atmen und spazieren zu gehen, drücke ich sinnlos auf irgendwelchen Geräten rum und scrolle mich durchs Internet.

Wenn wir immerzu kommunizieren können, bedeutet Nicht-Kommunikation eine ganze Menge. Plötzlich interpretieren wir in eine Stunde ohne Antwort die ganz großen Fragen hinein: Werden wir uns wiedersehen? Liebt er mich? Bleiben wir zusammen? Kriegen wir keine Antwort, bleiben wir so lange auf dem Sofa liegen und starren in einen Screen, bis wir aus irgendeiner digitalen Blase heraus irgendein Signal bekommen, das unseren Selbstwert zumindest für ein paar Minuten stabilisiert. Was mir lange nicht klar war: Dieses nervöse Tanzen um die Anerkennung des anderen ist nichts anderes als Angst. Angst, weil mein Bindungssystem aktiviert wurde, das dafür sorgen soll, dass ich den Kontakt zum Gegenüber nicht verliere oder nicht verletzt werde.

Das Gehirn steuert von uns weitgehend unbemerkt so ziemlich alles, was uns ausmacht. Unsere Gedanken, unsere Gefühle, unsere Bewegungen. Alles ist so angelegt, dass wir überleben. Unser Gehirn schlägt deshalb rasch Alarm, wenn wir unterbewusst glauben, dass irgendetwas nicht mehr in Ordnung ist. Dabei ist egal, wie »real« diese Gefahr tatsächlich ist. Deshalb kann uns ein einziger Gedanke Todesangst machen, obwohl da in Wirklichkeit keine Gefahr lauert. Unser Gehirn funktioniert mit neuronalen Verknüpfungen, die sich bilden, wenn wir etwas wiederholt denken, fühlen und tun. Je öfter wir also einen Gedanken haben, desto schneller feuern die Neuronen – und desto schneller haben wir ihn wieder.

Vieles, wovor wir unbewusst und bewusst Angst haben, ist in irgendeiner, meist sehr abgeschwächten, Form schon mal passiert. Beispielsweise kann es sein, dass deine Mutter mal vergessen hat, dich vom Kindergarten abzuholen. Und du als kleines Kind dachtest, du seist nun für immer alleine. Als Kind hat sich diese Situation für dich lebensbedrohlich angefühlt. Heute, als erwachsener Mensch, wäre sie das nicht mehr. Und doch kann es sein, dass du von Wut und Angst geflutet wirst, wenn du mit deinem Partner Abendessen gehen wolltest und er sich um eine Viertelstunde verspätet. Weil dein Gehirn die Erinnerung und das Gefühl wieder hervorholt, ohne es an die aktuelle Realität anzupassen.

Dabei ist nicht so wichtig, wie objektiv schlimm deine Erlebnisse als Kind waren. Damit möchte ich traumatische Ereignisse nicht kleinreden, sondern dich ermutigen, dass du auch unsicher und bedürftig sein kannst, wenn du jetzt vielleicht denkst: Ach, anderen ist viel Schlimmeres passiert, ich hatte eine tolle Kindheit! Vielleicht bist du sicher gebunden und hast keine Mühe, dich zwischen Nähe und Autonomie hin- und herzubewegen. Doch auch wenn du nicht von deinen Eltern verlassen wurdest oder keinerlei Erfahrung mit dem Tod gemacht hast, kann es doch sein, dass du auf Basis weniger einschneidender Situationen trotzdem Verlustangst entwickelt hast. Und deshalb nervös wirst, wenn du dich nicht mehr ganz sicher fühlst.

Genau das passiert, wenn wir uns melden, und es kommt nichts zurück. Zuerst denken wir, dass das nichts zu bedeuten hat. Je nachdem, wie schnell aber eine Antwort normalerweise erfolgt, geraten wir entsprechend rasch in einen Zustand der

Unsicherheit. Konkret heißt das: Kommst du unterbewusst zu dem Schluss, dass deine Bindung zum Gegenüber aus irgendwelchen Gründen nicht mehr sicher ist, versuchst du, gegenzusteuern. Etwa, wenn diese Person auf eine Nachricht von dir nicht sofort antwortet oder auf Instagram ein Bild einer Kollegin likt. Dein System versteht diese Handlungen als Gefahr. Unabhängig davon, ob der Like im Internet wirklich etwas zu bedeuten hat. Die Angst, die du empfindest, ist meist losgelöst von der realen Einschätzung der Situation.

Was dann normalerweise passiert: Entweder du aktivierst dein Bindungssystem und versuchst beispielsweise, durch nochmaliges Schreiben oder Anrufen oder ein romantisches Date wieder mehr Nähe herzustellen. Oder du deaktivierst dein Bindungssystem, indem du dich beispielsweise emotional von der anderen Person entfernst, sie angreifst, schmollst oder bewusst lange nicht zurückschreibst, wenn er oder sie sich schließlich meldet.[163] Je nachdem, welcher Bindungstyp du bist, reagierst du also mit Distanz oder mit Klammern.

Dein Bindungsstil

Wer liebt, wer datet und wer das in digitalen Zeiten tut, der ist ein ganzes Stück weiter, wenn er weiß, welcher Bindungstyp er ist und welche »Fallen« deshalb lauern. Wann du also Angst bekommst und warum. Und welche Mechanismen uns immer wieder in die Arme der falschen Person treiben. Das ist nämlich keine Lotterie, sondern passiert mit fast schon mathematischer Genauigkeit. Kennst du also sozusagen deinen »Liebescode«, mit dem du dich an den anderen bindest, dann verstehst du auch, was dich anzieht – und was dir schadet. So kannst du dein Liebesleben gesünder und sicherer gestalten – offline und online.

Falls du unsicher gebunden bist und in Liebesthemen bis jetzt gegen die eine oder andere Wand gelaufen bist: Das passiert den Besten. Gerade das Wissen darum kann dir helfen und dich stärken, in Liebesdingen in Zukunft bessere Entscheidungen zu treffen und deine Beziehungen glücklicher zu gestalten.

In der Psychologie unterscheidet man zuallererst zwischen sicher und unsicher gebundenen Menschen.[164] Innerhalb der unsicheren Bindung gibt es dann verschiedene Tendenzen: Entweder, du wurdest in deiner Autonomie verletzt und bist deshalb eher abweisend und auf Freiheit aus, oder du bist ängstlich und eher anhänglich, weil du die Erfahrung gemacht hast, dass du verlassen wirst. Alle unsicheren Bindungsstile haben eine Störung ihrer Sicherheits-Autonomie-Bestrebungen erfahren, wohingegen der sichere Bindungstyp gut zwischen den beiden Polen pendeln kann und sich deshalb weder rasch bedroht und eingeengt noch rasch verlassen fühlt.

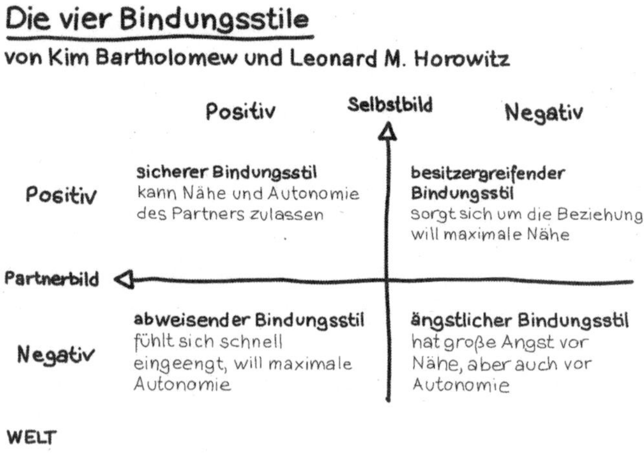

Bist du ängstlich gebunden, bist du meist fürsorglich, interessiert, aufopfernd. Du konzentrierst dich gerne auf die Bedürfnisse des anderen und kannst deine eigenen vernachlässigen. Du bist freundlich, zugewandt und großzügig. Doch du brauchst sehr viel Bestätigung, tendierst dazu, ständig Zeit mit deinem Partner verbringen zu wollen, und kannst sehr anhänglich sein. Gerätst du an einen vermeidenden Partner, kann es passieren, dass sich eine ungesunde Dynamik entwickelt: Er entzieht sich, du leidest und klammerst. Ein Teufelskreis. Du wünschst dir oft Nähe und Bestätigung und bekommst Angst, wenn der andere sie dir nicht klar und deutlich zeigt. Deine Bedürfnisse nach Abstimmung und Beständigkeit wurden in deiner Kindheit wahrscheinlich nicht erfüllt. Deshalb hast du Angst, verlassen oder abgelehnt zu werden. Und gerätst in Panik, wenn Distanz entsteht. Auch, weil du diese Distanz negativ interpretierst. Für dich ist es besonders wichtig, dich sicher und geborgen zu fühlen.

Vermeidende oder Abweisende hingegen wirken auf den ersten Blick wie große Abenteurerinnen. Du bist unabhängig, geistreich und kannst gut alleine sein. Du präsentierst dich als gelassen und selbstbewusst und wirkst oft sicher gebunden. Doch insgeheim setzt du Intimität und Beziehungen mit einem Verlust deiner Unabhängigkeit gleich. Du brauchst viel Raum und sprichst nicht gerne über Gefühle. Und scheust Verbindlichkeit wie der Teufel das Weihwasser. Mit großer Wahrscheinlichkeit hast du in deiner Kindheit nicht die emotionale Aufmerksamkeit bekommen, die du brauchtest, und musstest lernen, dich selbst zu beruhigen. Wenn ein Date zu früh zu viel Interesse oder Zuneigung ausdrückt, kannst du dich überfordert fühlen und zurückziehen. Wird die Beziehung enger und taucht eine

Perspektive am Horizont auf, beispielsweise Zusammenziehen oder Kinder, meldet sich spätestens dann dein Vermeidungsverhalten.

Hast du hingegen einen desorganisierten Bindungsstil, der auch ängstlich-abweisend genannt wird, bist du sowohl vermeidend als auch ängstlich. Dieser Bindungsstil ist besonders komplex, weil er von einem großen Misstrauen gegenüber dem Partner geprägt ist. Desorganisierte Bindungstypen hatten oft chaotische Zustände zu Hause, wurden als Kind emotional vernachlässigt oder physisch oder sexuell missbraucht. Auf der einen Seite haben sie die Bezugsperson als emotional zugänglich und liebevoll erlebt, gleichzeitig ging von der Bezugsperson auch eine Gefahr oder emotionale Unsicherheit aus. Es kann beispielsweise auch sein, dass die Mutter oft zwischen Nähe und Distanz wechselte und emotional instabil war. Das Kind lernt, dass es seinen Gefühlen nicht trauen kann. Es kann sich schlecht selbst beruhigen. Im Erwachsenenalter wünschst du dir sehnlichst Nähe, von dieser Nähe geht aber auch Gefahr aus. Von außen wirkt das alles wie ein ständiger Tanz um Nähe und Distanz, ein *hot and cold.* Dabei empfindest du Beziehungen als anstrengend, weil sie mit großer innerer Anspannung einhergehen. Am wohlsten fühlst du dich mit einem Partner, der dir emotionale Unterstützung, Stabilität und bedingungslose Akzeptanz bieten kann.

Der sichere Bindungsstil hingegen zeichnet sich durch eine positive Sichtweise auf das Selbst und das Gegenüber aus. Die Person kann Nähe zulassen und empfindet die Partnerschaft als emotional unterstützend. Sicher gebundene Menschen haben eine gute Balance zwischen Nähe und Distanz, spielen keine

Spiele und sind verlässlich. Sie sind emotional zugänglich, ehrlich und kommunizieren klar und nachvollziehbar. Sie können Intimität zulassen und die Beziehung positiv gestalten. Weil sie aber sicher gebunden sind, wirken sie für viele unsichere Bindungstypen auf den ersten Blick nicht abenteuerlich oder dramatisch genug. Dabei bieten sie die beste Ausgangslage, um einen sicheren Bindungsstil zu etablieren.

Du findest im Netz viele Adressen, mit denen du eine erste, grobe Einschätzung deines Bindungsstils erhältst. Es lohnt sich aber, sich vertieft mit dem Thema auseinanderzusetzen – denn dein Bindungsstil prägt dein ganzes Leben. Nicht nur deine Partnerschaft, sondern in Bezug auf alle deine Beziehungen.

Die deutsche Psychotherapeutin und Bestsellerautorin Stefanie Stahl setzt sich seit Jahrzehnten mit dem Thema Bindungsangst und den verschiedenen Bindungsstilen auseinander und hat dazu einige Bücher geschrieben.[165] Sie sind ein guter Start in deine Recherche zum Thema Bindung und Beziehung. Ein Buch, das ich sehr empfehlen kann, ist *Attached* von dem Neurowissenschaftler Amir Levine und der Psychologin Rachel Heller.[166] Beachte allerdings: Der vierte, desorganisierte Bindungsstil ist in vielen Ratgebern kaum vertreten. Weil er selten vorkommt. Und weil er davon zeugt, dass deine Kindheit von starken Turbulenzen oder sogar Missbrauch geprägt war. Stellst du fest, dass du immer wieder zwischen Nähe und Distanz hin- und herschwankst, oft große Schwierigkeiten hast, dich zu regulieren, und von einem tiefen Misstrauen gegenüber anderen Menschen geprägt bist, lohnt es sich erst recht, dich näher mit diesem Bindungsstil auseinanderzusetzen und professionelle Hilfe in Anspruch zu nehmen.

Wenn ängstlich auf vermeidend trifft

Vielleicht kennst du das: Du bist Feuer und Flamme für jemanden, doch diese Person mag sich irgendwie nicht so recht binden. Und je stärker sie Abstand von dir nimmt, desto intensiver sind deine Gefühle – und desto mehr rennst du deinem Geliebten hinterher. Nicht nur, dass du versuchst, der Person zu gefallen, dich nach ihr zu richten und die große Leidenschaft zu wittern, du klebst auch am Smartphone, als würde dieses Ding über dein Glück oder Unglück entscheiden. Du bist regelrecht süchtig danach, Nachrichten von der Person zu erhalten. Und kannst dich kaum auf etwas anderes konzentrieren, bleiben sie mal aus. Was sich für dich auf den ersten Blick wie echtes Verliebtsein anfühlt, ist eigentlich Angst. Denn deine Schmetterlinge im Bauch sind Angsthormone. Weil dein Date dein Bindungssystem aktiviert. Und du gelernt hast: Läuft der andere weg, muss ich hinterher, um ihn nicht zu verlieren. Solange dein Bindungssystem jedoch aktiviert ist, wird es dir sehr schwerfallen, dich auf etwas anderes als die Beziehung zu konzentrieren. Das bedeutet auch, dass es dich übermäßig beschäftigen kann, wenn deine Chefin dir per Mail kein Feedback gibt, deine Tante dich emotional abstraft oder deine Freundin sich lange nicht meldet, obwohl ihr euch sonst regelmäßiger hört. Oder eben deine Flamme sich rarmacht. Weil Gefühle und Bindung im evolutiv älteren Teil des Gehirns liegen – und die Motivation und Willenskontrolle im vorderen, evolutiv jüngeren Teil des Gehirns. Und: Alt schlägt Neu. Das Gehirn bearbeitet immer zuerst die »Notfall-Emotionen«, weil diese uns evolutiv gerettet haben: Wenn ein Tiger kommt, ist es für dich lebensrettend, von Angst geflutet und, ohne groß nachzudenken, wegzurennen, statt mit deinem »vernünftigen« Teil des Gehirns zuerst mögliche Lösungen abzuwägen. Deshalb brechen Emotionen, wenn du viel Stress hast, auch einfach aus dir hervor.

Oft ist es tatsächlich der Mann, der wegrennt oder mauert, und die Frau, die klammert. Weil überdurchschnittlich viele Männer vermeidend und überdurchschnittlich viele Frauen ängstlich gebunden sind.[167] Viele ängstliche Bindungstypen rennen dann den vermeidenden hinterher, weil sie glauben, die große Liebe gefunden zu haben, lassen die stabilen, gesunden Partner aber links liegen, weil sie ihnen auf den ersten Blick zu langweilig erscheinen. Dein Körper aktiviert die »Schmetterlinge« nicht, weil der andere keine Verlustangst in dir auslöst. Was du im ersten Moment von deiner Seite aus als mangelndes Interesse interpretierst, könnte sich zu einer glücklichen, sicheren Bindung entwickeln. Gib der Sache also, fühlst du dich mit dem anderen wohl und geborgen, eine Chance. Ein sicherer Partner an deiner Seite kann dich dabei unterstützen, deine Bindungsangst zu überwinden, und dir vorleben, dass du lieben kannst, ohne dich zu verlieren. Halte also die Augen offen beim Dating, deute die Signale richtig. Werde dir klar darüber, dass deine Begeisterung vielleicht einfach daher rührt, dass der andere vermeidend ist – und so viel attraktiver erscheint, als er in einer festen Bindung vielleicht wäre.

Mindful Dating

Das Wissen über die verschiedenen Bindungsstile im Hinterkopf zu haben, schadet auch nicht, wenn du dich online auf die Suche nach der richtigen Person für dich machst. Lernst du jemanden beispielsweise über Tinder kennen, kannst du schon vor dem ersten Treffen ein paar Dinge in puncto Bindungsstil abklären. Weil bereits die Art und Weise, wie jemand kommuniziert, viel darüber aussagt, wie diese Person tickt. Date achtsam. Spüre in dich hinein, wie du dich mit dem Onlinedating und der großen Auswahl fühlst. Ob dich das Onlinedating eher anregt oder dich eher lähmt. Vielleicht kennst du das: Du swipest den ganzen Tag, und wenn es darum gehen würde, die Leute zu treffen, hast du irgendwie doch keinen Bock mehr. Wer dir auf den ersten Blick gut erschien, erscheint dir plötzlich gar nicht mehr so attraktiv. Oder du sitzt dann da, während des Dates, und fragst dich, ob eine andere Wahl nicht die bessere gewesen wäre. In der Psychologie nennt man dieses Phänomen das *Paradox of Choice*, das im Grunde die »Qual der Wahl« beschreibt: Je mehr Auswahl wir haben, desto weniger überzeugt uns, was wir auswählen. Das ist vor dem Pasta-Regal genau das Gleiche wie beim Aussuchen eines Netflix-Films. Oder eben bei der Wahl unseres Partners. Hast du weniger Auswahl, bist du mit deiner Wahl automatisch zufriedener.[168]

Das Digitale ist auch manchmal ein Segen, weil das Internet unseren Horizont erweitert. Wir erfahren von neuen Beziehungsformen, wir können Menschen kennenlernen, zu denen wir wirklich passen, die aber Tausende Kilometer weit weg wohnen. Wir finden auch digital *The perfect Match*. Viele von uns können im Internet sogar zu größerer Intimität gelangen. Weil wir Dinge preisgeben, die wir sonst eher zurückhalten würden – aus Scham. Das Gegenüber sieht nicht, wie lange wir nachdenken, ob wir erröten, wie wir leben, wovor wir uns fürchten. Das kann dazu führen, dass wir uns leichter öffnen. Sei möglichst transparent in Bezug auf deine Erwartungen und darauf, was du selbst geben kannst und willst. Spiele mit offenen Karten. Sei authentisch und offen, aber überlege dir auch, wie viel du preisgibst. Wir sind am Ende alle Menschen mit Vergangenheit, Gefühlen und Hoffnungen. Behandle jeden auch im Internet so, wie du ihn in einer Bar behandeln würdest.

Überlege dir, welche digitalen Dating-Regeln für dich gelten. Wann und ob du jemanden persönlich treffen willst. Und wie du das kommunizierst. Versuche, das Gegenüber nicht zu ghosten. Ja, manchmal ist es anstrengend, sich aus einer Sache wieder ehrlich zu verabschieden, aber so viel Mut und Anstand würdest du doch umgekehrt auch einfordern, oder nicht? Stellst du fest, dass du dazu tendierst, öfter mal abzubrechen, zu ghosten oder wortlos abzuhauen, checke nochmals deinen Bindungsstil und arbeite an deinen Grenzen. Such dir die für dich geeignete Plattform. Du hast heute sehr viele Möglichkeiten. Und es muss nicht immer Tinder oder Parship sein. Du kannst auch einfach in ein Onlineforum deiner Stadt schreiben oder auf analog setzen.

Online wirst du nie die ganze Person erfassen. Das kannst du in einer Bar auch nicht, doch wir erfassen Situationen und Menschen oft intuitiv und über Mikroexpressionen im Gesicht. Und mit unseren fünf Sinnen. Online ist das alles ausgeschaltet, und du kannst nicht abchecken, ob du die Person riechen kannst oder ob ihre Präsenz dich eher beruhigt oder dir ein schlechtes Bauchgefühl gibt. Zögere ein echtes Kennenlernen im analogen Raum deshalb nicht über Wochen und Monate hinaus, wenn das nicht unbedingt nötig ist. Du ersparst dir damit nicht nur Lebenszeit, sondern auch die eine oder andere Enttäuschung. Denn Beziehungen müssen im echten Leben funktionieren, auf allen Ebenen. Und nicht bloß übers Chatten. Allzu oft sind wir mittlerweile so sehr damit beschäftigt, Menschen zu scannen wie eine Packung Milch an der Self-Check-out-Kasse, dass für echte Begegnung kaum mehr Raum ist. Das Leben hat seine eigenen Regeln. Und manchmal findet dich die Liebe an Orten, die du nie für möglich gehalten hättest.

Frage dich:

Wie und wo möchtest du Menschen kennenlernen?

Welche Art von Onlinedating, welche Plattformen sprechen dich an?

Was möchtest du online über dich preisgeben, und welche Werte sind dir an einem Gegenüber und im digitalen und analogen Umgang miteinander wichtig?

Wann schreibst du jemanden an und mit welchem Ziel?

Ein sicherer Partner ist die beste Wahl

Natürlich werden wir in jeder Beziehung unglückliche Zeiten oder Probleme haben. Das ist ganz normal. An Schwierigkeiten und Meinungsverschiedenheiten wachsen wir auch, insofern sind Auseinandersetzungen nicht per se schlimm. Es gibt aber einen großen Unterschied zwischen einer grundsätzlich gesunden, stabilen Partnerschaft, die mal aus dem Lot gerät, und einer toxischen, unsicheren Basis, die von Anfang an nur Probleme macht. Deshalb ist es für dich sehr wichtig, zu erkennen, welche Muster dich zu wem führen, wen du dir aussuchst und warum. Du hast ein Recht darauf, glücklich und sicher gebunden zu sein. Was nicht bedeutet, dass alles von jetzt an langweilig wird. Sicher gebundene Partnerschaften ermöglichen langfristig viel mehr Freiheit und Abenteuer als der eine tolle Flirt in Lissabon, weil nicht immer alles infrage gestellt ist. Auch wenn sich das vor allem für die Vermeidenden unter uns erst mal nicht richtig anfühlt.

Konstruktive Partner sind gut in der Konfliktbewältigung, geistig flexibel, kommunizieren effizient, spielen nichts vor, fühlen sich wohl mit Nähe und sorgen sich nicht um künstliche Abgrenzung, verzeihen schnell, sind geneigt, sexuelle und emotionale Intimität als ein und dasselbe zu betrachten, behandeln ihren Partner respektvoll und gut, glauben fest daran, dass sie die Beziehung verbessern können, setzen sich für ihr Gelingen ein und übernehmen Verantwortung für das Wohlbefinden des Partners. Auf die digitale Kommunikation bezogen bedeutet das: Dein Partner ist für dich erreichbar, kommuniziert offen und schreibt in regelmäßigen Abständen zurück. Sie meldet sich aktiv von sich aus. Er meldet sich so, dass es weder zu viel noch zu wenig ist – und ist offen dafür, eure Kommunikationsfrequenz und Inhalte so mit dir abzustimmen, dass beide sich damit wohlfühlen. Sie ist liebevoll, zugewandt und herzlich. Sie respektiert dein Bedürfnis, auch mal Zeit für dich zu nehmen, und bombardiert dich nicht mit Nachrichten oder Anrufen. Du kannst dich darauf verlassen, dass es einen guten Grund dafür gibt, wenn er oder sie sich mal nicht meldet. Verabredungen werden eingehalten. Er oder sie hat nichts zu verbergen: Dein Partner vertraut dir, wenn es mal darum geht, auf seinem Telefon einen Weg nachzuschauen, und gibt dir den Code – oder versteckt den Bildschirm nicht, wenn du neben ihm sitzt. Er lässt das Smartphone offen liegen – auch wenn du theoretisch reinschauen könntest. Weil dein Gegenüber schlicht nicht davon ausgeht, dass du Grenzen überschreitest. Es gibt ja keinen Grund dazu. Auch ist klar, dass dein Partner niemals intime oder private Bilder, Nachrichten oder Videos ins Netz stellen oder mit anderen teilen würde, wenn das nicht ausdrücklich zwischen euch besprochen und für gut befunden wurde. Dein Partner legt das Smartphone im direkten Kontakt mit dir zur Seite und priorisiert euer physisches Zusammensein, grenzt sich, wenn er mit dir zusammen ist, aktiv und nachhaltig von der Arbeit oder anderen digitalen Quellen ab oder kommuniziert offen mit dir, welche digitalen Bedürfnisse sie gerade hat – beispielsweise, dass sie noch einen wichtigen Anruf erwartet und das Handy deshalb beim Essen an bleibt. Und schließlich: Dein Partner nutzt das Smartphone während eures Zusammenseins als verbindendes Element und nicht dazu, dich auszugrenzen oder zu vernachlässigen.

Sind viele, aber nicht alle Punkte gegeben, ist das nicht schlimm. Das zeigt, dass dein Gegenüber prinzipiell offen für deine Bedürfnisse ist. Es kann aber auch sein, dass er oder sie in puncto digitaler Kommunikation und Achtsamkeit einfach noch nicht sensibilisiert ist. Das ist nicht ungewöhnlich. Auch, weil wir als Gesellschaft noch nicht offen darüber reden, welche Grenzen, Regeln und Verhaltensweisen im digitalen Umgang okay sind und welche nicht, und digitale Achtsamkeit mitunter von individuellen Bedürfnissen abhängt. Falls du also feststellst, dass dein Partner grundsätzlich empathisch und rücksichtsvoll ist, ihr aber im Digitalen noch Abstimmungsarbeit leisten müsst, sieh das als Chance, mit ihm ins Gespräch zu kommen – und eure Bedürfnisse gemeinsam zu klären.

Prüfe auch dein Verhalten. Bist du genauso einfühlsam und fair, wie du es von deinem Gegenüber erwartest? Oder checkst du heimlich seine Nachrichten? Flüchtest auch du dich manchmal ins Digitale, wenn ihr ein unangenehmes Gespräch führen solltet, oder stalkst du insgeheim auf Instagram deine Ex? Falls das der Fall sein sollte: Frage dich, warum du das tust. Gibt es tatsächlich Hinweise, die dich sorgen? Kannst du deine Befürchtungen offen ansprechen? Kannst du einen Weg finden, offener über deine Unsicherheiten zu sprechen? Oder kennst du dieses Verhalten aus früheren Partnerschaften? Dann lohnt es sich, nochmals über dein Beziehungsverhalten nachzudenken. Und gegebenenfalls mithilfe eines Coaches oder Therapeuten an deinen Verlustängsten zu arbeiten.

Echte Verbundenheit in der Beziehung

Wollen wir wieder mehr Verbundenheit in unseren Beziehungen spüren, hilft es, wenn wir ein paar Dinge darüber wissen, was Beziehungen gefährdet und was sie gelingen lässt. Schon vor der Digitalisierung waren gelingende Beziehungen von gegenseitigem Respekt, gutem Zuhören, liebevollen, kleinen Gesten und gegenseitiger Unterstützung gekennzeichnet. Das hat sich in digitalen Zeiten nicht geändert. Und noch immer sehnen sich die meisten von uns nach einer Partnerschaft oder Intimität. Die Suchanfrage »Beziehung finden« liefert auf Google über 91 Millionen Treffer. Wir googeln, wie wir im Bett wieder das Feuer entfachen, einander wieder näher sein können oder woran wir erkennen, ob unsere Liebe noch eine Chance hat. Branchenkenner schätzen, dass der weltweite Umsatz mit digitalem Dating bis 2025 von knapp acht auf gut zwölf Milliarden Dollar und die Zahl der aktiven Nutzer auf 460 Millionen steigen wird; allein in Deutschland sind derzeit elf Millionen Singles unterwegs, geschätzter Umsatz für das Jahr 2023: 220 Millionen Euro.[169] Menschen suchen nach Liebe, sie wollen Beziehungen führen, und sie hoffen noch immer, dass diese sie glücklich machen.

Der berühmte Paartherapeut John Gottman forscht seit über 30 Jahren zur Frage, woraus gelingende Beziehungen bestehen. Er hat viele Bücher zum Thema geschrieben und spricht und lehrt zusammen mit seiner Frau Julie zum Thema Liebe und Sexualität. Er kann mit fast mathematischer Genauigkeit voraussagen, ob sich ein Paar innerhalb der nächsten paar Jahre trennen wird[170] – allein aufgrund der Tatsache, wie es in einer Gesprächssituation auf Spannung reagiert und in welcher Form es interagiert. Gottman hat im Laufe seiner Forschungstätigkeit ein paar Theorien aufgestellt, die es mir erleichtert haben, zu verstehen, warum meine Beziehungen gerade den Bach runtergehen und was ich tun kann, um die Spirale wieder ins Positive zu drehen. Im Digitalen genauso wie im Analogen.

Eine Theorie ist die 5:1-Regel. Sie besagt, dass Paare fünfmal öfter eine positive Interaktion brauchen als eine negative. Auf eine blöde Bemerkung sollten also bildlich gesprochen fünf Komplimente kommen, damit du dich in deiner Beziehung wohlfühlst und sie als positiv erachtest. Ganz schön viel. Das liegt aber daran, dass sich das Gehirn Negatives viel intensiver und schneller merkt. Achte also darauf, dass ihr möglichst oft positiv interagiert. Das kann auch nonverbal sein, über ein Lächeln, das Streicheln der Schulter beim Vorbeigehen oder auch eine nette Nachricht.

Gottman benennt fünf Verhaltensweisen unter Paaren, die eine Trennung mit großer Wahrscheinlichkeit voraussagen – und die er deshalb als die fünf Apokalyptischen Reiter bezeichnet (es waren vor ein paar Jahren noch vier, er hat sie allerdings später um einen Reiter erweitert, die Machtdemonstration). Du bist nicht davor gefeit, in diesen Strudel hineinzugeraten. Und du kannst dich auch wieder daraus befreien. Das Auftreten der

Apokalyptischen Reiter soll dir aber eine Warnung sein, dass es in deiner Beziehung gerade nicht gut läuft. Und dass du dringend gegensteuern musst, damit ihr das Ganze nicht an die Wand fahrt. **1. Kritik und Klagen:** Schuldzuweisungen, Anklagen, destruktive Kritik oder generelle Verurteilungen des Partners werden häufiger. **2. Rechtfertigung:** Auf die Forderungen und Vorwürfe reagiert der andere mit Rechtfertigung. Der eigene Anteil am Konflikt wird geleugnet. **3. Verachtung, Zynismus oder Spott:** Der Partner wird verletzt oder gering geschätzt mithilfe von Ironie, Spott, Augenrollen oder abschätzigem Humor. **4. Mauern, Schweigen oder Rückzug:** Der Partner reagiert nicht mehr, grenzt sich ab und distanziert sich. Und schließlich: **5. Machtdemonstration:** Die eigene Macht wird demonstriert, ihr wollt nur noch gewinnen. Koste es, was es wolle.

Wollen wir vermeiden, in eine Negativspirale zu geraten, hilft es, zu verstehen, dass Menschen in Beziehungen Aufforderungen platzieren. Jede Kontaktaufnahme ist eine Aufforderung: Sätze wie »Kannst du mir ein Glas Wasser bringen?«, aber auch »Schau mal, der Vogel dort oben«. Reagiert der Partner darauf, ist alles gut. Reagiert er falsch oder nicht, entsteht ein erster Bruch. Gottman bezeichnet diese Momente als »Schiebetürmomente«. Kommt es dann zu einem bedauerlichen Zwischenfall, also beispielsweise, dass eine Partnerin jemand anderem Wasser einschenkt, aber dem Partner versehentlich nicht, kann das zu einem Konflikt führen. Reihen sich solche Zwischenfälle aneinander, werden Bedürfnisse ignoriert und reparieren die Partner das Geschehene nicht genügend, kriselt es in der Beziehung immer häufiger. Irgendwann gewinnen negative Gefühle die Oberhand. Du kannst dem entgegensteuern: indem du auf so kleine Momente der Aufforderung achtest und darauf reagierst. Deinem Partner offen und gut zuhörst und oft kleine Zeichen der Anerkennung und Wertschätzung platzierst.

Gerade in digitalen Zeiten, in denen wir oft von digitalen Aufgaben und Ablenkungen eingenommen werden, können genau diese digitalen Ablenkungsmomente zu Spannung beitragen. Weil der andere sich nicht gehört oder gesehen fühlt. Weil dein Partner ins Smartphone schaut, während du ihm von deinem Tag erzählst, oder während eures Ausflugs noch Arbeit erledigt, und du das Gefühl bekommst, an zweiter Stelle zu stehen. Deshalb ist von zentraler Wichtigkeit, eure digitalen Bedürfnisse miteinander zu besprechen. Und eure Beziehungsräume und -zeiten vor digitalen Ablenkungen zu schützen. Ihr könnt euch beispielsweise zusammensetzen und eure Erwartungen aneinander klären:

Wie wollt ihr eure gemeinsame Zeit gestalten?

Wie geht ihr mit digitalen Ablenkungen um?

Aus welchem Grund wollt ihr während des Zusammenseins online gehen?

Wie kommuniziert ihr, dass ihr euch nicht genügend beachtet fühlt?

Bleibt das Smartphone beim romantischen Dinner auf dem Tisch, oder soll es in die Tasche?

Wie geht ihr damit um, wenn eure Chefin euch an einem freien Tag kontaktiert, obwohl doch gerade Paarzeit ist?

Klärt ihr offen eure digitalen und analogen Bedürfnisse und vereinbart gemeinsame Räume und Zeiten, die nur euch gehören, steigt die Wahrscheinlichkeit, dass ihr euch bewusst wahrnehmt und so Frustmomente minimieren könnt. Natürlich reicht es nicht, das Smartphone wegzulegen. Ist das Digitale erst mal geklärt, geht es darum, den gemeinsamen Raum mit positiven Erlebnissen zu füllen. Proaktives Verhalten, das dem anderen Wertschätzung signalisiert, kann vieles verbessern und wieder Nähe herstellen. Das kann ein Kuss zum Abschied sein, ein kleines Post-it auf dem Kopfkissen oder die achtsame, ernst gemeinte Frage danach, wie der Tag war. Wertschätzung kann auch über einen digitalen Kanal passieren: indem du beispielsweise bei einem Spaziergang dein Smartphone rausholst, um mit deiner Kamera bewusst den gemeinsamen Moment festzuhalten. Reagierst du, seht ihr euch mal ein paar Tage nicht, verlässlich auf Nachrichten und findest gemeinsam mit deinem Partner Kommunikationswege, die für beide stimmen und in denen ihr euch sicher, aufgehoben und gesehen fühlt, ist auch das eine positive Art, das Digitale zum Besten zu nutzen. Am Ende geht es darum, destruktive Verhaltensweisen zu minimieren und das gegenseitige Vertrauen immer wieder herzustellen, indem wir unsere Abstimmungsfähigkeit stärken, uns für die Sorgen und Bedürfnisse des anderen öffnen und uns authentisch und verletzlich begegnen.[171]

Denn die meisten Menschen wollen, dass man ihnen zuhört, sie versteht, lobt, tröstet und begehrt. Die meisten Kränkungen entstehen, wenn wir uns nicht wahrgenommen fühlen. Einige von uns reagieren empfindlicher auf diese vermeintliche Ablehnung, andere selten. Das hat auch mit deinem Ausmaß an Vertrauen und deiner kindlichen Prägung zu tun. Möchtest du deinem Partner mitteilen, dass du mit einem bestimmten Verhalten nicht einverstanden bist, sprich offen und möglichst wertneutral an, was vorgefallen ist. Beispielsweise: »Ich habe festgestellt, dass du beim Nachhausekommen oft in dein Smartphone schaust und mich nicht richtig begrüßt. Das macht mich traurig. Ich wünsche mir, dass du das nächste Mal, wenn du nach Hause kommst, das Smartphone zur Seite legst, mir in die Augen schaust und mich bewusst begrüßt.« Das ist konstruktiver und konkreter als »Immer starrst du in deine Bildschirme!«. Der Kommunikationsansatz der gewaltfreien Kommunikation nach Marshall Rosenberg kann dir ein paar Tricks und Ideen an die Hand geben, wie du innerhalb deiner Beziehungen besser kommunizierst.[172] Versuche, deinen Partner nicht zu beschuldigen oder zu kritisieren. Wir neigen nämlich dazu, den anderen als unser Gegenteil wahrzunehmen. Er ist dann nicht Freund, sondern Feind. Vor allem aber denken wir, wir selbst seien moralisch integrer und fehlerbefreiter als er. In der Psychologie nennt man dieses Phänomen den »fundamentalen Attributionsfehler«.[173] Gewöhne dir deshalb an, nachzufragen, wenn dich ein Verhalten irritiert. Beispielsweise: »Du hast gestern bis spät am PC gesessen. War bei der Arbeit mehr los als sonst?« Das ermöglicht euch, mehr voneinander zu erfahren, und nimmt Wut und Frust den Wind aus den Segeln.

Ganz wichtig: Streite dich nicht digital. Glaub mir, ich spreche aus Erfahrung. Absurd, was ich meinen Partnern im Laufe der Zeit alles digital an den Kopf geworfen habe! Oder wie oft ich der Meinung war, wir müssten JETZT!! Sofort!!! Verdammt noch mal, schreib mal zurück!!, unsere Probleme per WhatsApp diskutieren. Doch so schnell ein Herz-Emoji und ein Gute-Nacht-GIF geschickt sind, so rasch können wir uns in Rage schreiben.

So wird aus dem kleinen Missverständnis ein Sturm im Wasserglas. Und du bleibst unbefriedigt zurück. Schreibe deshalb nie, wenn du emotional aufgewühlt bist. Oft eskaliert das Ganze bloß. Dann sitzt du den ganzen Tag vor dem Bildschirm, bist wütend oder traurig, und richtig klären könnt ihr das Ganze dann doch nicht vor dem Abend oder gar vor dem Wochenende.

Versuche stattdessen, wann immer möglich, die Dinge im direkten Gespräch zu klären. Ist das nicht möglich, vereinbart einen Telefontermin. Ist das auch nicht möglich, versuche, die Situation ruhen zu lassen. Schreib stattdessen in ein Notizbuch, oder formuliere eine Nachricht vor, die du dann abspeicherst, statt sie abzuschicken. Frag dich auch, warum du das jetzt sofort geklärt haben musst. Oft fühlen wir uns nicht gesehen, nicht respektiert, nicht gehört. Und »schreien« dann umso lauter und oft auch länger in Text- oder Sprachnachricht-Form ins Smartphone hinein. Was beim anderen aber dann oft passiert: Er mauert, zieht sich zurück, macht die Tür zu. Was den Teufelskreis von Ohnmacht, Rückzug und Angriff nur verstärkt. Deshalb: Bring Ruhe rein. Nimm das Tempo raus. Nimm die Emotionalität raus. Das ist manchmal schwieriger getan als gesagt. Übe es trotzdem.

Wird es dir zu viel oder merkst du, dass ihr in einen Streit geratet, darfst du dich auch distanzieren, indem du offline gehst. Warne deine Partnerin aber vor. Schreib kurz, dass du jetzt offline gehst, weil deine Emotionen mit dir durchgehen und du grade keine konstruktive Lösung für den Konflikt hast, du aber zu einem späteren Zeitpunkt und aktiv wieder auf sie zukommst, um das gemeinsam zu lösen. So signalisierst du Sicherheit, wahrst aber auch deinen eigenen Raum. Sei dir grundsätzlich darüber im Klaren: Streitet ihr euch oft digital, dann stimmt mit eurer Kommunikation ganz grundsätzlich etwas nicht. Beginnt damit, eure Themen anzuschauen und sie gemeinsam anzugehen. Auch mit professioneller Hilfe.

Stört dich das digitale Nutzungsverhalten deiner Partnerin und hast du das Gefühl, dass sich das Smartphone zwischen eure Beziehung legt, beobachte die Lage erst mal. Wie schlimm ist es wirklich? Hört der andere regelmäßig nicht zu? Oder möchtest du einfach in Momenten sofort Aufmerksamkeit, in denen der andere berechtigterweise absorbiert ist? Kommt ins Gespräch. Frage dein Gegenüber in einem ruhigen Moment, welche digitalen Bedürfnisse es hat. Und welche Bedürfnisse und Regeln ihr gemeinsam aufstellen könnt, die helfen, euch sicherer und gesehener zu fühlen. Wird die Situation nicht besser, sprich deinen Partner offen auf das Problem an. Benutze Ich-Botschaften und sage ihm, wie du dich fühlst. Beispielsweise, indem du sagst: »Ich stelle fest, dass du oft am Smartphone bist, wenn ich dir was erzähle. Ich fühle mich dann nicht richtig gesehen und habe Sorge, dass du mir nicht richtig zuhören kannst. Was könnten wir tun, um das zu ändern?« Mach dir aber auch klar: Du hast ein Recht auf ungeteilte Aufmerksamkeit. Liebe und Beziehung bestehen aus Präsenz. Du kannst natürlich nicht von deinem Partner verlangen, dass er sofort springt, wenn du das willst. Aber du hast Hinwendung verdient. Und auch, dass deine Bedürfnisse wahrgenommen werden. Sprichst du mit jemandem, der gleichzeitig noch was anderes daneben tut, dann ist das nicht wertschätzend. Überlege dir, wie du behandelt werden willst, welche Werte dir wichtig sind und was du brauchst, um dich wertgeschätzt und glücklich zu fühlen. Eine gesunde Beziehung ist in der Lage, Raum zu schaffen für die Bedürfnisse aller Beteiligter. Gleiches gilt natürlich auch außerhalb deiner

Liebesbeziehung. Aufmerksamkeit und Respekt darfst du in jeder sozialen Situation erwarten.

Bist du auf dem Weg, digital achtsamer zu werden, achte darauf, dass du nicht zu rabiat und missionarisch wirst. Menschen, die sich näher mit einem Thema befassen und daraufhin erkennen, wie schädlich das alte Verhalten tatsächlich ist, machen oft eine Hundertachtziggradwende und wollen alle, die ihnen nahe sind, davon überzeugen, dass ihr neuer Lebensstil viel besser ist. Das ging mir mit der Smartphone-Nutzung genauso wie anderen beim Thema Vegetarismus, Klimawandel oder bei der Raucherentwöhnung. Die Fakten sprechen für sich. Trotzdem kannst du deinem Gegenüber keinen Wandel aufzwingen. Er wird auch nicht lieber offline gehen, wenn du ihn ständig unter Druck setzt oder sein digitales Verhalten kritisierst. Gehe lieber mit gutem Beispiel voran, setze gemeinsam mit deiner Partnerin Regeln fest, die euren gemeinsamen Raum betreffen, und geh weiter deinen Weg. Ein guter Start in eine digitale Balance in der Beziehung kann beispielsweise sein, dass ihr beide eure Geräte außerhalb des Schlafzimmers ladet. So schafft ihr Platz für Intimität.

Gib dich deiner Sexualität hin

Sexualität ist Ausdruckskraft, Lebenskraft und Ausdruck von Liebe und Sinnlichkeit. Sie ist mit das Erste, das leidet, wenn eine Partnerschaft kriselt. An der Sexualität lässt sich ablesen, wie nahe du dir selbst bist und welche Sehnsüchte du hegst. Wie groß dein Selbstwert wirklich ist und wie du Verbundenheit ausdrückst. Sexualität ist Heilung und kann sehr dysfunktional sein. Sie ist ein Spiegel für uns persönlich und auch einer der Gesellschaft. Und ist vom Digitalen beeinflusst und betroffen. Denn:

Die Digitalisierung hat uns die Tür zu neuen sexuellen Welten geöffnet und trägt zu unserer sexuellen Selbstbestimmung bei. Wir finden online ein Gegenüber, das auch Bondage mag. Können offener über Sex reden, uns aufklären lassen, uns befriedigen. Ein Klick reicht, ein Swipe. Besonders für marginalisierte Gruppen kann das Internet ein Paradies der Vielfalt und der Offenheit sein. Ein Ort der Bestärkung und der Entwicklung.

Doch da ist noch eine andere Seite. Eine lautlose, eine mutlose. Wenn wir immer öfter nebeneinander im Bett liegen, jeder für sich eine Timeline runterscrollt und wir die glatte Oberfläche eines Screens streicheln anstatt einander. Wenn wir im Schlafzimmer um die Aufmerksamkeit unseres Gegenübers kämpfen müssen – und verlieren. Für viele Menschen ist das Smartphone der intimere Partner geworden. Wir vertrauen unseren Geräten mehr an, sprechen öfter mit ihnen – und füllen Zeit, die auch für sexuelle Annäherung da wäre, oft mit anderem, das uns digital schneller befriedigt.

Auch hier spielt das Dopamin eine nicht geringe Rolle. Denn auch hier tritt ein Gewöhnungseffekt ein: Gewöhnen wir uns an, den kleinen *Pleasure Kick* über Games oder Pornos zu erhalten, gehen wir diesen Weg – weil der Weg, über zwischenmenschliche Interaktion die Dopaminausschüttung anzukurbeln, aufwendiger ist. Und störungsanfälliger. Da ist das digitale Vergnügen schneller, intensiver, einfacher, sicherer. Das Abrufen eines Pornos ist in Minuten erledigt – die Begegnung mit einer Person aus Fleisch und Blut aber ist um einiges komplexer. Viele Menschen koppeln negative Erfahrungen im Bett an ihren Selbstwert. Und meiden mit der Zeit sexuelle Interaktion aus Angst vor negativen Gefühlen. Deshalb hat Pornografie einen solchen Reiz: Sie ist intensiv und löst kaum Frust aus – zumindest kurzfristig nicht. Sie schirmt uns erfolgreich von der Realität ab, die auch bedeuten würde, dass wir scheitern können. Und liefert in Sekundenschnelle alles, was in der Realität viel Mut und Überwindung von Schamgrenzen erfordert.[174] Die Internetseite Pornhub zählte im Jahr 2019 über 42 Milliarden Zugriffe aus aller Welt.[175] Allein in Deutschland soll es nach konservativen Schätzungen eine halbe Million Porno- und Sexsüchtige geben.[176]

Dabei verändert der übermäßige Konsum von Pornografie das Gehirn. Der Dopaminspiegel gerät durcheinander, weil das Gehirn immer wieder kurzzeitig künstlich übererregt wird, also das Gleiche passiert wie bei Social Media und Co. Die zunehmende Überstimulierung über das Digitale sorgt für Flaute im Bett – auch, weil wir das Reale nicht mehr so erregend und komplizierter finden, weil störanfälliger. Da ist plötzlich ein anderer Mensch, der nicht linear nach unserer Vorstellung funktioniert. Gleichzeitig verschiebt die schiere Auswahl an ungewöhnlichen und auch gewalttätigen Sexualpraktiken die Idee davon, was als normal und auch innerhalb von realen Begegnungen als vertretbar empfunden wird.

Der Wissenschaftler Gary Wilson hat die Folgen von Pornosucht untersucht.[177] Er benennt als einen der Hauptgründe für den Erfolg der Internet-Pornografie den sogenannten Coolidge-Effekt: nämlich den wachsenden Überdruss, der sich einstellt, wenn ein Mensch wiederholt mit der gleichen Person sexuell interagiert. Will heißen: Die Tatsache, dass das Internet immer neue, immer andere und auch immer härtere Szenen für uns bereithält, übt eine große Sogwirkung auf uns aus. Eine größere, als immer mit der gleichen Partnerin ins Bett zu steigen. Die Digitalisierung hat uns einen Überfluss an Neuem ins Wohnzimmer gespült – nicht bloß bei Kleidern, Schuhen, Filmen und potenziellen sozialen Kontakten, sondern eben auch in puncto Sexualität. Die Soziologin Eva Illouz, die seit 30 Jahren die Liebe erforscht, kritisiert diese digitale Entwicklung. Und sagt: Sex ist von der Liebe entkoppelt, wird als Ware betrachtet, ist leistungsorientiert. Die Triebe werden von der Beziehung und dem Partner entkoppelt, und wir stehen einer Milliardenindustrie gegenüber, die mit unseren Sehnsüchten und Unsicherheiten Geld verdienen will.[178]

Obwohl wir Menschen also durch das Internet mehr Zugang zu Sexualität und sexuellen Angeboten haben als jemals zuvor, heißt das nicht, dass dieses Angebot uns auch langfristig befriedigt. *Digital Natives* haben weniger Sex als die ihnen vorangegangenen Generationen.[179] Die Pornoästhetik übt auf junge Menschen einen enormen Druck aus. »Dauererigierte Penisse, multiple Orgasmen, knackige Körper (…) – der von uns wahrgenommene Soll-Wert beim Sex stimmt nur noch selten mit dem tatsächlichen Ist-Wert überein«, sagt der Sexualwissenschaftler Heinz-Jürgen Voß.[180] In diesem Spannungsfeld zwischen »alles haben« und »nichts richtig machen können« bewegen wir uns. Die einen hüpfen dann von Tinder-Date zu Tinder-Date, die anderen trauen sich gar nicht mehr an echte Körper heran. Rund 40 Prozent der 18- bis 36-Jährigen in Japan haben noch überhaupt keine sexuellen Erfahrungen – und wenn, dann immer häufiger gegen Bezahlung: Moderne Karrierefrauen in Japan können sich beispielsweise sogenannte *Sheep Boys* nach Hause bestellen, die auch mit ihnen kuscheln und Abendessen kochen.[181]

Gleichzeitig sind wir so verletzlich und unsicher wie eh und je. Müssen uns sexuell erst finden. Sind auf Liebe und Anerkennung angewiesen. Um selbstbestimmt und glücklich zu sein, dürfen wir unsere Sexualität und unsere Körper ernst nehmen, sie entdecken und sie auch vor digitalen Anforderungen und Einflüssen schützen. Denn Sexualität ist nicht nur rasche Triebbefriedigung, sondern auch Quelle von Intimität und Nähe, Geborgenheit und körperlichem Ausdruck. Der Hormoncocktail, der beim Sex ausgeschüttet wird, bindet uns aneinander und kann sogar Schmerzen lindern. Das »Kuschelhormon« Oxytocin beispielsweise macht uns zufrieden und beruhigt unser Nervensystem. Auch können wir beim Sex den Zustand des *Flow* erleben, der integral mit Glück in Verbindung steht.

Das Zukunftsinstitut Deutschland glaubt: Der Sex wird wieder menschlicher werden. Auf seiner Webseite schreibt es zum Thema Sex der Zukunft: »Leistungsdenken, Sexismus und Schönheitsideale werden zunehmend auf ihre Funktion im kapitalistischen Wirtschaftssystem hin hinterfragt und dekonstruiert. Das führt auch zu einer Rückbesinnung auf das Wesentliche: das urmenschliche Bedürfnis nach Nähe und Intimität. Nicht nur Individuen, ganze Gesellschaften erleben deshalb gerade eine kollektive Sehnsucht nach ›Meaningful Relationships‹, nach echter Resonanz. Die wahre Revolution liegt deshalb darin, sich wieder als Subjekt zu begreifen – und Sex als eine Begegnung zwischen zwei (oder mehr) Subjekten. Erst dadurch entsteht Würde.«[182]

Wir können das Internet dazu nutzen, uns von echten Erfahrungen fernzuhalten, unsere Einsamkeit zu verdrängen und andere Körper zu konsumieren. Oder aber, um uns über sexuelle Praktiken wie beispielsweise Slow Sex oder Tantra zu informieren und Menschen kennenzulernen, die eine ähnliche Vorstellung von erfüllter Sexualität haben wie wir. Viele Menschen hinterfragen in Zeiten von Feminismus und Achtsamkeit auch geltende Rollenkonzepte und sexistische Fantasien und geben mit feministischer Pornografie, Aufklärungsblogs und Vagina-Seminaren ein Gegengewicht. Websites wie OMGyes.com bieten fernab jeglicher Pornoästhetik Video-Tutorials rund um weibliche Lust an, Sex-Apps wie Ferly setzen sich auf eine neue, achtsame Weise mit Lust auseinander. Nutze die digitalen Möglichkeiten gerne dazu, deinen Horizont zu erweitern. Die Digitalisierung bietet auch großartige Möglichkeiten zum Austausch und Empowerment. Weil damit auch mehr Vielfalt sichtbar wird.

Nimm diese spannenden Zeiten doch zum Anlass, dich zu fragen, was du wirklich möchtest. Du kannst dazu beispielsweise deine Werte hervorholen, die du im entsprechenden Kapitel definiert hast. Und auch auf die Frage anwenden, wie du in digitalen Zeiten daten, lieben und dich sexuell ausprobieren willst.

Fühlt es sich richtig für dich an, online zu daten?

Möchtest du deine sexuellen Vorlieben publik machen?

Auf welche Art und Weise möchtest du Menschen näherkommen? In Onlineforen? Im Swingerklub? In der Kantine?

Wie und mit wem fühlst du dich sicher und gesehen, um über deine sexuellen Vorlieben und Unsicherheiten zu sprechen?

Welche Art von Sexualität möchtest du leben?

Und wann fühlst du dich sexuell selbstbestimmt, ausgefüllt und verbunden?

Geht es um digitalen Konsum im Bereich Sexualität, behalte im Hinterkopf: Sexuelle Superreize lassen dich mit der Zeit abstumpfen. Es ist wie mit allem anderen: Zu viel gewöhnt den Körper an die Zusatzdosis, und alles andere erscheint dann fad. Das ist auch der Grund, warum immer mehr Männer Erektionsstörungen haben. Eine Mischung aus Druck, falschen Erwartungen und überreizten Körpern macht die sexuelle Erfahrung nicht unbedingt leichter und freier.

Sprich mit deinem Partner oder deiner Partnerin über deine Wünsche, Sorgen, Hoffnungen, Unsicherheiten. Auch in Bezug auf digitalen Konsum. Frage, was du wissen willst. Sprecht darüber, ob ihr digital sexuelle Inhalte konsumiert. Wie ihr euch damit fühlt. Ob ihr das in eure Beziehung einflechten wollt. Oder ob ihr es doch lieber außen vor lassen möchtet. Falls du unter sexueller Lustlosigkeit leidest, kläre, ob diese auch mit deinem digitalen Konsum zu tun haben könnte. Bist du viel am Smartphone, macht das nicht nur müde, sondern auch gereizt. Und es vermindert deine Lust auf Sex – vor allem, wenn du über digitale Stimulation viel Dopamin ausschüttest. Versuche stattdessen, analog wieder stärker mit deiner Lust in Kontakt zu kommen und dich kennenzulernen. In einer ruhigen, wertfreien Umgebung. Ganz für dich. Ob als Single oder in einer Beziehung, egal, in welcher Form der Verbundenheit mit anderen: Du darfst erfüllte Sexualität leben. Und die Welt bietet online und analog ganz vielfältige Räume für sexuelles Wachstum und Erkenntnis.

Wenn's vorbei ist

Liebe ist etwas Wunderbares. Und das Schlimmste ist, wenn sie vorbei ist. Liebeskummer ist, glauben wir der amerikanischen Anthropologin Helen Fisher, so schlimm wie Drogenentzug.[183] Liebeskummer verursacht sogar physischen Schmerz, wir fühlen uns wie amputiert, ein Teil von uns liegt im Sterben. Was wir uns gerade jetzt sehnlichst wünschen, ist emotionale Erleichterung. Auch wenn sie nur kurz dauert. Alles, was uns den Moment leichter macht und uns vermeintliche Sicherheit oder Kontrolle suggeriert, wird angenommen. Also greifen wir zum Smartphone. Schauen, ob der andere online ist, obwohl wir doch keinen Kontakt mehr zueinander haben. Hoffen für einen Moment, dass da »schreibt...« steht. Und fragen uns dann, wenn nichts kommt, mit wem er sonst wohl so schreibt. Wir durchsuchen ihr Social-Media-Profil. Schauen, wie sie auf ihrem neuen Profilbild aussieht. Hat sie eine Neue? Kürzere Haare? Sieht er unglücklich aus? Wer ist diese Frau, die da unten im Kommentarfeld ein Zwinker-Smiley gepostet hat? Genauso, wie du solche digitalen Kontrollspiralen innerhalb einer Beziehung nicht anwerfen solltest, genauso ist es für deine Psyche auch besser, wenn du dich nach einer Trennung davon fernhältst. Warum? Weil du nicht die ganze Wahrheit kennst. Weil so viel Interpretationsspielraum bleibt. Weil du damit bloß für den Moment beruhigt bist – oder dich aufgrund von vermeintlichen Beweisen in die emotionale Hölle reitest. Erinnere dich: Social Media bilden nie die Realität ab.

Schaust du dir alte Fotos an, liest du im Internet mit, googelst du, was er grad beruflich so macht, dann suggeriert dir das, dass ihr auf irgendeine Weise noch verbunden seid. Weil du an seinem oder ihrem Leben teilnimmst. Einem Leben, dass ihr aber nicht mehr miteinander teilt. Ganz schlimm wird es, wenn die Ex einen Post von dir likt oder dir sogar schreibt. Automatisch kommen dann die wildesten Gedanken hoch: Was bedeutet das? Will sie mich zurück? Will sie bloß befreundet sein, oder ist das jetzt die große Geste, auf die ich reagieren muss? Oft geraten wir dann emotional durcheinander. Und lassen uns länger warmhalten als nötig. Auch, weil viele Partner unsicher gebunden sind und nach der Trennung tatsächlich wieder Gefühle entwickeln – oder schlicht, weil sie höflich sein wollen. Das alles ist unglaublich anstrengend, emotional und existenziell. Nicht umsonst fühlt sich eine Trennung manchmal an wie ein kleiner Tod. Und nicht umsonst durchlaufen wir, wie bei jedem Verlust, die fünf Phasen der Trauer.[184]

Dein Bedürfnis, durchzudrehen und online zu stalken, ist also auch einfach normal. Bist du gerade mal drei Tage getrennt, ignoriere diese Zeilen einfach. Du darfst durchdrehen, und wir dürfen auch ab und an unvernünftige Entscheidungen treffen. Iss einen Becher Ben & Jerry's, dröhn dich zu, schaue zwölf Stunden Kitschfilme auf Netflix. Doch nach der Akutphase solltest du versuchen, den Heilungsprozess zuzulassen. Das Wichtigste für diesen Schritt: Trenn dich auch digital. Kappe die Verbindung. Unter Umständen ist es am besten, wenn du deine Ex blockierst – nicht aus bösem Willen, sondern, damit du die Person nicht stalken kannst und auch keine Updates mehr von ihr siehst. Ihr könnt das gerne gemeinsam besprechen und beschließen. Und auch neu entscheiden, wenn ihr Abstand gewonnen habt. Deine Expartnerin ist ja nicht aus der Welt verschwunden.

Kleiner Reminder: Die Wahrscheinlichkeit, dass jemand aus deinem Freundeskreis mit ihm oder ihr digital verbunden bleibt, ist sowieso hoch. Du verlierst den Kontakt also nicht für immer.

Sondern machst einen klaren Schnitt, bis die Wunde verheilt ist. Die britische Forscherin Tara Marshall hat in einer Studie herausgefunden, dass Expartner, die nach der Trennung noch per Facebook verbunden blieben, länger brauchten, um die Trennung zu verarbeiten. Auch wurden das sexuelle Verlangen nach dem Ex und Gefühle der Trauer und Einsamkeit intensiviert.[185] Tu dir das nicht an.

Hast du das Gefühl, du müsstest doch verbunden bleiben, sprich das an. Oftmals besprechen Paare ihre Trennung kaum. Grenzen zu ziehen, um dich zu schützen, ist gesund, nicht egoistisch. Fällt es dir schwer, ihre Nummer zu löschen, deponiere sie bei deinem besten Freund. Oder schreib sie auf einen Zettel und schicke diesen per Post oder digital an deine Mutter, und lösch das Foto wieder. So bist du sicher, dass du im Notfall die Nummer nachfragen kannst. Aber eben nur im Notfall. Wenn möglich, verbanne auch alle digitalen Erinnerungen an euch in eine digitale Ecke, an der du nicht täglich vorbeikommst. Sprich: Verschieb Fotos in die Cloud, exportiere den WhatsApp-Chat. All diese Dinge sind nicht für immer und ewig weg, sondern schlicht nicht mehr in deinem Smartphone, das du täglich über hundertmal in den Händen hältst. Das bringt den nötigen Abstand. Sprich mit deinen Freunden darüber, wie viel Info du über deine Ex erhalten willst. Vereinbart eine Grenze. Vielleicht möchtest du in den ersten Wochen oder Monaten nichts Neues über ihn oder sie erfahren. Dazu hast du ein Recht. Bitte deine Freunde um diese Diskretion, und ich bin sicher, sie unterstützen deinen Heilungsprozess gerne.

Natürlich wird alles schwieriger und komplizierter, wenn ihr gemeinsame Kinder habt, eine Scheidung organisieren müsst oder andere Gründe euch vielleicht ein Leben lang aneinander binden. Gerade dann gilt umso mehr, auch die digitale Verbundenheit zu klären. Wie wollt ihr Vereinbarungen kommunizieren? Wann und wie seid ihr erreichbar? Welche Kanäle, welche digitalen Erinnerungen werden gelöscht, welche beibehalten? Es ist okay, Abstand gewinnen zu wollen, um Heilung zu ermöglichen. Auch wenn organisatorische Dinge in der heutigen Zeit kaum mehr ohne digitale Absprachen zu erledigen sind, könnt ihr euch trotzdem so bewusst wie möglich trennen und euch bewusst entscheiden, welche Art von Kommunikation vertretbar ist und wo ihr eine Grenze zieht.

Du weißt jetzt, wie ein sicherer Partner kommuniziert, warum Sex im Internet deine Libido töten kann und wie du dich achtsam streitest. Im nächsten Kapitel geht es darum, wie du neue Freunde findest, deine alten Freundschaften besser pflegst und warum echte Freunde in digitalen Zeiten wichtiger sind denn je.

6. Finde neue Freunde

Es gibt diese eine Szene bei *Sex and the City*, als Carrie sich mit Miranda streitet, sie hören ein paar Wochen nichts voneinander, es ist kaum auszuhalten. Dann kommt die große Versöhnung, und Carrie sagt zu ihr: Weißt du, *you're my person*. Du bist mein Mensch. Sie nennt sie nicht Freundin, sie nennt sie nicht Partnerin. Sie nennt sie meine Person. Als ich das sah, wusste ich genau, was sie meinte. Auch ich habe sie, diese eine Person. Sie ist seit 25 Jahren in meinem Leben. Ihr würde ich meine Kinder anvertrauen, wäre ich sterbenskrank.

Freundschaften sind überlebenswichtig. Haben wir niemanden, dem wir uns anvertrauen können, leidet unsere Gesundheit. Egal, wie viele digitale Netzwerke wir haben, und egal, wie toll unser Team bei der Arbeit ist und wie gut uns unser Partner kennt: An der Relevanz von guten und langen Beziehungen jenseits von Arbeit und Familie hat sich auch in digitalen Zeiten nichts geändert. Im Gegenteil: Gerade weil wir mit so vielen Menschen in Kontakt sein *könnten*, wird die Frage, mit wem wir wirklich nah sein *wollen*, entscheidend.

Willst du ein glückliches Leben führen, darfst du bei Freundschaften genauso wählerisch sein wie bei der Partnersuche. Freunde sind unsere Wahlfamilie, und sie prägen unseren Charakter, unsere Neigungen und Entscheidungen wesentlich mit. Denn unsere Spiegelneuronen helfen uns, das soziale Verhalten, das wir im Außen sehen, nachzuahmen, um unser Überleben zu sichern. Die Folge: Machen alle deine Freunde Sport, steigt die Wahrscheinlichkeit, dass du es auch tust. Rauchen alle deine Freunde Kette oder betrügen ihren Partner, ist die Wahrscheinlichkeit größer, dass du dieses Verhalten als Normverhalten anerkennst und in dein Weltbild integrierst. Freundschaften entscheiden also auch über deine Fortschritte, deine Niederlagen, deine Werte und deine Hoffnungen. Sie sind genauso wichtig wie gesunde Ernährung und Sport, sagt Wissenschaftsautorin Lydia Denworth in ihrem Buch *Friendship*.[186] Sie haben einen noch größeren Einfluss auf das Wohlbefinden als die Verwandtschaft, stärken unser Immunsystem, senken das Risiko, an einer Depression zu erkranken, und schützen vor Krankheiten. Wir schlafen sogar besser, wenn wir gute Freunde haben.

In ihrem Buch *5 Dinge, die Sterbende am meisten bereuen* geht Bronnie Ware der Frage nach, was am Ende des Lebens wirklich zählt.[187] Eine dieser fünf Erkenntnisse ist: »Ich wünschte mir, ich hätte den Kontakt zu meinen Freunden aufrechterhalten.« Gute Freundschaften zu finden, sie zu pflegen, sie zu erhalten und mit ihnen mitzuwachsen ist also genauso herausfordernd wie zentral, wenn es darum geht, glücklich zu sein. Gerade weil wir mit potenziell jedem Menschen auf der Welt in Kontakt treten können und die Digitalisierung die Bedeutung von Zeit und Raum aufgehoben hat, werden wir in diesem Kapitel der Frage nachgehen, was Freundschaften in digitalen Zeiten ausmacht und wie du sie langfristig pflegst.

Wie steht es um deine Freundschaften?

Weil unsere Zeit begrenzt ist und weil so viele Dinge, Nachrichten, Menschen und Posts und spannende Projekte um unsere Aufmerksamkeit und Zeit konkurrieren, sollten wir uns überlegen, welche Menschen unsere Zeit überhaupt wert sind. Jeder Mensch ist wertvoll. Aber nicht jeder Mensch passt in dein Leben. Das gilt analog genauso wie digital.

Ich habe über viele Jahre digital zu zahlreichen Menschen Kontakt gehalten. Zu einigen, weil sie mir etwas bedeuten, zu einigen davon aber auch bloß aus Höflichkeit, Gewohnheit oder Langeweile. Weil eine Nachricht nichts kostet. Weil ich Angst hatte vor dem Alleinsein. Was früher ganz normal war, nämlich, dass man Freunde einmal die Woche sah oder ab und an, alle paar Wochen, einen Anruf erhielt, ist heute der totale soziale Mangelzustand. Kommunizieren wir viel und oft, ist ein Weniger an Nachrichten sofort eine gefühlte Bedrohung für unser Ego. Dabei liegt es nicht daran, dass wir nicht geliebt werden. Sondern schlicht daran, dass wir uns an Nachrichtenmengen gewöhnt haben, die für eine berufstätige Person irgendwann nicht mehr zu stemmen sind, will sie nicht in ein digitales Burn-out rasseln. Viele von uns investieren neben dem Beruf täglich viel Zeit darauf, private Nachrichten auf den verschiedensten Kanälen abzuarbeiten.

Das ist auf der einen Seite inspirierend, weil daraus gute Gefühle und echte Freundschaften entstehen können. Auf der anderen Seite frisst diese Gewohnheit unendlich viel Zeit. Zeit, die mir dann fehlt, um mit den wenigen Menschen, die mir wirklich wichtig sind, präsent zu sein. Beispielsweise um an die Freundin zu denken, die heute ihren ersten Tag bei der Arbeit hat und sich über einen Blumenstrauß freuen würde, wenn ich denn die Ressourcen hätte, einen kaufen zu gehen und bei ihr vorbeizubringen. Mir wurde mit der Zeit immer klarer: Es nährt mich langfristiger, wenn ich in weniger Beziehungen investiere, dafür intensiver.

Lass Menschen gehen, die dir nicht guttun. Und such dir Menschen, die in den wichtigsten Werten mit dir übereinstimmen. Was nicht bedeutet, dass du Andersartigkeit nicht akzeptieren solltest. Gerade in digitalen Zeiten, in denen Blasenbildung in den sozialen Medien befeuert und Hass auf Andersdenkende geschürt wird, ist die beste Medizin gegen diesen Wahnsinn, ein diverses Umfeld außerhalb der eigenen *Bubble* zu pflegen und sich auch mal mit Menschen zu umgeben, die eine andere Lebensrealität kennen als wir selbst. Das hält deinen Geist offen und flexibel. Bevor du deinen Bekanntenkreis jedoch erweiterst und neue Menschen in dein Leben lässt, lass uns zuerst einmal einen Überblick schaffen über die Bindungen, die bereits in deinem Leben sind. Denn: Geborgenheit und Glück hängen von den Menschen ab, mit denen du dich täglich umgibst. Einige Kontakte sind kompliziert, andere entziehen dir Energie, ohne dass du es wirklich merkst. Dann gibt es noch solche, die klar Energie geben. Und solche, die du im Grunde gerne viel näher an dir dran hättest. Die folgende Bestandsaufnahme habe ich aus dem Buch *Minimalismus* von Joshua Fields Millburn und Ryan Nicodemus entliehen.[188] Sie war mir eine große Hilfe, als ich anfing, meine Beziehungen zu klären.

Erstelle als Erstes eine Liste mit drei Spalten. Achtung: Die Liste wird wahrscheinlich mehrere Seiten lang sein, deshalb: Schau, dass du genug Platz schaffst. Trage jetzt den Namen jeder Beziehung, die du in deinem Leben hast, ob wichtig oder beiläufig, in die erste Spalte ein. Berücksichtige dabei alle Personen, mit denen du regelmäßig zu tun hast. Das kann dein Partner sein, aber auch die Nachbarin oder die Frau, der du in der Bibliothek immer begegnest. Vielleicht stehen in dieser Spalte 20 Personen, vielleicht 400. Nimm dir auf jeden Fall genug Zeit dafür. Schreib nun in die zweite Spalte, ob diese Person primär, sekundär oder peripher ist. Die primären Beziehungen, ob gut oder schlecht, sind deine engsten Beziehungen. In diese Kategorie gehören beispielsweise Partnerin, Familie, Kinder und die engsten Freunde. Die sekundäre Ebene sind Menschen, die der primären ähneln, aus irgendeinem Grund aber nicht so nahe sind. Diese Menschen sind die Nebendarsteller in deinem Leben, nicht die Hauptdarsteller. Das können Freunde, Vorgesetzte, Kolleginnen und entfernte Familienmitglieder sein. Die dritte Ebene schließlich ist die periphere. Dort gehören alle übrigen Kontakte rein, die in deinem Leben vorkommen, aber keine besonders wichtige Rolle spielen. Das können Kolleginnen, Nachbarn oder Bekanntschaften sein. Naturgemäß fallen die meisten Menschen aus deiner Liste in diese Kategorie.

In einer dritten Spalte nun notierst du neben jeder Beziehung, ob sie positiv, negativ oder neutral ist. Wie fühlt sich die Beziehung an? Positive Beziehungen machen dich glücklich und helfen dir, dich weiterzuentwickeln. Negative Beziehungen ziehen Energie, frustrieren dich und lassen dich oft unerfüllt zurück. Neutrale Beziehungen haben etwas von beidem: Sie machen dich nicht unglücklich, erfüllen dich aber auch nicht wirklich. Meistens hegst du diesen Menschen gegenüber zwiespältige Gefühle. Ich durfte feststellen: Einige der negativen Beziehungen sind ganz nahe – Beziehungen zu Familienmitgliedern, beispielsweise, oder die enge Freundin, die aber auch manchmal ganz schön launisch sein kann und mich emotional runterzieht. Wie ist das bei dir? Nimm zuerst einfach bloß wahr. Und überlege dir in einem zweiten Schritt, wie du damit umgehen willst.

Was fällt dir auf?

Wie viele Beziehungen hast du?

Warum so viele, warum so wenige?

Wie viele Beziehungen sind in deiner primären Ebene angesiedelt? Wie viele sekundär, wie viele peripher?

Wie steht es um den Anteil positiver Beziehungen, neutraler, negativer?

Wenn du an der aktuellen Situation etwas ändern würdest, was wäre es?

Von welchen Menschen möchtest du Abstand nehmen, welche Menschen möchtest du vielleicht eine Ebene höher holen und in die Beziehung investieren?

Was müsstest du konkret tun, um diese Beziehungen zu stärken?

Viele Menschen verbringen erstaunlich viel Zeit mit peripheren Beziehungen. Diese sind zwar interessant und können positiv sein, doch oft fehlt uns diese Zeit dann für die wirklich wichtigen Menschen in unserem Leben. Hier gilt es, umzuschichten. Verwende von nun an die meiste Zeit auf deine primären und sekundären Kontakte. Das kann bedeuten, dass du die einen oder anderen Namen in eine andere Kategorie einteilen willst. Tu das. Und schau, wie sich das anfühlt. Wandel gehört dazu. Du darfst dir erlauben, deine Beziehungen aktiv auszuwählen. Und sie zu gestalten. Ich habe die Übung nicht nur dazu genutzt, mir schwarz auf weiß aufzuzeigen, welche Beziehungen mir guttun und welche nicht, sondern auch, um mir vor Augen zu führen, welche Beziehungen ich vertiefen will. So hatte ich am Ende rund ein Dutzend Menschen auf der Liste, die ich sehr mag, die mir guttun, die lustig und positiv und bejahend und voller Energie sind, die aber irgendwo am peripheren Rand meiner Beziehungen herumdümpeln. Weil sie in einer anderen Stadt wohnen oder weil es sich irgendwie nie ergeben hat, sich öfter zu treffen.

Der Beziehungsaufbau zu diesen Menschen steht bei mir jetzt neben der Pflege meiner wirklich guten Freunde, der Familie und der Partnerschaft an erster Stelle. Vom Versuch, die Freundschaften, die mir nicht guttun, irgendwie doch am Leben zu erhalten, verabschiede ich mich hingegen jeden Tag ein Stückchen mehr. Klar, wenn jemand nicht mit dir befreundet sein will, obwohl du dir das wünschen würdest, kannst du daran wenig ändern. Doch du kannst Schritte unternehmen, um jemandem zu zeigen, dass er dir wichtig ist. Du kannst derjenige sein, der wieder mal anruft. Natürlich ist es wichtig, dass sich die Freundschaft ausgeglichen anfühlt. Beide sollten ein Interesse daran haben, in die Beziehung zu investieren. Doch: Wenn sich eine Tür schließt, öffnet sich eine neue. Menschen, die sich wirklich für dich interessieren, bleiben. Auch und gerade, weil du bist, wie du bist. Und: Sie bleiben länger, wenn du ihnen Sorge trägst.

Freundschaften richtig pflegen

Beziehungspflege und Kontaktaufnahme hören dank der Digitalisierung nicht am Dorfrand auf. Wir schicken unzählige Nachrichten, treffen viele Leute, schauen viele Social-Media-Walls an und wissen Bescheid, ob unsere Kollegen gerade ein Kind bekommen haben oder befördert wurden. Gerade lose Kontakte, beispielsweise über Social Media, können dabei durchaus förderlich für unser Leben sein: Denn auch die sogenannten *weak ties*, die schwachen Bindungen, wie die Soziologie diese Art von Kontakt nennt, sind für ein gutes Leben bedeutsam.[189]

Während Kernfreundschaften oft über Jahrzehnte geformt werden und sich dadurch kennzeichnen, dass man sich in- und auswendig kennt, füllen vage Bekanntschaften und Kollegen die Lücken des Netzes. Und werden beispielsweise wichtig, wenn man in eine neue Stadt zieht, mal wieder etwas unternehmen will oder neue Seiten an sich entdeckt. Doch wir müssen in diesem spannenden Sog an diversen Kontakten aufpassen, dass wir vor lauter digitalem Hin und Her überhaupt noch die Zeit und vor allem auch die geistige und emotionale Präsenz aufbringen, uns mit den Menschen, die gerade vor uns sitzen, wirklich zu verbinden. Und uns Zeit nehmen für diejenigen Menschen, die uns wirklich wichtig sind, die aber an vollen Tagen zwischen Stuhl und Bank fallen. Die einen vergessen wir ganz, mit den anderen kommunizieren wir ununterbrochen. Gerade *weil* wir digital so eingebunden sind.

Gerade weil wir uns so mögen und gerade weil wir so viel von unserem Leben so einfach und rasch teilen können, kommunizieren wir digital viel intensiver als früher. Aber auch oberflächlicher. Und einsamer. Denn Studien zeigen: Bei Menschen, die über zwei Stunden täglich auf Instagram und Co verbringen, ist das Risiko, sich sozial isoliert zu fühlen, doppelt so groß wie bei Menschen, die weniger als eine halbe Stunde dort verbringen.[190]

Es geht bei der Analyse deines Netzwerks nicht darum, nur noch analog und mit deinen drei besten Freunden zu interagieren. Sondern darum, dir die Qualität deiner Bindungen genauer anzuschauen. Und auch deine eigene Rolle darin: Stimmt die Balance von Intimität und Feierlaune? Habe ich Menschen zum Reden? Fühle ich mich im Kreise meiner Familie wohl? Oder sind da zwei, drei Kollegen in meinem Umfeld, die ich lieber näher bei mir hätte? Und vor allem auch: Wie pflege ich diese Freundschaften? Wie kommunizieren wir untereinander? Was brauche ich wirklich an Nähe, um glücklich zu sein? Und was kann ich vor allem selbst geben, um dem anderen das Gefühl zu geben, er sei gewollt, geliebt und verstanden?

Das Wichtigste, was du einem Menschen in digitalen Zeiten schenken kannst, ist: Zeit und Präsenz. Weil beides so umkämpft ist. Und so zu einem raren Gut wird. Wir sind alle so viel beschäftigt, wir senden uns zehn Nachrichten am Tag mit Fotos und Emojis, aber wenn dann mal einer von uns im Bett liegt mit Grippe und mal eine Hühnerbrühe bräuchte, ist keiner da. Wir leben mit vielen Freunden und mit ständigem digitalen Kontakt, der physische ist aber immer seltener. Die einen vergessen wir ganz, mit den anderen kommunizieren wir ununterbrochen. Da ist die Großmama, die wir schon lange nicht mehr gesehen haben. Oder Papa, der angerufen hat, aber wir hatten für den Rückruf noch keine Zeit. Also: Nimm dir Zeit!

Wenn du mitkriegst, dass eine Freundin Liebeskummer hat oder ein Freund für die Prüfung lernen muss, dann zeig dich. Geh vorbei. Oder ruf zumindest an. Frag nicht, was du tun kannst. Die meisten Leute würden nie sagen: Ich brauche eine Brühe, eine Flasche Champagner und jemanden, der mit meinem Hund spazieren geht! Die meisten von uns erlauben sich höchstens beim Partner oder bei der Familie, um Hilfe zu bitten. Also steh einfach vor der Tür. Verschieb nicht ständig alles auf später. Ja, wir haben alle viel zu tun. Haben einen Job, eine Deadline, die Reise, die *me-time*. Dann regnet es auch noch, und wir denken: Ach, jetzt noch raus, keinen Bock. Nächste Woche.

Dein Leben findet jetzt statt. Und Beziehungen leben, wenn sie deinen Alltag bereichern sollen, auch von Regelmäßigkeit. Klar, bei vielen von uns überdauern engste Freundschaften, sind sie einmal etabliert, auch lange Funkstillen. Dann sehen wir uns vielleicht noch zweimal im Jahr, es ist aber jedes Mal so, als hätten wir uns gestern erst gesehen, so vertraut sind wir miteinander. Doch das bedeutet nicht, dass wir unsere Freundschaften und Beziehungen vernachlässigen können. Auch wenn wir neue Freundschaften eingehen möchten, brauchen wir erst mal: Gelegenheiten. Regelmäßige Treffen. Am besten physisch und in einem Rahmen, der gemeinsame Erlebnisse ermöglicht. Auch gemeinsame Interessen verbinden. Also blockier dir Freundezeit in deinem Kalender. Geht einmal im Monat miteinander in die Sauna. Geht essen. Organisiert einen Malnachmittag. Hauptsache, ihr unternehmt etwas gemeinsam.

Nimm dir auch vor, besser zuzuhören. Wir mögen es alle, gehört zu werden. Stell also Fragen. Interessier dich. Und höre wirklich hin, statt bloß innerlich darauf zu warten, bis der andere fertig ist, um das Gespräch dann wieder auf dich zu lenken. Gehörst du auf der anderen Seite zu denen, die gut und gern zuhören können, komm auch mal aus dir raus. Bist du grade verlassen worden, darfst du auch temporär mal den ganzen Raum für dich beanspruchen. Du versteckst deine Verletzlichkeit und deine Angst, gesehen und verurteilt zu werden, nämlich hinter deiner Höflichkeit. Übe, dich zu zeigen und die Erfahrung machen zu dürfen, dass du geschätzt wirst, wie du bist. Frage dein Gegenüber auch mal, ob es einen Rat will, bevor du ungefragt Ratschläge erteilst, obwohl es vielleicht bloß erzählen wollte. Oder Mitgefühl abholen. Oder einfach verstanden werden. Oder einfach den Satz hören: »Das muss schwierig für dich sein. Was brauchst du?«

Was für unsere Liebesbeziehungen gilt, gilt auch für unsere Freundschaften: Es ist völlig normal, dass auch Freundschaften ab und an neuen Wind brauchen, um die Flamme am Leben zu erhalten. Diesen Tipp musste ich persönlich ganz besonders beherzigen. Denn lange Zeit habe ich mit meinen Freundinnen vor allem Cocktails getrunken und über Gefühle geredet. Das klingt nach einem Klischee, doch so war es. Und so machen es viele Frauen, egal, wie gebildet sie sind. Über Beziehungen und Gefühle zu sprechen, schult deine emotionale Intelligenz, und du hast die Chance, Erfahrungen auszutauschen. Insofern: Gut. Wir waren dabei aber alle in unseren Köpfen, statt ab und an auch mal die Erlebnisebene zu bedienen. Ob das ein Restaurantbesuch, ein Bier nach der Arbeit, Brunch, Shopping oder Party war: Unsere Unternehmungen haben häufig aus Konsum bestanden, aus Sprechen und aus Sitzen. Das war schön, aber irgendwie fühlten sich diese Treffen trotzdem manchmal leer an. Dabei war mein Gefühl im Nachhinein einfach zu erklären: Es war wenig los, weil wir real und physisch wenig erlebt haben. So geht es vielen. Auch, weil unsere Gesellschaft auf Konsum ausgerichtet ist. Was nicht heißt, dass du mit deinen Freunden nicht mehr essen gehen sollst. Mach aber auch hier mal eine Bestandsaufnahme. Und frage dich:

Wie sehen deine Treffen mit Freunden aus?

Was tut ihr konkret?

Wie groß ist der Anteil Gespräch, wie groß der Anteil Handlung?

Kannst du dich an viele Dinge erinnern, die ihr gemeinsam erlebt habt? Oder fällt dir das schwer?

Was schweißt euch als Gruppe oder Freunde zusammen?

Nach welchen Werten lebt ihr? Wo unterscheiden sie sich, und wo gibt es Gemeinsamkeiten? Bist du damit zufrieden?Wie verbringt ihr eure Zeit? Hast du das Gefühl, ihr vergeudet sie mit Oberflächlichkeiten, oder nutzt ihr sie als Quality Time?

Wann fühlst du dich am lebendigsten? Warum? Mit wem?

Was habt ihr gemacht, was dir gefallen hat?

Nimm dir vor, mehr mit deinen Freunden zu unternehmen. Und auch hier eine Balance zu finden zwischen Abenteuer und Altbekanntem. Überlege dir, was du erleben willst, wohin du gehen willst, welche Themen dich interessieren. Und schlage es das nächste Mal vor.

Im nächsten Schritt solltest du dich fragen, wie du in Freundschaften digital verbunden bleiben willst und wie du dies, genau wie bei jeder anderen Form von Beziehung, digital achtsam gestalten kannst. Denn nicht nur bei der Arbeit oder in der Liebe, auch in Freundschaften spielt sich viel über digitale Kommunikation ab. Und diese kann auch Nährboden für Missverständnisse und Kränkungen sein. Meine beste Freundin, diese Person, von der ich zu Anfang des Kapitels gesprochen habe, dieser Mensch, den ich seit 25 Jahren kenne, hat mich manchmal weggedrückt, wenn ich anrief, und dann nicht zurückgerufen. Das hat mich sehr verletzt. Auch, weil ich ihr Verhalten nicht deuten konnte. Wir mussten uns dann zusammensetzen und eine Lösung finden. Sie hat mir klargemacht, dass sie nicht gerne telefoniert, was ich akzeptieren muss. Und ich habe ihr gesagt, dass es mir wichtig ist, dass wir uns regelmäßig sehen und hören und dass ich mich nicht immer um die aktive Kommunikationsaufnahme bemühen mag. Wir haben jetzt klare Tage vereinbart, an denen wir uns sehen, und schicken öfter mal eine Sprachnachricht.

Andere Freunde hatten Streit, weil die eine sich ständig aktiv meldet und der andere gar nicht, weil sich in Chats immer die Gleichen um Doodle-Abfragen kümmern und andere keine Verantwortung übernehmen wollen. Oder es gibt Freunde, die minutenlange Sprachnachrichten schicken, die dich nerven oder emotional überladen, oder du ignorierst einen Freund seit Wochen digital, weil du nicht recht weißt, was du ihm schreiben sollst, weil ihr euch auseinandergelebt habt. Freundschaften sind Bindung, und deshalb sind sie oft auch kompliziert, fragil, verändern sich. Alle Kommunikationstipps, die du in diesem Buch findest, gelten also auch für deine Freundschaften. Je klarer du deine Bedürfnisse benennen, Grenzen kommunizieren, den anderen mitteilen kannst, wann du auf welchen Kanälen wie erreichbar bist und was du brauchst, um dich gesehen und verbunden zu fühlen, desto besser.

Wichtig ist vor allem, dass du in dich hineinspürst, was du an Kontakt wirklich brauchst, wer dir guttut und wer nicht. Und ob es auch mal an der Zeit ist, neue Menschen in dein Leben zu lassen. Oft fühlen wir uns nämlich einsam, wenn wir zu wenig oder die für uns falsche Qualität von Kontakten haben. Vielleicht brauchst du eine andere Wohnform oder möchtest mit alten Freunden wieder mehr unternehmen oder neue Interessen erkunden. Du kannst deine Situation zum Positiven verändern. Du kannst den bewussten Umgang mit dem Digitalen für deine Zwecke einspannen: Denn du kannst in digitalen Netzwerken so einfach wie nie nach Gleichgesinnten suchen oder Gruppen, die schon selbstverständlich tun, wovon du noch denkst, es könnte in ferner Zukunft vielleicht auch zu dir passen. Schreib dir also zuerst in Ruhe auf, wo du wachsen möchtest, überlege dir dann, wo du Menschen und Orte findest, die dieser Leidenschaft nachgehen, und schließe dich ihnen an. Eine gute Internetrecherche kann dir hier Sicherheit und die nötigen Informationen geben und einen guten Überblick über die Möglichkeiten, die du in deiner Region hast. Aber vergiss nicht: Nach der Recherche kommt der Sprung ins kalte Wasser. Davor wird dich niemand bewahren können. Genau hier liegt aber dein größtes Potenzial, dich lebendig zu fühlen!

Teil einer Gemeinschaft sein

Wir leben seit Jahrzehnten in einer immer vereinzelteren Gesellschaft. Einpersonenhaushalte steigen in Deutschland kontinuierlich an,[191] immer mehr Menschen leben und arbeiten nicht mehr in großen Gruppen und Teams, sondern – zumindest physisch – isolierter. Das hat nicht nur, aber auch mit der Digitalisierung zu tun. Die Unabhängigkeit von Zeit und Raum ist eine der größten Errungenschaften des 21. Jahrhunderts und ermöglicht uns theoretisch einerseits, neue Orte zu entdecken oder, beispielsweise im Homeoffice, mehr Zeit mit unserer

Familie zu verbringen. Andererseits können wir uns damit auch einfacher sozial abschotten. Und vermehrt in eigenen Blasen unterwegs sein, oft auch digital. Wir können in Nairobi in einem klimatisierten Hotelzimmer sitzen und im steten digitalen Kontakt mit unserer Familie sein. So intensiv und häufig, dass wir zu den Menschen, die dort, in diesem fremden Land, gerade physisch um uns herum sind, kaum mehr wirklich Verbundenheit aufbauen müssen.

Unsere zunehmende Losgelöstheit von festen Strukturen führt dazu, dass wir uns nicht mehr selbstverständlich mit Gemeinschaftsstrukturen beschäftigen und nicht mehr direkt mit ihnen konfrontiert sind. Wir gehen sonntags nicht mehr in die Kirche und sehen das ganze Dorf, wir leben nicht länger mit vier Generationen unter einem Dach oder treten automatisch dem Verein unseres Vaters bei. Wir pflegen im Digitalen so viele Kontakte und sind Teil von virtuellen Netzwerken, aber immer weniger Teil verschiedenster Gemeinschaften im echten Leben. Wollen wir ihnen doch angehören, müssen wir uns heute aktiver dazu entscheiden und uns willentlich einlassen. Was, tun wir es, einer der größten Schritte hin zu mehr Zufriedenheit sein kann.

Denn zwischen unserem digitalen Kontaktrauschen und der Kernfamilie gibt es eine Mittelnähe; Menschen im Graubereich zwischen Freunden und Fremdem. Nachbarn. Der Mann an der Kasse unseres Supermarkts. Die Frau aus dem Handballverein, die ich mag, mit der ich außerhalb des Vereins aber nichts zu tun habe. Auch wenn diese Menschen uns nicht sofort in den Sinn kommen, wenn wir an unser soziales Netz denken, haben sie eine wichtige Funktion für unser Wohlbefinden: Sie sind Teil deines Netzwerks, und ihr teilt einen gemeinsamen Lebensraum. Du bist im Handballteam Teil der Gruppe, *du gehörst dazu*. Ihr formt zusammen eine Interessens- oder Schicksalsgemeinschaft. Und genau solche Schicksalsgemeinschaften sind von unschätzbarem Wert für unsere Gesundheit. Denn wir sind neurobiologisch auf Unterstützung und Hilfe von Gemeinschaften angewiesen. Der britische Journalist Johann Hari spricht in seinem TED-Talk zum Thema Depressionen und Angst in unserer Zeit davon, dass wir darauf ausgerichtet sind, in *Tribes* zu funktionieren.[192] Wir sind Herdentiere.

Ich habe viele Jahre *digitally remote* gelebt, in einer Ein- oder Zweizimmerwohnung in der Stadt, freiberuflich, immer mal wieder woanders. Ich hatte Einzelfreundschaften, telefonierte oft, ich bin zu meinen Freunden nach Hause oder mit ihnen ins Restaurant gegangen. Doch irgendwann musste ich erkennen, dass ich Gemeinschaft brauche. Dass ich zwar viele Freunde habe, einen Partner und eine tolle Wohnung, aber niemanden aus der Nachbarschaft, der mir an einem Sonntagmorgen ein Stück Zopf vor die Tür legt oder auf der Chorreise neben mir beiläufig über das Käsesandwich sinniert, das er sich eingepackt hat.

Ganz generell geht es vielen von uns besser, wenn wir physisch erfahren, dass da noch wer ist, auf den wir zurückgreifen, mit dem wir interagieren, mit dem wir einen kurzen Schwatz halten können. Dieses Bedürfnis haben nicht bloß alte Menschen, die einsam sind. Dieses Bedürfnis haben wir alle. Doch im digitalen Dauerrausch ist es manchmal schwierig, das festzumachen. Weil die Antwort auf das Gefühl dann oft lautet: Ja, aber du bist doch ständig in Kontakt. Digitaler Kontakt aber, das haben wir schon besprochen, ist nicht das Gleiche wie physischer. Wurzeln geben Halt. Eingebettet sein macht glücklich.

Fühlst du also eine innere Leere, die dich immer wieder überkommt, prüfe dein soziales Umfeld genauer:

Wie viel Kontakt zu guten Freundinnen hast du? Wie viel läuft zu zweit oder in der Partnerschaft, wie viel Kontakt hast du zu Gruppen?

Wie eingebettet fühlst du dich bei der Arbeit, im Team, in der Familie, in einer Gruppe von Freunden?

Spüre in dich hinein, was du an sozialem Kontakt wirklich brauchst. Reichen dir zwei, drei gute Freunde, die du alle paar Wochen siehst oder hörst?

Bist du eher der Familienmensch, willst du vier tobende Kinder, einen Hund und einen Partner?

Möchtest du mit deiner Schwiegermutter im Mehrgenerationenhaus leben? Oder Mitglied in einer Band sein?

Ziehst du Energie aus dem Zoom-Call mit deiner Studienfreundin aus England?

Gibt es bei dir in der Gegend Vereine, Organisationen oder Stammtische, die dich interessieren und denen du beitreten möchtest?

Egal, wie du leben willst: Versuche, ehrlich zu dir zu sein. Jeder Mangel ist eine Chance, dein Leben in eine neue Richtung zu lenken.

Du hast nun deine Freundschaften unter die Lupe genommen, mehr über den Sinn von Gemeinschaft erfahren und eine Vision für ein stärkeres Miteinander geformt. Im nächsten Kapitel geht es darum, wie du deine Kinder digital achtsam erziehen und in schwierigen Zeiten begleiten kannst. Und wie ihr als Familie in eine größere digitale Balance und zu mehr Verbundenheit findet.

7. Erziehe starke Kinder

Es ist brennend heiß an diesem Tag im Juli, ein Sommer wie im Bilderbuch. Ich fahre mit dem Fahrrad zum Schwimmbad, stelle es ab auf dem Kies vor dem Eingang, reihe es ein zwischen allen anderen Rädern, die da stehen. Ich krame die Münzen aus der Tasche und bezahle den Eintritt, dann gehe ich in die Umkleide und ziehe meinen Badeanzug an, ich laufe den Rasen entlang vorbei an all den Familien, die mit ihren Kindern im Gras sitzen und Pommes mit Ketchup essen, und steuere das Becken an. Ein paar Minuten später stehe ich auf diesem Brett und schaue runter und höre die Kinder lachen und schreien, und ich weiß noch, wie die Sonne blendete, wie mein Herz raste, als ich zum Sprung ansetzte, und wie weh mir der Aufprall tat. Und, dass ich mich sehr allein fühlte.

Das ist jetzt über 25 Jahre her. Doch in meinem Kopf und Körper ist es, als wäre es gestern gewesen. Weil ich emotional überfordert mit der Situation war und in meiner Überforderung nicht aufgefangen wurde. Elterliche Abwesenheit und emotionale Vernachlässigung gab es schon vor der Digitalisierung. Es gab Kriege, abwesende Väter, tyrannische Lehrerinnen. Heute ist vieles besser, Eltern arbeiten Traumata aus der Familie auf und möchten Erziehung auf Augenhöhe, unsere Gesellschaft diskutiert die Würde des Kindes und was es alles braucht, um zu gedeihen. Doch gerade jetzt, wo wir beginnen, über unsere Gefühle zu sprechen, Kontakt zu suchen, die richtige Erziehungsform zu finden und unser geballtes pädagogisches Wissen einzusetzen, damit es allen gut geht und noch viel besser als uns selbst, legt sich etwas Neues zwischen die Verbundenheit von uns mit unseren Kindern: das Smartphone.

Unterbrechungen durch Technologie nennen Experten *Technoference,* zu Deutsch Technoferenz.[193] Wenn du beispielsweise auf dem Spielplatz ins Smartphone schaust, während dein Kind die Rutsche runterrutscht. Oder dann, wenn es dich anspricht, du aber absorbiert in den Screen schaust. Oder wenn du dich gerade mit ihm befasst und einen Anruf erhältst und rangehst. Studien zeigen, dass Technoferenz zu familiären Konflikten und zu Störungen in der Eltern-Kind-Interaktion führen kann. Eine deutsche Studie fand sogar heraus, dass signifikante Zusammenhänge zwischen der mütterlichen digitalen Mediennutzung im Beisein des Säuglings und Fütter- und Einschlafstörungen des Kindes bestehen.[194] Außerdem hängt ein später auftretendes problematisches Verhalten der Kinder nachweislich auch mit einer durch digitalen Konsum gestörten Eltern-Kind-Beziehung zusammen.[195]

Dabei geht es hier nicht um den Anspruch an die permanente Verfügbarkeit der Eltern. Und es geht auch nicht darum, perfekt zu sein. Im Leben passiert nun mal viel, oft auch gleichzeitig: Menschen arbeiten, sind mal müde, ein Geschwisterchen quengelt, eine Geburtstagseinkaufsliste muss geschrieben, eine E-Mail beantwortet, ein Notfall geregelt werden. Seien wir ehrlich: Bisher habt ihr Eltern auch kaum digital achtsame Vorbilder. Die Entwicklungen in diesem Bereich sind rasant, und während der Pandemie haben viele Schulen und Unternehmen von einem Tag auf den anderen auf digitalen Unterricht und Homeoffice umgestellt, und auch die analogsten Familien wurden

Hunderte Stunden vor den Bildschirm gedrängt, bevor das Thema Medienkompetenz vonseiten der Schulen überhaupt richtig angegangen wurde. Wir reden hier auch nicht davon, dass dein Kind langfristige Schäden entwickelt, wenn du alle Schaltjahre mal nicht verfügbar bist. Sondern davon, dass du in Anwesenheit deiner Kinder einen bewussten und achtsamen digitalen Konsum etablieren musst, weil das Smartphone in deiner Hand die Entwicklung deines Kindes maßgeblich stören kann, wenn es sich ständig zwischen euch drängt. Weil es deine Aufmerksamkeit so sehr bindet, dass dein Kind damit in Konkurrenz treten muss. Auf das Thema Schule kommen wir später noch kurz zu sprechen. Jetzt soll es um den Kern der Familie gehen, weil dieser den Grundstein bildet. Und du bewusster das Schul- und Bildungssystem adressieren kannst, wenn du weißt, wo du stehst und was du dir für dein Kind wünschst und wo ihr Unterstützung braucht.

Wird ein Kleinkind beispielsweise wegen des Smartphones permanent ignoriert, stellten Forschende bei Babys schon ab einem Alter von vier Monaten fest, dass diese den Blick vermeiden.[196] Sie lernen, dass es unangenehm ist, wenn die Mutter nicht zurückschaut. Und resignieren. Weil sie etwas erleben, das sie nicht einordnen können: Die Bezugsperson ist physisch da, emotional und seelisch aber abwesend. Denn: Säuglinge brauchen die Nähe der Eltern und deren Blickkontakt. Das ist unersetzlich, um beispielsweise Urvertrauen aufzubauen.

Machen Eltern vieles richtig, lernen Kinder schon früh, dass sie sicher und geborgen sind und gleichsam autonom sein dürfen. In der Psychologie nennt sich das die Balance zwischen Bindung und Autonomie. Sicher gebundene Kinder erfahren, dass sie gehalten und unterstützt werden, dass sie ihre Umgebung aber auch frei erkunden können. Das eine bedingt das andere. Geht alles gut, haben diese Kinder einen intakten Selbstwert. Sind resilient. Können Rückschläge besser verkraften und führen glücklichere Beziehungen. Weil jemand da war, der ihre Bedürfnisse erkannte, sie ernst nahm und ihnen Halt gab. Sind Bezugspersonen hingegen nicht verlässlich präsent, lernen Kinder, dass die Welt keine sichere ist. Dass sich das Kind Nähe erkämpfen muss. Oder allein klarkommen, obwohl es dazu noch nicht ausreichend in der Lage ist.

Auch leidet bei ständigem, unachtsamem Smartphone-Gebrauch der Eltern die kognitive Entwicklung des Kindes.[197] Kinder lernen durch die Interaktion mit der Bezugsperson. Werden dieses Lernen am Modell und die Interaktion mit den Eltern ständig gestört, wirkt sich das negativ aus. Das digitale Dauerrauschen hat reale Konsequenzen für Erwachsene, aber auch für die Entwicklung des Kindes. Es kommt nicht von ungefähr, dass ausgerechnet die Erfinder dieser Technologien ihren eigenen Kindern keine Smartphones erlauben. Stattdessen schicken die Silicon-Valley-Pioniere ihre Sprösslinge in Montessori-Kindergärten und auf Waldorfschulen, damit sie dort bei Regen im Dreck wühlen und miteinander interagieren.[198] Fernab von Screens. Wir haben schon viel darüber gesprochen, was das ständige Onlinesein mit dir als erwachsener Person macht. Dein Kind beeinflussen die digitalen Verlockungen noch intensiver, weil das Gehirn des Kindes noch in der Entwicklung steckt. Dabei geht es nicht nur um nicht kindgerechte Inhalte, sondern um das Digitale per se: Studien zeigen, dass beispielsweise hektische Szenen in Videos, mit denen Kinder bei ihrem digitalen Konsum konfrontiert sind, negative Folgen für noch nicht ausgereifte Regionen des Gehirns haben können.[199] Die Entwicklung der Aufmerksamkeits- und Konzentrationsfähigkeit leidet. Kinder, die häufig Bildschirm-Medien nutzen, haben mehr Mühe, Gegenstände richtig zu erkennen, zeigen schwächere Leistungen beim Sprechen und haben eine geringere Dichte von Bahnen der weißen Gehirnsubstanz, welche die Sprachfähigkeiten unterstützen.[200] Kinder werden, sind sie oft vor Bildschirmen, um die Chance gebracht, Dinge bewusst zu erleben. Die Folge: Sie empfinden weniger, sind freudloser, wissen nichts mit sich und anderen anzufangen. Das permanente Bespaßt- und Unterhaltenwerden führt dazu, dass Kinder weniger gut zuhören können, wenn man ihnen eine Geschichte vorliest. Sie entwickeln weniger aus sich selbst heraus.[201] Auch wenn sich die Wissenschaft in diesen Punkten nicht ganz einig ist und Studien auch auf die positiven Aspekte von digitalem Konsum bei Kindern eingehen:[202] Kinder brauchen digitalfreie Zeiten und Räume, in denen sie sich ganz ungestört und mit wenig äußerem Input auf Weltentdeckungsreise begeben können. Wenn du schon nach einem anstrengenden Tag aufs Sofa fällst und überreizt von allem bist, was du gesehen, getan und abgearbeitet hast, wie muss es sich für dein Kind anfühlen? Es ist deshalb wichtig, dass du dich als Erwachsener mit Themen der digitalen Balance auskennst und deine Kinder so früh wie möglich an eine ausgewogene Bildschirmnutzung heranführst. Auch, weil das Digitale immer stärker in ein Kinderleben eingreift: In den USA verbringen Kinder heute im Durchschnitt über vier Stunden täglich vor dem Bildschirm. In Deutschland, Österreich und der Schweiz liegt der Schnitt nicht weit darunter: 25 Prozent der sechsjährigen Kinder in der Schweiz besitzen bereits ein eigenes Smartphone.[203] Deutsche Jugendliche verbringen im Schnitt 70 Stunden in der Woche am Screen.[204] Es gibt Kinder, die keine

Nahrung mehr zu sich nehmen können, wenn kein Screen involviert ist, weil sie es so gewohnt sind, vor dem Bildschirm zu essen. Teenager geraten in Rage, wenn man ihnen die Geräte wegnimmt, reagieren mit Aggression, haben Schlafstörungen.

Mit zunehmendem Alter wird die Sache noch komplizierter. Weil der digitale Raum von vielen Eltern nicht beobachtet und kuratiert wird. Wenn sich auf einem digitalen Gerät verschiedenste Inhalte und Funktionen miteinander vermischen, liegen Lerninhalte und Tierporno nur einen Klick auseinander. Viele Eltern verpassen es, sich wirklich damit auseinanderzusetzen, welche Inhalte ihr Kind im Internet konsumiert – und auch selbst produziert. Und so stehen viele Kinder heute genauso alleine am digitalen Beckenrand wie ich damals, im Schwimmbad, und hätten genauso gerne jemanden, der da ist, hinschaut – und beim Lernen unterstützt.

Inzwischen wissen wir: Die großen Social-Media-Plattformen lassen Heranwachsende wissentlich in die Abhängigkeit rutschen, weil sie ein anderes Ziel verfolgen als die psychische und körperliche Gesundheit der Nutzerinnen und Nutzer: Sie wollen vor allem die Verweildauer erhöhen. Das *Wallstreet Journal* machte 2021 in einer fünfteiligen Serie publik,[205] was intern beim Facebook-Konzern, zu dem auch Instagram gehört, schon lange bekannt war: dass die Tendenz, nur die besten Momente zu teilen, und der Druck, perfekt auszusehen, bei Jugendlichen zu Essstörungen führen kann. Zu Depressionen. Zu Suizidgedanken. Eines von drei Mädchen ist betroffen. 30 Prozent der Jugendlichen sorgen sich um ihr Äußeres, jeder Fünfte zwischen elf und 17 Jahren zeigt einzelne Symptome einer Essstörung, 18 Prozent fühlen sich durch das Schönheitsideal auf Social Media unter Druck gesetzt. Wir haben in diesem Buch schon an einigen Stellen über die Macht der Abhängigkeit gesprochen – und was dazu führt, dass du öfter und länger digital unterwegs bist, als du willst. Genau das Gleiche passiert mit deinen Kindern. Zusätzlich zu diesem digitalen Dauerrauschen, das wir selbst erfahren, sind unsere Kinder noch viel stärkeren Gruppendruckdynamiken und Sehnsucht nach Anerkennung ausgeliefert. Das war bei uns als Jugendlichen nicht anders, wir hatten nur die digitalen Mittel noch nicht.

Das Kind im analogen Leben fördern

Gerade weil das Digitale schon so früh an die Kinderzimmertür klopft und wir durch unseren eigenen Umgang mit Smartphone und Co von Beginn an auf unser Kind einwirken, ist es umso wichtiger, dass Kinder analog möglichst oft und lange mit anderen interagieren oder sich Langeweile aussetzen. Weil sie in Interaktion Empathie trainieren, Mimik und Gestik interpretieren und Regeln aushandeln.[206] Mehr zum Thema Langeweile und Kreativität liest du auch später in Kapitel 9. Oft passieren diese Dinge nebenbei, während des gemeinsamen Spielens. Kinder lernen so automatisch, sich in sozialen Situationen besser zurechtzufinden. Das fördert die soziale Intelligenz. Auch Kreativität und Vorstellungskraft werden geschult, wenn du dein Kind mal alleine spielen lässt, ohne digitales Gerät, das ihm motorisch und sensorisch wenig Raum lässt, zu entdecken. Kinder brauchen Lernfelder, um Frustrationstoleranz zu entwickeln. Sie müssen, genau wie du, lernen können, wie Fehler passieren, sie wieder korrigieren können, an etwas dranbleiben, ihre eigene Selbstwirksamkeit erleben. Zwar gibt es inzwischen immer mehr Spiele und digitale Angebote für Kinder auf dem Markt, die durchaus ihren pädagogischen Nutzen haben, sie ersetzen jedoch nicht das Übungsfeld, das die Realität den Kindern bietet. Spiele ich gegen einen virtuellen Gegner Schach, dann kann es sein, dass er gegen mich gewinnt und dass ich Regeln erlerne, die wichtig für das Schachspiel sind. Doch darüber hinaus werde ich nichts lernen, das mit dem sozialen Kontext des Spiels zu tun hat. Ich muss nicht leise sein, auf andere Rücksicht nehmen, ich muss nicht vermitteln, wenn ein anderes Kind vor lauter Wut die Spielfiguren vom Brett fegt, oder mich damit auseinandersetzen, dass andere Menschen mich beobachten. All diese »Nebengeräusche« jedoch sind zentral für das Entwickeln von sozialen, intellektuellen und emotionalen Fähigkeiten.

Viele Eltern plagt aber die Angst, das Kind in frühen Jahren vom Digitalen komplett fernzuhalten. Weil sie befürchten, das Kind habe einen Wettbewerbsnachteil, wenn es nicht früh genug in Berührung mit dem Digitalen kommt. Kein Wunder: Vielerorts wird das Narrativ ins Feld geführt, ohne digitale Kenntnisse hätten wir alle keine Chance auf einen guten Beruf. Digitale Analphabeten sind die neuen Verlierer der Gesellschaft. Ich kann dich beruhigen: Digitale Kompetenzen erlernt dein Kind in Windeseile. Weil die meisten Kinder und Jugendlichen spielerisch damit umgehen und schnell lernen, was ihnen Spaß macht. Bevor du dir also Sorgen machst, dass dein Kind digital nicht fit genug ist, lass dir sagen: Es gibt Entwicklungsschritte und Kompetenzen, die viel relevanter sind – und die vorzuziehen sind, weil sie Jahre brauchen, um sich in deinem Kind gesund und nachhaltig auszubilden. Das Üben von motorischen Fähigkeiten beispielsweise. Emotionale Intelligenz. Werte entwickeln. Die Forschung zeigt: Es gibt für verschiedenste Fertigkeiten und Kompetenzen biologisch vorgegebene, sogenannte neuronale

Zeitfenster.[207] Wer bis zur Pubertät kein Mitgefühl gelernt hat, kann das kaum mehr nachholen oder nur mit sehr viel Anstrengung. Das Gehirn ist plastisch, deshalb ist im Grunde jede Veränderung möglich. Und doch gibt es für jede »Grundfunktion« unserer menschlichen Fertigkeiten eine Zeit in unserem Heranwachsen, die ideal dafür ist, etwas zu erlernen. So lernt ein Baby laufen, sprechen, interagieren – alles mehr oder weniger in einer Abfolge wie Millionen andere Kinder auch. Für das Erlernen von Sprache und die Entwicklung des Gleichgewichtssinns beispielsweise gibt es ebenfalls vorgegebene neuronale Fenster. Deshalb ist es so wichtig, dass dein Kind Kontakt zu anderen Menschen hat, spielen kann, sich austoben, zwischenmenschlich lernen. Setzt du dein Kind also zu früh und zu intensiv digitalen Reizen aus, behindert das seine natürliche biologische Entwicklung, weil es die Welt nicht mit allen Sinnen begreifen kann.

In einer digitalen Welt zählen zunehmend die menschlichen Fähigkeiten zu Kollaboration und kreativer Lösungsfindung. Es werden Jobs automatisiert, die nur wenig Eigeninitiative und menschliches Können erfordern. Investiere also rechtzeitig in die sozialen, motorischen und intellektuellen Fähigkeiten deines Kindes. Die meisten erfolgreichen Menschen lesen unzählige Bücher im Jahr. Sie investieren in Wissen, können sich fokussieren, sind gut vernetzt und setzen ihre Körper gesund ein. Dein Kind kann natürlich später auch im Sommercamp einen Kurs besuchen, wo es programmieren lernt, oder Informatikerin werden. Es geht bloß um die Frage, welche Basis es mitbringt, wenn es mit dem Digitalen in Kontakt kommt. Exzessive digitale Nutzung macht dein Kind eher passiv, hemmt seine Kreativität und verleitet es dazu, bereits Existierendes zu konsumieren, statt selbst aktiv zu werden.

Ein gutes Vorbild

Elternsein ist auch belastend und unendlich fordernd. Da ist es nur logisch, dass du dich ab und zu nach Rückzug sehnst. Nach einem anderen Leben. Dass du Momente hast, in denen du allein sein willst. Und froh bist, wenn da ein Paralleluniversum in deiner Tasche auf dich wartet, das nur dir gehört, oder eine Freundin ein lustiges GIF schickt, das dich kurz ablenkt. Oder du drückst deinem tobenden Kind das Smartphone in die Hand, um dich mal ein paar Minuten aus der Schusslinie zu nehmen. So trainierst du aber leider dir und deinem Kind an, das Smartphone als digitale Beruhigungspille zu verwenden. Mit der Zeit wird es immer schwieriger, fordernde Situationen ohne digitales Hilfsmittel zu entschärfen. Und versuchst du es dann doch oder nimmst dem Kleinen das Gerät plötzlich weg, wird die emotionale Not bloß noch stärker ausgedrückt. Ein Teufelskreis.

Oder du trainierst deinem Kind unbewusst an, dass es Lob dafür erhält, wenn es sich hübsch präsentiert und der Mama mit Fotos eine Freude macht. Beobachte beispielsweise mal, wie oft du dein Kind filmst und fotografierst und zu welchem Zweck. Der Wunsch danach, das Schönste in deinem Leben festzuhalten, ist verständlich. Und du solltest auch nicht ganz damit aufhören, Erinnerungen festzuhalten. Doch auch hier ist wichtig, im Einklang mit deinen Werten und im Bewusstsein für Grenzen und Privatsphäre deines Gegenübers zu handeln. Dein Kind ist nicht dein Eigentum, und Momente deines Kindes online zu posten, ist ein zweischneidiges Schwert. Verhandle das bewusst und aktiv mit deinem Partner. Diskutiert, welche Haltung ihr hier einnehmen wollt. Es ist außerdem auch psychologisch nicht sinnvoll, ständig Fotos und Filme von deinem Kind zu machen.

Wird jeder positive, lustige Moment digital festgehalten, lernt dein Kind: Ah, das Foto ist eine Belohnung, ich habe das gerade gut gemacht. Machst du dann mal keines, denkt das Kind im Zweifelsfall: Ah, das war nicht gut genug. Es wird also versuchen, zu performen, um dir und deinem Gerät zu gefallen. Oder, wie die Psychologin Bärbel Wardetzki sagt: Ein Kind kann schnell zum Schmuckstück, zum Statussymbol werden, das wir präsentieren, ohne die Grenzen dafür zu spüren, wie viel davon noch Stolz und Erinnerung sind und wie viel das Füttern eigener narzisstischer Tendenzen.[208]

Gerade weil das Digitale auch in unserem Familienalltag so präsent ist, ist es wichtig, dich als Elternteil zu reflektieren und bei dir selbst anzufangen. Das ist der beste erste Schritt, um Entspannung in das gesamte Familiensystem zu bringen. Frage dich deshalb ab und an:

Warum greifst du gerade zum Smartphone?

Welchen Nutzen ziehst du aus dieser Handlung?

Ist diese Handlung im Sinne und Interesse aller Beteiligten?

Welches Bedürfnis steht hinter deiner Handlung?

Woran liegt es, dass ich mich digital gerade anders verhalte, als ich mir das wünschen würde? Sind beispielsweise die An- und Abwesenheiten bei der Arbeit nicht klar geregelt, und es braucht eine Anpassung des Systems? Oder passiert das gerade aus Langeweile, Überforderung oder Zeitmangel heraus?

Grundsätzlich gilt: Alles ist legitim, weil jedes digitale Verhalten seinen Nutzen hat. Die einen Handlungen sind funktionaler als andere, die einen bringen mehr, während andere eher Probleme machen. In einem ersten Schritt musst du dein eigenes Verhalten auch nicht sofort umkrempeln und dich auf keinen Fall dafür verurteilen. Sondern bloß beobachten, wie du handelst. Und dir deine Gedanken dazu machen. Greifst du aus emotionaler Überforderung oder Sehnsucht nach Ablenkung oder Abgrenzung zum Smartphone, ist auch das legitim. Dann kannst du dir überlegen, wie du damit umgehen kannst. Was brauchst du? Hilfe im Alltag? Mehr Zeit für dich? Klarere Regeln? In einem zweiten Schritt könntest du dir dann überlegen, welche Räume du zurückerobern kannst oder wie du deinen Familienalltag so organisierst, dass du auch mal eine halbe Stunde Zeit für dich hast. Versuche genau dann, das Smartphone wegzulegen. Und die halbe Stunde wirklich etwas zu tun, das dich nährt – beispielsweise ein Vollbad nehmen oder einen Spaziergang im Wald machen. Oder einfach mit einem Glas Wein auf dem Balkon sitzen.

Achte auch darauf, ob Inkongruenzen zwischen dem bestehen, was du an Regeln vorgibst, und dem, was du tatsächlich vorlebst. Kinder sind schlau. Sie sind sensibel und achten auf Fairness. Spreche ich auf einem Podium, in einem Kurs, bei einem Vortrag für Führungskräfte über digitale Balance, kommt irgendwann immer jemand auf mich zu und fragt: Wie soll ich das machen mit meinem Sohn? Haben Sie Tipps, wie ich meine Tochter wieder vom Gerät weghole? Viele Eltern sind maßlos überfordert mit dem digitalen Dauerkonsum ihrer Kinder. Wissen nicht mehr, wie sie an sie rankommen. Wie sie ihre Kinder vom Bildschirm weglocken. Zurück in die reale Welt. Zurück an den Esstisch, zurück in eine gemeinsame Familienwelt. Ich frage dann: Habt ihr Regeln? Unternehmt ihr Dinge zusammen? Habt ihr gemeinsam digitale Spielregeln ausgehandelt? War da früher irgendeine Grenze? Und dann frage ich: Ist da bei *dir* eine Grenze? Bei dir selbst? Welches Vorbild bist *du* deinen Kindern? Es ist ein bisschen wie mit dem Feminismus: Wir wollen Männer erziehen, die Frauen respektieren, aber am Ende fangen alle an, zu essen, während Mama noch in der Küche steht und die Ablage trocken wischt. Das mag auf den ersten Blick nicht weiter schlimm sein, doch es setzt ein Zeichen. Es ist ein Alltagsmoment, der nonverbal eine Menge darüber aussagt, wie und ob Gleichberechtigung gelebt wird. Die kleinen Dinge zählen, und du musst es vorleben, nicht nur predigen.

Oder es kommt vor, dass Mama noch kurz eine Nachricht beantwortet, obwohl die Familie gerade isst, es kommt ein Anruf rein, der nicht warten kann, oder Papa checkt während des gemeinsamen Fernsehabends noch kurz seine Mails. Ist nicht weiter schlimm – sagt aber nonverbal eine Menge darüber aus, wie Familienzeit gelebt wird. Wie sollen deine Kinder dich respektieren und wissen, welche Regeln gelten, wenn du dir selbst nicht darüber im Klaren bist, welche Regeln für dich gelten? Frag doch deine Kinder mal, wie sie deinen digitalen Konsum wahrnehmen. Frag sie, ob sie daran etwas stört. Was sie von deinem Umgang damit halten. Und welche Regeln sie für dich aufstellen würden, wenn es an ihnen wäre, welche zu definieren.

Bei allem Respekt vor der familiären Gemeinschaft darfst du aber auch Grenzen setzen. Auch du darfst digitale Bedürfnisse haben, die privat sind und die nicht immer erklärt werden müssen, außer, dein digitales Verhalten beeinflusst andere Mitglieder der Familie. Bist du mit dem Kind unterwegs und erhältst einen Anruf? Dann sag: Ich telefoniere jetzt mit der Freundin und bin dann wieder bei dir. Arbeitest du im Homeoffice, kläre mit den Kindern, wann du nicht zu sprechen bist. Deine physische Präsenz alleine bedeutet nicht, dass dein Kind das Recht hat, deinen Raum einzunehmen oder permanent deine Arbeit zu stören. Du kannst dich auch mal abgrenzen. Viel wichtiger ist, klar zu sein: Jetzt bin ich ganz für dich da, und jetzt bin ich bei der Arbeit. Jetzt bin ich grad online, um die Zugverbindung nachzuschauen, und dann wende ich mich wieder dir zu. So lernt das Kind, dass Verlass auf das Gesagte ist und es nicht um deine Aufmerksamkeit kämpfen muss.

Wenn Liebe in Kontrolle kippt

Viele Eltern sind froh darüber, dass die digitalen Möglichkeiten ihnen auch eine gewisse Sicherheit vermitteln und sie damit ihr Kind schützen können. Die Angebote sind mittlerweile zahlreich: Mit der Dinner-Time-App kannst du das Smartphone deines Kindes für eine bestimmte Zeit deaktivieren, Pocket Nanny informiert dich, wenn dein Kind ein vorher definiertes Gebiet verlässt. Es geht aber auch krasser: Die Komplettüberwachung liefern Apps wie Canary Teen Safety oder My Mobile Watchdog. Anruflisten, Textnachrichten oder verwendete Apps, so ziemlich jede Aktivität mit dem Smartphone lässt sich überwachen.

Eltern können mittels GPS jederzeit den Aufenthaltsort des Kindes auf dem eigenen Smartphone sehen. Sogar gelöschte Nachrichten lassen sich per Fernsteuerung wiederherstellen, und einige App-Dienste prahlen damit, dass Eltern Textnachrichten ohne das Wissen ihrer Kinder lesen können. Musst du jedoch zu solch drastischen Maßnahmen greifen, um dich in Sicherheit zu wiegen, stimmt etwas mit eurem Vertrauensverhältnis nicht. Und du hast vielleicht Ängste und Sorgen, die du dir selbst genauer anschauen solltest, statt sie unbewusst auf dein Kind zu projizieren. Spüre in dich hinein, wie gewisse Ängste, Glaubenssätze und dein Bedürfnis nach Kontrolle ineinandergreifen. Oft verbirgt sich hinter dem Drang, zu helfen oder zu schützen, viel Liebe, aber auch Angst. Das ist okay. Die haben wir alle. Es ist nicht deine Schuld, wenn du den Glaubenssatz in dir trägst, dass die Welt kein sicherer Ort ist. Doch es hilft weder dir noch der gesunden Entwicklung deines Kindes, wenn du es mit sechs Jahren schon mit einem Smartphone ausstattest, damit du es immer lokalisieren und anrufen kannst, wenn es drei Minuten später als üblich von der Schule kommt. Das wird deinem Kind die Freiheit nehmen, sich selbst zu behaupten. Eine konstante Überwachung beruhigt dich oft nur für den Moment, führt längerfristig aber zu mehr Angst und Sorgen. Wer dauernd überprüft, was das eigene Kind gerade treibt, stellt sich auch ständig vor, was ihm alles passieren könnte. Dein Bedürfnis nach Kontrolle kann sogar gefährlich werden: weil dein Kind dann anfängt, die »elektronischen Schranken« zu umgehen. Dinge vor dir verheimlicht. Oder anfängt, dich anzulügen. Und im Ernstfall keine Vertrauensbasis mehr da ist, um offen über Unsicherheiten zu sprechen.

Stellst du bei dir solche Tendenzen fest, vergegenwärtige dir, dass du Vertrauen aufbauen musst. Vertrauen darauf, dass dein Kind selbst lernt, Grenzen zu setzen, Situationen richtig einzuschätzen und sich zu behaupten. Und, dass es selbst genauso lernen darf, in eine digitale Balance zu kommen wie du. Sprecht darüber, was du brauchst, um dich sicher zu fühlen. Und zu wissen, dass es deinem Kind gut geht. Ist es ein Anruf, wenn es den Bus nimmt? Ist es das Versprechen, immer ehrlich zu sagen, wo es hinwill und mit wem es sich trifft, du dann aber nicht schmollst oder ausrastest? Ist es, dass es grundsätzlich frei ist, sich mit Freunden zu verabreden, bei einem Anruf aber rangehen sollte? Sprecht auch darüber, was dein Kind braucht, um sich gesehen und respektiert zu fühlen. Und welche digitalen Grenzen ihr gemeinsam setzt, um einander Vertrauen und Klarheit zu schenken.

Gemeinsame Räume für eure Familie

Welche Räume sollen digital sein, welche nicht? Zu welchen Zeiten sind digitale Betätigungen erlaubt? Alleine, gemeinsam? Auf welche Regeln könnt ihr euch als Familie einigen? Welche digitalen und analogen Bedürfnisse hat jeder von euch, und warum? Als Eltern plagen uns oft viele Fragen darüber, wie wir unseren gemeinsamen digitalen Alltag sinnvoll und nachhaltig meistern können.

Gemeinsame Familienzeit ist von unschätzbarem Wert. Gerade in der heutigen Zeit ist eine Familienstruktur nicht mehr selbstverständlich. Klare Strukturen und feste Rituale aber geben euch allen und vor allem deinen Kindern Halt und Orientierung. Schaut, dass nicht jeder nach dem Essen mit seinem Smartphone in sein Zimmer verschwindet, sondern gewisse Räume und Zeiten wie beispielsweise die gemeinsame Essenszeit oder auch Familienzeit am Abend für das Gespräch, Spaß und Spiel reserviert sind. Bleibt also nach dem Abendessen noch eine Weile zusammen und spielt zusammen ein Brettspiel und sprecht über euren Tag. Umfragen bei Jugendlichen zeigen nämlich: Gemeinsam verbrachte Familienzeit abseits vom Digitalen tut ihnen psychisch gut und wird positiv bewertet.[209] Ihr könnt eure gemeinsamen Unternehmungen stärken, wenn ihr das Digitale dabei achtsam nutzt – und auf einem Ausflug das Handy auch mal zu Hause lasst, soweit das geht. Je früher ihr euch über eure Familienroutinen im digitalen Kontext Gedanken macht, desto besser. Denn es wird den Kindern leichter fallen, Regeln weiter einzuhalten, wenn sie schon von klein auf bestehen, als ausgerechnet mit neuen digitalen Verhaltensregeln um die Ecke zu kommen, wenn der Sohn 15 ist und rund um die Uhr gamen will.

Du kannst euren Weg hin zu mehr digitaler Achtsamkeit als Familie beispielsweise damit beginnen, indem du eine Ladestation für alle eure digitalen Geräte einrichtest, die sich in einem Zwischenzimmer, im Flur oder sonst an einem Ort befindet, der nicht der sozialen Interaktion dient. Haltet außerdem Zeiten und Räume digitalfrei, etwa den Esstisch, das Schlafzimmer und den gemeinsamen Spieleabend. Überlege dir auch, welchen Platz du physisch welchem Möbelstück in deinem Zuhause gibst: Ist der Fernseher das Zentrum des Familiengeschehens, oder sind es die Küche und der Tisch? Wie du dein Zuhause einrichtest, so lebst du auch.

Sei als Elternteil, wie bereits beschrieben, ein gutes Vorbild. Eine Freundin von mir, die Mutter ist, hat sich bewusst wieder eine Papier-Sonntagszeitung bestellt, weil sie sonntags nicht an den Geräten hängen will. Sie hat sich aktiv dazu entschieden, einen Teil ihres digitalen Verhaltens wieder zu analogisieren, um ihren Kindern vorzuleben, dass sie als erwachsene Person auch analog Wissen aufnehmen kann. Und auch mal einen Tag ohne Gerät auskommt. Eine andere Freundin legt das Smartphone zur Seite, sobald sie zu Hause zur Tür reinkommt. Und signalisiert ihren Kindern so, dass sie sich abgrenzen kann. Eine andere Familie aus meinem Bekanntenkreis hat sich gemeinsam an den Tisch gesetzt, ihr digitales Verhalten reflektiert und dann über die Weihnachtstage das WLAN abgeschaltet. Das hat bestens funktioniert, alle hatten Zeit füreinander, es gab viel weniger Spannungen, und danach konnten alle mit großer Lust auf dem Handy rumdaddeln und die Onlinezeit auch wieder neu genießen.

Sehen deine Kinder, wie du deinen Weg in eine größere digitale Balance tapfer gehst, dich nicht entmutigen lässt, sie auf die Reise mitnimmst, werden sie sich auch besser dafür öffnen können. Du bist authentische Inspiration für sie. Wo Schmerz ist, ist auch Wachstum. Es nützt deinem Kind nichts, einen perfekten Vater zu haben, der nie etwas falsch macht. Lieber ist uns allen doch ein zugänglicher, warmer, manchmal überforderter Mensch, der das aber akzeptieren und teilen kann. Verzeih dir und euch als Familie also das Reinfallen in alte Muster. Steht danach einfach wieder auf, und versucht es weiter. Sprecht gemeinsam über euren digitalen Konsum. Und wie ihr euch damit fühlt. Kläre dein Kind darüber auf, welche Abhängigkeitsmechanismen greifen und welchen Druck wir alle spüren. Verbringt auch mal gemeinsam Zeit am Bildschirm. Ihr könnt gemeinsam einen Film aussuchen oder gemeinsam Mario Kart spielen. Das ist sozialer, als wenn jeder für sich auf dem Sofa sitzt und sein digitales Individualprogramm fährt.

Das Kind ins digitale Leben begleiten.

Das Wichtigste, was du deinem Kind geben kannst, sind Vertrauen und echtes Interesse. Ein ehrlicher und offener Umgang mit den Chancen und Gefahren der Digitalisierung ist von unschätzbarem Wert. Viele von uns sind mit unserem eigenen Nutzungsverhalten noch komplett überfordert. Wie sollen wir also in der Lage sein, unsere Kinder sicher auf diese Welt vorzubereiten? Zum Glück können wir mit der Entscheidung, selbst digital achtsamer zu werden, schon sehr viel auslösen. Darüber hinaus braucht es klare Regeln, eine offene Streit- und Diskussionskultur sowie ein Interesse der Eltern, sich mit den Fragen und Inhalten des Netzes rechtzeitig und ernsthaft auseinanderzusetzen. Der Druck auf Kinder und Jugendliche ist in digitalen Zeiten sehr real. Weil viele schon sehr früh mit digitalen Inhalten in Kontakt kommen, die sie alleine kaum verarbeiten können, wie beispielsweise sexuelle Inhalte oder Mobbing und Hatespeech. Auch lastet enormer sozialer Druck auf ihnen, haben sie nicht als Erste in der Klasse das neuste iPhone. 95 Prozent der Zehn- bis 18-Jährigen nutzen Social-Media-Kanäle. Rund 5.000 Bilder pro Woche landen im Schnitt über ihre Sinnesorgane in ihren Köpfen. Gerade deshalb ist es integral wichtig, dass du dein Kind eng begleitest. Ansprechperson bleibst. Dein Kind nicht verurteilst. Klare Regeln aufstellst, aber auch offen bist für Gespräche und die Lebensrealität deines Kindes.

Nachfolgend habe ich dir ein paar Tipps zusammengestellt, um deinem Kind einen digital achtsamen Umgang zu erleichtern. Erlaube deinem Kind, digitale Geräte sichtbar für alle zu benutzen, lass es das Smartphone aber nicht mit ins Bett nehmen und auch nicht mit ins Badezimmer oder ins Schlafzimmer. Gerade wenn es noch klein ist, sollte es keine Geräte bei sich tragen dürfen. Lass Geräte wie Tablets und deinen Laptop nicht rumliegen, sondern verstaue sie in einer dafür vorgesehenen Schublade. Stellt klare Regeln für Bildschirmzeiten auf. Berücksichtige dabei auch das Alter und die Reife deines Kindes. Du kannst einen Wecker stellen, der das Ende der Bildschirmzeit ankündigt. Freunde von mir benutzen die Backofenuhr und lassen sie ihre Kinder selbst einstellen. So sind sie in den Prozess involviert. Bei Games oder Serien lohnt es sich, eine bestimmte Anzahl Runden oder Folgen zu definieren. So entsteht kein Frust darüber, dass das Kind mittendrin abstellen muss. Am besten, du ritualisierst die Mediennutzung. Und erlaubst dem Kind immer zur gleichen Zeit die gleiche Portion Bildschirm. So etablierst du Routinen und Gewohnheiten. Außerdem ist Bildschirmzeit nicht gleich Bildschirmzeit. Adam Alter, Psychologe und Autor des Buches *Unwiderstehlich: Der Aufstieg suchterzeugender Technologien*[210] vergleicht Medien mit Essen: 100 Kalorien eines Salates sind nicht genauso zu bewerten wie 100 Kalorien eines Donuts. Das gilt auch für den Medienkonsum: Eine Stunde mithilfe einer App zeichnen zu üben ist etwas anderes, als eine Stunde einen Zeichentrickfilm zu schauen. Achte deshalb darauf, welche Medieninhalte genutzt werden und welchem Zweck Bildschirme dienen. Gewöhne deine Kinder daran, dass das Musizieren, der Sport, die Hausaufgaben und das Helfen im Haushalt Priorität haben. Das Digitale folgt danach.

Achte auch darauf, dass der Großteil des Tages aus bildschirmfreien Aktivitäten besteht. Je mehr Interessen das Kind hat und sich auch mal selbst beschäftigen kann, desto besser. Nicht sinnvoll ist laut Experten, die Bildschirmzeit an andere Dinge zu koppeln und sie so als Belohnung einzusetzen. So wird ihnen noch mehr Macht zugesprochen, weil dann alles andere nur Mittel zum Zweck ist, endlich online gehen oder gamen zu können.

Bestimme, wie es nach der Bildschirmzeit weitergeht: Besonders für kleine Kinder kann eine Rückkehr in die analoge Welt manchmal sehr abrupt erfolgen und Widerstand und Langeweile auslösen. Es kann deshalb helfen, wenn das Kind schon vor Ende der Bildschirmzeit weiß, was danach kommt. Beispielsweise der Familienspaziergang, mit der Katze spielen oder beim Kochen helfen. Falls das Kind selbst keine sinnvolle Tätigkeit nach der Bildschirmnutzung nennen kann, kannst du das als Zeichen deuten, dass es aus der Balance geraten ist. Schlag ihm dann eine oder mehrere Tätigkeiten vor. Bei kleineren Kindern kann es helfen, wenn du dich fünf Minuten vor dem Ende der Bildschirmzeit zu ihnen setzt, sie berührst und mit ihnen über das Geschehen auf dem Bildschirm sprichst. Durch den physischen Kontakt hilfst du ihnen, zurück ins Jetzt zu kommen.

Liegen deine Nerven blank und eine sechsstündige Zugfahrt steht an, ist es total okay, das Kind auch mal vor den Bildschirm zu setzen. Doch mach das nicht zur Gewohnheit. Finde andere Wege, mit deinen Spannungen und auch denen deines Kindes umzugehen. Schaff dir den Raum, mal ohne dein Kind zur Ruhe zu kommen. Hol dir Hilfe bei deinem Partner, der Kita, den Großeltern, bei einer Jugendberatungsstelle. Wir sind alle mal überfordert. Wichtig ist bloß, zu lernen, damit konstruktiv umzugehen. Setze dich mit dem digitalen Konsum deines Kindes auseinander. Sprecht darüber. Vermittle deinem Kind Sicherheit, indem du es wissen lässt, dass es immer zu dir kommen kann, wenn es verstörende Inhalte sieht oder etwas passiert, das es beschäftigt. Du solltest als Elternteil wissen, was dein Kind im Internet macht. Du solltest die digitale Welt deiner Kinder kennen. Interesse und Verständnis sind die Grundlage für eine gute Beziehung und für offene Kommunikation. Gerade Jugendliche tun oft so, als wollten sie mit dem Thema allein gelassen werden. Oft dient das Digitale gerade im Jugendalter dazu, sich von den Eltern abzugrenzen und sich zurückzuziehen. Hinter dem

Bedürfnis, ständig gamen und digital kommunizieren zu müssen, steckt manchmal auch ein echter Mangel an Nähe, soziale Angst oder schlicht Unsicherheit. Kinder finden in digitalen Welten eine Ablenkung von realer Not. Weil sie sich von ihren Eltern nicht gesehen fühlen, zu sehr unter Druck stehen oder nicht so recht wissen, wie sie im analogen Leben echte Freundschaften knüpfen sollen. Genau wie bei uns Erwachsenen auch.

Fordere dein Kind also nach Möglichkeit körperlich, geistig und musisch. Gib ihm all die Liebe, die dir möglich ist – und hol dir Hilfe, wenn das nicht mehr geht. Gib ihm die Möglichkeit, in einer Gruppe von Gleichaltrigen aktiv zu sein und seine soziale Kompetenz zu trainieren. Lass es Sport machen in einem Verein, der es wöchentlich fordert. Und ermutige es zu Hobbys, die screenfrei sind. Wie lesen, malen oder basteln. Unterscheide auch bei deinem Kind zwischen passivem Konsum und aktivem Gestalten. Ihr könnt euch ein Kuchenback-Tutorial ansehen, backt den Kuchen danach aber auch tatsächlich. Checkt dabei nicht hundertmal, ob ihr alles richtig macht. Sondern probiert mal was aus, mit dem Risiko, dass es danebengeht, aber Spaß macht. Gerade in einer Zeit, in der TikTok-Videos Hunderte Male gedreht werden, bis alles perfekt sitzt, und so gut wie alles, was dein Kind macht, online bewertet werden kann, sind wertfreie Räume, in denen Fehler erlaubt sind und auch mal was danebengehen kann, von unschätzbarem pädagogischen Wert.

Plane auch für dich selbst digitalfreie Zeiten ein. Grenze dich ab. Übe dich in Präsenz. Nutze das Gerät in Anwesenheit deiner Kinder so wenig wie möglich. Und falls es doch nötig ist, erkläre, warum das jetzt sein muss. Und schließlich: Dein Kind muss auch ohne dich lernen, in eine digitale Balance zu kommen.

Natürlich kannst und sollst du es dabei unterstützen. Doch zu lernen, sich selbst Grenzen zu setzen, ist zentral, um eine ausgewogene nachhaltige Beziehung zur Technologie zu entwickeln. Dein Kind braucht eine Portion Eigenverantwortung. Denn irgendwann wirst du den Medienkonsum kaum mehr kontrollieren können. Umso besser, wenn es dann schon gelernt hat, mit dem Digitalen gesund umzugehen.

Bildschirmzeit für Kinder: Ab wann? Und wie viel?

Das Wichtigste und Nachhaltigste kannst du im echten Leben tun. Und doch beschäftigt die Frage, wie viel Bildschirmzeit noch »gesund« ist, viele Eltern täglich.

Die Bundeszentrale für gesundheitliche Aufklärung (BZgA) empfiehlt, dass Kinder im Alter bis zu drei Jahren überhaupt keinen Zugang zu Bildschirmmedien bekommen sollen.[211] Drei- bis Fünfjährige sollten sich höchstens eine halbe Stunde pro Tag mit Bildschirmmedien beschäftigen, und Sechs- bis Neunjährige maximal eine Stunde täglich. Ab zehn Jahren rechnet man für jedes Lebensjahr eine Stunde pro Woche.[212]

Solche Zeitangaben sind Richtwerte und geben Orientierung. Eine Studie fand beispielsweise heraus, dass Social Media bei Mädchen und Jungen in einem unterschiedlichen Alter die größten negativen Effekte auf ihre psychische Gesundheit hat: Bei Mädchen war das zwischen 11 und 13, bei Jungen erst zwischen 14 und 15 Jahren. Die gleiche Studie zeigt: Sind die Jugendlichen oft auf Social Media, sind sie ein Jahr später im Schnitt unglücklicher als Gleichaltrige.[213] Doch Studien zeigen immer Durchschnittswerte. Kinder sind unterschiedlich. Was für die einen okay ist, kann für andere bereits zu viel sein. Eine rein zeitliche Beschränkung ist noch aus einem anderen Grund nicht immer hilfreich: Wenn das Kind mitten in einem Video oder einer Spielrunde aufhören muss, löst das Frust aus und kann heftige Reaktionen provozieren.

Geht es um ein eigenes Gerät, solltest du dich auch hier nach deinem Kind, euren Regeln innerhalb der Familie und dem Umfeld richten. Muss dein Kind aus wichtigen Gründen im Kindergarten oder in der Schule bereits für dich erreichbar sein, weil es zum Beispiel krank ist, dann lassen sich solche Fragen auch mit einem Gerät klären, das keinen Zugang zum Internet hat, aber telefonieren kann. Ein schönes und praktisches Minimal-Phone hat beispielsweise die Schweizer Firma Punkt designt. Es gibt mittlerweile aber auch wieder mehr Auswahl, was Minimal-Phones und Klapphandys betrifft. Ein eigenes internetfähiges Handy empfiehlt sich erst nach der Grundschule. Die Psychiaterin Anna Lembke geht noch weiter und sagt: Kein Smartphone vor dem 14. Lebensjahr.[214] Sie appelliert an die Eltern, die Nerven nicht zu verlieren und das Kind so lange wie möglich abseits von Geräten aufwachsen zu lassen. Damit genug Zeit ist, dass das Kind lernt: Ich kann mich auch ohne digitale Geräte unterhalten, zurechtkommen und mich abreagieren.

Besprich mit deinem Kind, dass es ein Recht auf Privatsphäre hat, dass das Smartphone aber im Beisein des Kindes kontrolliert werden darf. So entsteht kein Vertrauensmissbrauch, doch du behältst trotzdem den Überblick. Kauft ein neues Gerät idealerweise in den Ferien, so bleibt genug Zeit, sich daran zu gewöhnen. Definiert Regeln, bevor das Gerät einzieht. Ihr könnt auch einen schriftlichen Mediennutzungsvertrag aufsetzen, den alle unterschreiben. Beziehe das Kind mit ein. Wie viel ist das neue Gerät ihm wert? Welche Verantwortung ist es bereit, zu tragen? Kann es einen Teil mitfinanzieren? Nun, da es ein Gerät besitzt, das es »erwachsen« macht: Welche anderen Aufgaben zu Hause fallen in diese Sparte und sind von nun an Teil des Erwachsenwerdens? Das können Aufgaben im Haushalt sein oder dem kleinen Bruder mit den Hausaufgaben helfen.

Es gibt viel, was du tun kannst, um dein Kind nicht zu früh, aber rechtzeitig an ein Gerät zu gewöhnen und ihm einen gesunden Umgang mitzugeben. Denn: Ist dein Kind mit 14 Jahren das einzige in der Klasse ohne Gerät, kann aus dem gut gemeinten Abschirmen auch eine soziale Gefahr werden. Weil es sich dann ausgeschlossen fühlt. Deshalb ist die Umgebung so wichtig. Du kannst als Elternteil schon viel tun, wenn du das Thema Bildschirmzeit unter Eltern rechtzeitig ansprichst, ihr gemeinsam an einem Strang zieht und ihr als Familie bereits über Jahre klare Regeln etabliert. Dann fällt es deinem Kind auch leichter, wieder in einen ausgeglichenen Umgang zurückzufinden, wenn es mal über die Stränge schlägt.

Beschränke die Screentime deines Kindes im Teenageralter nach Möglichkeit außerhalb der Schulzeit auf zwei Stunden am Tag. Sprich mit ihm darüber, warum du das tust. Und handle diese Zeiten mit ihm aus. Begegnest du ihnen auf Augenhöhe, kommen dir deine Teenager eher entgegen. Und sehen auch ein: Zu viel Zeit am Smartphone hat auch Konsequenzen für mich selbst. Du kannst ihnen bei der Einordnung helfen, indem du ihnen aufzeigst, welche Konsequenzen das ständige Onlinesein für Gehirn, Psyche und Körper haben kann.

Du musst mit deinen Kindern nicht alles diskutieren. Ein Smartphone ist, auch wenn sie das anders sehen mögen, kein Grundrecht. Es sollte als Möglichkeit gesehen werden, als

Chance, als Privileg. Und nicht als selbstverständlich. Auch wenn laut Umfragen in deutschen Haushalten jedes zweite Kind zwischen sechs und elf Jahren ein Smartphone erhält oder die Eltern zumindest vorhaben, ihm eines zu geben.[215] Erkläre deinem Kind, dass du ihm nicht schaden willst – im Gegenteil. Viele Kinder, die alles bekommen, was sie sich wünschen, und auch so viel online sein können, wie sie wollen, sind in Wahrheit nicht privilegiert, sondern vernachlässigt. Weil niemand ihnen Grenzen aufzeigt. Und niemand sich darum schert, wirkliche, präsente Zeit mit ihnen zu verbringen.

Gewalt im Netz

Ob Mobbing, Grooming oder pornografische Inhalte: Das Internet besteht aus vielen Räumen und bietet deshalb auch Raum für Gewalt. Wir müssen uns dieser Tatsache als Eltern bewusst sein. Und beginnen, hinzuschauen. Bei Zehnjährigen kam jedes vierte Kind bereits in Berührung mit problematischen Inhalten im Netz, bei den Fünfzehnjährigen sind es neun von zehn.[216] Anders gesagt: Problematische Inhalte und Kontaktaufnahmen von Fremden oder Menschen, die deinem Kind schaden wollen, sind real und keine abstrakte Gefahr. Umso wichtiger bist du. Weil du erwachsen bist und schützen kannst. Und weil du mit einem anderen Blick auf Gefahren schaust als dein Kind. Eine Achtjährige möchte auf Tiktok einfach Bestätigung, sie sieht, welche Inhalte trenden, und ahmt nach. Sie überlegt sich nicht, welche Bilder von ihr wen anziehen oder welche Konsequenzen es haben kann, wenn sie sich mit Fremden vernetzt und private Informationen zu ihrem Wohnort herausgibt. Deshalb ist es so wichtig, dass du dein Kind so früh wie möglich aktiv darin begleitest, das Internet zu erkunden. Du kannst es nicht vor allem schützen, doch du kannst ihm beibringen, was zu tun ist, wenn es sich unwohl fühlt. Ein offenes Ohr haben. Du bist der Filter deines Kindes. Und du bist auch derjenige, der Werte vermittelt: Wie gehen wir mit anderen Menschen um? Wie sage ich, wo meine Grenzen liegen? Wie reagiere ich auf Gruppendruck? Wie stehe ich zu Konsum und Selbstdarstellung?

Informiere dich als Elternteil grundsätzlich immer so umfassend wie möglich, bevor ein Gerät gekauft, eine App installiert, eine Seite aufgerufen wird. Sind die Apps mal auf dem Gerät installiert, ist es viel komplizierter, sie wieder loszuwerden. Achte auf Altersempfehlungen, und mach eine kurze Internetrecherche. Schau in Elternforen nach. Du kannst dir auch auf YouTube erklären lassen, wie ein Spiel funktioniert. Frage zudem bei deinem Kind nach, was es mit dem Spiel oder der App bereits erlebt hat, falls es beispielsweise durch Nachbarskinder in Kontakt gekommen ist. Was daran ist so toll? Wie wird gespielt? Wie lange? Wie fühlt sich das Kind dabei?

Bei Games kannst du anfangs die Chatmöglichkeit deaktivieren und auch ein wachsames Auge darauf haben, mit wem das Kind in Kontakt ist – beispielsweise nur mit Menschen, die es aus Schule und Freizeit kennt. Richte den Computer außerdem kindergerecht ein. Indem du als Startseite eine Kindersuchmaschine und einen Erotikfilter installierst und Pop-ups unterdrückst. Suchmaschinen wie Google haben beispielsweise einen »SafeSearch«-Filter, den du aktivieren kannst. Geht es um die Frage der Sicherheit, ist auch sehr wichtig, dem Kind rechtzeitig beizubringen, dass Privates nicht ins Internet gehört. Es sollte keine private Adresse posten, keine Telefonnummer, keine Informationen zu den Eltern oder Geschwistern. Auch kannst du thematisieren, welche Art von Bildern dein Kind hochladen darf und welches Risiko bestehen könnte, wenn es sich beispielsweise in bestimmten Posen fotografieren lässt.

Sprich mit deinem Kind auch darüber, dass es eure Passwörter nicht weitergeben sollte, was passieren kann, wenn eine Kreditkartennummer eingegeben wird oder wenn ein Foto, welches das Kind Freunden schickt, ungewollt veröffentlicht wird. Weise dein Kind darauf hin, wie wichtig es ist, die Privatsphäre-Einstellungen auf Social Media und an den Geräten aktiv zu regulieren und so restriktiv wie möglich zu handhaben. Stellt die Einstellungen am besten zusammen um. Versuche, deinem Kind so früh wie möglich zu erklären, dass Kontakt zu Fremden im Netz, auch wenn es sich um Gleichaltrige handelt, eine große Gefahr darstellen kann. Baue Hilfen ein – beispielsweise könnt ihr alle gemeinsam skypen, bevor euer Kind jemanden aus dem Netz trifft, euch alle gemeinsam an einem Ort treffen, die Eltern des Gegenübers kontaktieren und so weiter. Merkst du, dass sich dein Teenager online verliebt hat, zeige Verständnis, versuche aber auch, herauszufinden, wie seriös das Gegenüber ist. Es kann nämlich passieren, dass deinem Kind Liebe vorgegaukelt wird, es sich aber leider in Wirklichkeit um Betrüger handelt. Mehr zu diesem Thema findest du unter den Begriffen »Cybergrooming« und »Loverboys«.

Du kannst auch mit deinem Kind darüber sprechen, dass es »gute« und »schlechte« Geheimnisse gibt – gute wie beispielsweise, dass es niemandem verraten muss, wo es das Osternest versteckt hat. Schlechte, wenn es bedroht oder in der Schule gemobbt wird. Erkläre deinem Kind, dass es solche schlechten Geheimnisse immer erzählen darf und du ihm glauben wirst. Und dass es, falls es ein komisches Gefühl hat, immer aussprechen darf, was es gerade fühlt. Und du es ernst nimmst und nicht verurteilst. Ist dein Kind von Cybermobbing oder Grooming betroffen, reagiere sofort. Verurteile es nicht, sondern biete emotionale Unterstützung. Sichert Beweise, meldet die Taten eurer Schule, und geht zur Polizei. Es ist wichtig, sofort zu reagieren, weil Mobbing durch Schweigen schlimmer wird. Sei bei diesem Thema besonders wachsam. Denn: Ein Viertel der betroffenen Kinder und Jugendlichen sagt niemandem, dass sie belästigt werden und Hilfe brauchen.[217] Viele schweigen aus Scham oder Angst, dass es noch schlimmer werden könnte oder weil sie die Eltern nicht belasten möchten.

Sprich mit deinem Kind auch über gesunde Grenzen, und versuche, seinen Selbstwert zu steigern, indem du mit ihm Dankbarkeitsübungen machst oder täglich Revue passieren lässt, was es alles gut gemacht hat, wem es eine Freude bereitete und welche Menschen um es herum ihm gezeigt haben, dass es liebenswert und wertvoll ist. Du kannst mit deinem Kind aktiv daran arbeiten, den Fokus auf das Positive in seinem Leben zu legen, und gleichzeitig alles Notwendige unternehmen, dass das Mobbing aufhört. Ist dein Kind selbst Täterin oder Täter, gilt es auch hier, rasch einzugreifen und das Gespräch zu suchen. Es kann helfen, deinem Kind klarzumachen, wie es sich als Gegenüber fühlen würde, und Empathie zu üben. Holt euch beim Thema Cybermobbing unbedingt Hilfe. Das ist kein einfaches Thema, sehr verbreitet, aber auch schwierig im Umgang, weil es sich um eine Gruppendynamik handelt. Expertinnen haben Erfahrung und können euch Sicherheit vermitteln.

Im Umgang mit dem Digitalen gilt es, Grenzen zu ziehen und Konflikte mit dem Kind auszuhalten. So kann es sich reiben, hat ein Gegenüber – und wird ernst genommen. Du tust ihm keinen Gefallen, wenn du wegschaust und alles erlaubst, weil es sich dann allein gelassen fühlt. Das Kind ist mit vielen Inhalten noch überfordert, für die Entwicklung ist das nicht förderlich. Viele Eltern erlauben zu viel digitalen Konsum, auch, weil sie ihr schlechtes Gewissen erleichtern wollen, Stress haben, mehrere Jobs jonglieren müssen. Wenn Eltern nicht mehr wissen, wie man Nein sagt, kann sich keine Frustrationstoleranz und keine Resilienz bilden, also keine psychische Widerstandsfähigkeit. Dein Nein hilft dem Kind, sich selbst zu positionieren. Argumente zu liefern. Lernen, mit Konflikten und anderen Meinungen zurechtzukommen. Sei aber mit dir selbst genauso konsequent und ehrlich wie mit deinen Kindern. Stellst du bei dir selbst fest, dass du dein Kind aus Überforderung heraus öfter vor den Screen setzt, als dir lieb wäre, melde dich bei einer Beratungsstelle und bitte um Unterstützung. Du bist nicht allein! Verbannst du hingegen alles Digitale aus dem Leben des Kindes, erlebt es dich nicht als Vertrauensperson – und du riskierst, dass es hinter deinem Rücken Dinge ausprobiert, ohne dass da jemand ist, der es auffängt. Überprüfe auch hier deine Beweggründe, deine Ängste und deinen Hang zur Kontrolle.

Always on in Schule und Klassenchat?

Kritische Fragen nach den Schattenseiten der Digitalisierung sind in etwa so *en vogue*, wie Karottensaft in einer Fußballkneipe bestellen, nämlich: gar nicht. Wir rüsten schon Grundschulen mit Tablets auf. Erlauben Jugendlichen, ständig ein Smartphone bei sich zu tragen. Feiern, dass endlich alles ein bisschen digitaler wird. Immer öfter läuft auch in der Kita, im Lehrbetrieb oder am Gymnasium vieles digital, organisieren sich Schulklassen per WhatsApp und digitaler Präsenzliste, lernen per Videoinhalt und schicken Zeugnisse per Mail. Dass auch Schulen mit der Zeit gehen, ist absolut sinnvoll und auch in vielen Fällen zielführend. Doch gerade im pädagogischen Kontext gilt es, einen achtsamen Umgang mit dem Digitalen zu finden. Und zu hinterfragen, in welchen Momenten das Digitale sinnvoll eingesetzt und in welchen überstürzt angewendet wird.

Reflektiert und hinterfragt als Eltern deshalb:

Wie wendet eure Schule das Digitale an?

In welchen Bereichen kommen digitale Hilfsmittel zur Anwendung?

Zu welchem Zweck?

Welchen Stellenwert hat das physische Zusammensein, das Spielen, das Entdecken, die Einbettung in Natur und Umwelt?

Wie sehr ist Gamification, also das Punktesammeln und digitale Anspornen, Teil des Unterrichts? Ist es überall nötig?

Wie geht dein Kind mit dem Digitalen um?

Ist es belebt, angeregt oder auch überfordert und überreizt?

Wie kommuniziert ihr Eltern untereinander?

Wie digital achtsam ist dein Elternumfeld?

Spielt die Diskussion um Digitalisierung an Schulen und im Privaten in eurem Umfeld eine Rolle?

Gerade wenn die Umgebung deines Kindes nicht die gleichen Werte vertritt wie du, steckst du im Dilemma: Du möchtest deinem Kind die richtigen Werte mitgeben, gleichzeitig willst du ja auch nicht, dass dein Kind ausgeschlossen wird. Suche deshalb das Gespräch mit anderen Eltern. Prüfe, wie sensibilisiert sie gegenüber dem digitalen Konsum der Kinder und ihrem eigenen sind. Findest du Gleichgesinnte, schließt euch zusammen. Sprecht mit der Schulleitung. Gestaltet digitale Achtsamkeit in Unterricht und auf dem Schulhof mit. Redet darüber, welche Regeln bei den Freundinnen und Freunden zu Hause gelten. Was dir wichtig ist.

Ist dein Umfeld nicht sensibilisiert oder nicht an der Diskussion interessiert, ist es natürlich schwieriger, deine Werte nachhaltig mitzugeben. Genau hier kannst du aber auch ansetzen: Indem du mit deinem Kind besprichst, dass andere Menschen andere Werte haben und es seinen Werten treu bleiben darf und trotzdem Teil eines Systems sein kann. Versuche, nicht mit absoluten Verboten zu arbeiten. Oftmals wissen es Menschen schlicht nicht besser. Eltern und Kinder posten dann innerhalb von Minuten Smileys in den Klassenchat oder schicken sechsmal Fragen hinterher, statt mal kurz in den Unterlagen zu schauen. Kommt dir das bekannt vor? Das ist nicht bloß im Klassenchat so, sondern auch auf der Arbeit und im Freundeskreis. Versuche also auch hier, Aufklärungsarbeit zu leisten. Forscher untersuchten beispielsweise die schulischen Leistungen von mehr als 100.000 Schulkindern in vier Großstädten und stellten fest: An Schulen mit Smartphoneverbot schnitten die Schülerinnen und Schüler in Tests im Durchschnitt sechs Prozent besser ab als an Schulen ohne Verbot, schlechte Schulkinder sogar 14 Prozent.[218] Solche Fakten können im Gespräch helfen. Animiere die Schule dazu, gemeinsam mit den Kindern Regeln für den Klassenchat festzulegen, beispielsweise, was darin gepostet wird, wann die »offiziellen« Öffnungszeiten des Chats sind und dass in puncto Mobbing eine Nulltoleranzgrenze herrscht. Sprecht auch darüber, welche Digitalisierungsschritte einen Nutzen für alle haben und welche das Leben bloß komplizierter machen. Bei der guten alten Telefonkette beispielsweise war das System schön schlank: Eine Person kontaktiert jeweils eine Person, am Ende waren trotzdem alle informiert, Zeitaufwand: zwei Minuten, digitales Rauschen: null. Überlegt euch, ob ihr für gewisse Abläufe wieder eine analogere oder schlankere Variante einsetzen wollt. Kurzum: Überlegt euch, welche Methode die effizienteste ist. Merkst du, dass deine Anliegen nicht auf Gehör stoßen, grenze dich umso klarer ab. Indem du beispielsweise proaktiv kommunizierst, wann du wie erreichbar bist, und klärst, welche Erwartungen an dich gestellt werden.

Du weißt nun, wie wichtig gemeinsame digitalfreie Räume für deine Familie sind, wie du dein Kind vor Hass im Netz schützen kannst und dass du selbst das beste Vorbild bist. Im nächsten Kapitel geht es darum, wie du fokussierter arbeiten kannst, deinen idealen Tagesrhythmus findest und wie du Wichtiges von Dringendem unterscheiden lernst.

8. Lerne, fokussiert zu arbeiten

Es gibt diese Tage, an denen bin ich im Rausch. Ich hacke dann zwölf Stunden am Stück in meinen Laptop, besessen davon, so viel Text wie möglich zu schreiben, und alles, was mich davon abhält, wird mir lästig. Ich will dann keine Pause machen, weil ich Angst habe, aus meinem Flow zu fallen. An solchen Tagen bin ich unendlich erschöpft, kriege aber auch sehr viel hin. Solche Tage sind konzentrierte Tage. Fast schon *zu* konzentrierte Tage. Psychologen nennen meinen Zustand Hyperfokus: ein Zustand maximaler Konzentration, in welchem Zeit und Raum verschwimmen, der Tunnelblick einsetzt und die Synapsen im Gehirn so rasch tanzen und sich die richtigen Gedanken aneinanderreihen wie Perlen zu einer Kette.

Oft ist es aber eher so, dass ich mich schwer damit tue, Fokus zu finden. Eher rasen meine Gedanken von einem Punkt zum nächsten, und ich kann keine einzige Priorität setzen, renne in der Wohnung herum und wollte doch eigentlich ein Glas Wasser holen, aber da, ein Stück Brot liegt rum, das entsorgt werden muss, soll ich daraus Paniermehl machen? Warum steht da noch eine Tasse, sag mal, war ich schon auf dem Klo, ist die Tür abgeschlossen, welche Uhrzeit haben wir eigentlich, was wollte ich hier? Ich muss mich dann mühsam aus all der inneren Reizüberflutung herausschälen und hoffen, dass ich bis dahin nicht auch noch in die Falle getappt bin, mein Smartphone anzumachen, alle Apps durchzugehen und in die Nachrichtenlage der Welt reinzuschauen, weil dann, ja dann, explodiere ich ganz. Vielen Menschen geht es ähnlich. Sie wüssten eigentlich, was gerade zu tun wäre, aber schaffen es irgendwie nicht, sich zu konzentrieren.

Auf den nachfolgenden Seiten soll sich deshalb alles um das Thema Fokus drehen. Um die Frage, wie wir in einer Welt, die uns digital ohne Unterlass ruft, mit unserer Aufmerksamkeit an Ort und Stelle bleiben können. Denn genau das ist Fokus: Das bewusste Lenken der Aufmerksamkeit. In eine selbst gewählte Richtung. Für eine bestimmte Zeit. Fokus ist die neue Superkraft des 21. Jahrhunderts. Viele Menschen, die sich mit Produktivität und Innovation befassen, befassen sich auch mit dem Thema Fokus. Schaffst du es, dich auf eine Aufgabe ganz einzulassen, und sei es bloß für eine Stunde am Tag, wird sich dein Leben zum Positiven verändern. In diesem Kapitel geht es um einige grundlegende Dinge, um Fragen der Produktivität und Priorisierung – und es richtet sich an uns alle. Vieles ist vor allem für diejenigen unter uns, die in Berufen tätig sind, die viel Bildschirmpräsenz erfordern. Weil hier digitaler Achtsamkeit eine besonders wichtige Rolle zukommt.

Deinen Arbeitsplatz ordnen

Ich habe über viele Jahre verschiedenste Wege ausprobiert, zu Konzentration zu finden. Ich bin ins Kloster gefahren und in die Bibliothek, habe im Bett gearbeitet und auf dem Bänkchen im Park, ich habe den Laptop mit ins Café genommen und ins Flugzeug. Und viele Bücher zum Thema Produktivität und Fokus im digitalen Zeitalter gelesen. Einige Maximen wiederholen sich dabei: Finde den richtigen Ort. Die richtige Zeit. Die richtige Routine. Und den richtigen Inhalt. Aber eins nach dem anderen.

Ordnung in Bezug auf deine digitalen Benutzeroberflächen haben wir bereits zu Anfang des Buches besprochen. Diese Art von Ordnung ist sehr wichtig, wenn es darum geht, dich in den Fokus zu bringen. Hier soll es darüber hinaus nun um die Ordnung an deinem physischen Arbeitsplatz gehen. Denn das Digitale kann noch so aufgeräumt sein: Wenn du deine physische Umgebung nicht nach deinen Bedürfnissen ausrichtest, kostet dich das langfristig viel Energie, weil du dich unterbewusst nie ganz entspannen und fokussieren kannst. Richte deinen Arbeitsplatz als Erstes so ein, dass er deine Haltung schont und deinen Augen nicht schadet. Kauf dir Pflanzen, und stell Grün um dich herum auf. Studien zeigen, dass die Psyche des Menschen positiv auf Grün reagiert.[219] Das Büro der Zukunft, sagen Designer, ist viel natürlicher, grüner und gesünder eingerichtet als jetzt. Das kannst du dir zunutze machen, falls du gerade nicht in einem grauen Großraumbüro sitzen musst, sondern deine Arbeitsatmosphäre selbst gestalten kannst. Wissenschaftler fanden übrigens heraus, dass Menschen, die ihren Arbeitsplatz selbst gestalten konnten, produktiver und zufriedener waren als solche, die diese Möglichkeit nicht hatten.[220] Häng dir also ein Moodboard an die Wand, dekoriere in warmen Farben, achte auf gutes Licht. Halte deinen Arbeitsplatz sauber. Je weniger dein Gehirn sieht, desto weniger muss es verarbeiten. Und kann sich voll und ganz auf das konzentrieren, was es gerade zu tun hat.

Sorge dafür, dass du digital ideal arbeiten kannst. Mit gutem WLAN, der richtigen Steckdose, den richtigen Geräten. Schau aber auch, dass deine Geräte einen physischen Platz bekommen, wenn sie gerade nicht in Gebrauch sind: beispielsweise eine Schublade unter deinem Arbeitstisch. Starte den Computer täglich neu, und fahre ihn nach getaner Arbeit runter. Wir sind gerne auf *Stand-by*, aber fährst du den PC runter, fährt auch dein Gehirn runter. Weil du deinem System damit signalisierst: Jetzt haben wir fertig gearbeitet für heute. Dieser klare Schnitt erleichtert es dir, zwischen Arbeit und Freizeit zu trennen. Wichtig dabei: Es gibt verschiedene Typen, wenn es um die Frage nach *Work-Life-Balance* geht: Die einen sind sogenannte »Separators«, trennen also zwischen Arbeit und Freizeit, die anderen sind »Integrators«, bei denen Arbeit und Freizeit ineinanderfließen. Die dritten schließlich sind die »Cyclers«, die Phasen ihres Lebens ganz der Arbeit widmen und dann wiederum über Wochen vollständig entspannen.[221] Wichtig ist: Spüre in dich hinein, wo du auf dieser Achse stehst. Wann bist du entspannter? Welche Form gibt dir mehr Freiheit, Energie und Fokus? Es ist besser, auf dein Bauchgefühl zu hören und auch mal flexibel auf eine Situation reagieren zu können, als dich starr in ein System zu zwingen, das dir nicht liegt und dich unglücklich macht. Versuche dennoch, deinen Laptop abends und in deiner Freizeit so wenig wie möglich zu nutzen. Plane dir feste Fernsehabende ein oder Abende, an denen du Onlineshopping machen willst oder noch mit jemandem skypen. Nimm dir vor, was du tun und wie lange du im Internet sein willst, und lege das Gerät dann wieder weg. Alternativ kannst du dir zwei Geräte anschaffen (oder auch besser zwischen dem, das dir dein Arbeitgeber zur Verfügung stellt, und deinem eigenen privaten Gerät trennen) – eines für die Arbeit, eines für die Freizeit, das die ganze Familie gemeinsam nutzen kann. So gerätst du auch weniger in Versuchung, abends um zehn nach dem Film noch kurz ins E-Mail-Programm reinzuklicken.

Versuche auch, so gut es geht, die *One-Device Policy* anzuwenden: nur ein Gerät auf einmal. Viele von uns sind oft gleichzeitig am Laptop und am Smartphone. Das ist ineffizient, macht uns nur müde und schmälert unsere Konzentration. Lege das Smartphone in einen anderen Raum oder in eine Schublade, wenn du gerade an etwas arbeitest, oder klappe den Laptop zu, wenn du telefonierst. Du kannst stattdessen beispielsweise aus dem Fenster schauen oder spazieren gehen. Oder ein paar andere, körperliche Übungen machen, die wir uns im Kapitel »Nähre deinen Körper« näher angeschaut haben.

Projekte richtig planen

Unser Leben ist endlich. Viele von uns hegen den Wunsch, so viel wie möglich aus unserer Zeit zu machen, und haben große Pläne: einmal im Leben eine Weltreise, ein Buch schreiben oder ein Haus bauen. Was auch immer wir vorhaben: Meist sind diese Dinge nicht in einem Tag erledigt. Sie brauchen Zeit, Planung und vor allem: Überblick. Die Realität sieht dann oft ganz anders aus: Wir stressen von Mikroaufgabe zu Tagesaufgabe und arbeiten Tag um Tag unsere To-dos ab und wundern uns, wo die Zeit geblieben ist.

Wünschst du dir mehr Zeit für größere Projekte, lohnt es sich, deine Tage, Wochen, Monate und Jahre in großen Bögen im Blick zu haben. Ich verschaffe mir seit rund drei Jahren regelmäßig einen Überblick über meine großen Wünsche, Träume und meine privaten und beruflichen Meilensteine. Ich schreibe auf, welche großen Projekte anstehen könnten: ein Podcast, ein Buch, eine Weltreise, der Umbau eines Busses. Was auch immer dir wichtig ist: Notiere es. Und dann schau dir dein Jahr an. Ich zeichne dafür die Monate und teilweise auch die Wochen und Tage auf ein großes Blatt, idealerweise A1 oder noch größer. Ich arbeite entweder am Boden oder klebe das Blatt an die Wand.

Ich nehme mir dafür alle paar Wochen ein bis zwei Stunden Zeit und achte darauf, dass ich dabei digital nicht abgelenkt bin.

Dann trage ich alle Termine und Projekte ein, die fix sind. Und verschaffe mir einen Überblick, wie viel Zeit eigentlich zu meiner freien Verfügung steht, wie lange es her ist, dass ich meinen privaten und beruflichen Träumen gefolgt bin, was alles noch auf meiner Wunschliste steht und so weiter. Du kannst deine verschiedenen Projekte und Ziele auch auf Post-its schreiben und sie dann hin und her schieben, das macht alles ein bisschen weniger final, als wenn du sofort alles aufs Blatt schreibst. Du kannst den verschiedenen Bereichen deines Lebens auch verschiedene Farben zuordnen und mal übergeordnet schauen, wo welcher Bereich vorkommt. Was ist mit deinem persönlichen Wachstum? Wo findet deine Beziehung statt? Wie oft hast du eigentlich Zeit für dich? Wie steht es um deine finanziellen Träume? Zoomen wir raus, können wir klarer und fokussierter wieder reinzoomen. Und verlieren im vollgepackten Alltag nicht mehr so schnell die Orientierung.

Mir hilft auch eine rechtzeitige Planung, die Weichen zu stellen. So kann ich beispielsweise im Januar mal vorläufig eine Wanderwoche im Herbst ansetzen oder eine Handwerkerwoche im März und kann mich dann den Rest der Zeit besser auf meinen digital vollgepackten Alltag einlassen. Weil ich weiß: Nach ein paar Wochen Redaktionsalltag kommt wieder eine Phase, die ich völlig frei gestalten kann. Und ich weiß auch schon, womit. Oder habe die wohlverdiente Auszeit in der Natur schon sicher geplant. Auch, wenn du nicht freiberuflich arbeitest, kannst du so mit deinen Urlaubszeiten und der Freizeit, die dir zur Verfügung steht, verfahren. Ist alles rechtzeitig eingetragen, kannst du es in deinem Kopf auch gehen lassen. Weil du weißt: Du hast schon alles dafür gegeben, dass es Realität wird. Du weißt genau, wann du daran arbeitest. Das hilft mir auch ungemein, *mental load* zu reduzieren, also das wiederholte Nachdenken über organisatorische oder unerledigte Dinge. Wenn ich beispielsweise für die Pflege des Gartens oder den Frühlingsputz einen festen Tag definiere, an dem ich daran arbeite, kann ich die Aufgabe aus meinem Kopf streichen. Und rege mich nicht mehr jedes Mal über mich selbst auf, wenn ich an den schmutzigen Fenstern vorbeilaufe.

Was mein Leben auch wirklich verändert hat: einen täglichen Hauptfokus setzen, statt eine To-do-Liste abzuarbeiten. Mach dir dazu erst mal eine Liste mit allem, was ansteht – egal, ob das jetzt heute ist oder in zwei Wochen. Das können Dinge sein wie, dass du noch die Einkaufsliste für den Samstag schreiben musst oder die 15.000 Fotos auf deinem iPhone auf den Computer ziehen. Trenne danach zwischen privat und beruflich. Frage dich dann: Was ist *jetzt* dran? Was ist *heute* wichtig? Markiere all diese Dinge. Frage dich: Was ist *diese Woche* wichtig? Markiere erneut.

Frage dich dann: Was kann ich, wenn ich ehrlich zu mir bin, auf Monate rausschieben, und es macht mein Leben vielleicht weniger perfektionistisch, aber im Grunde interessiert das niemanden? Setze all diese Dinge auf eine »Später«-Liste. Geh deine Liste von Dingen, die heute und diese Woche dran sind, jetzt nochmals durch. Ist sie ausgeglichen? Ist da auch etwas dabei, was dir persönlich sehr wichtig ist? Was dich langfristig weiterbringt? Oder sind da bloß Dinge, die für andere Menschen wichtig sind oder von außen an dich herangetragen wurden? Wo bleibst *du*? Wähle jetzt unter all den markierten Dingen deinen Fokus des Tages. Das ist die eine Sache, der du heute am meisten Energie widmest. Und die dich am weitesten bringt. Das kann die Aufgabe sein, die du am dringendsten erledigen musst, weil du erst dann den Kopf frei hast für kreative Arbeit. Oder ein großes Projekt – davon aber der nächste konkrete kleine Schritt.

Die Idee des Hauptfokus widerstrebt den meisten von uns ganz grundlegend, weil wir doch so unendlich viel aus unserem Leben rausholen wollen, viel schaffen, zahlreiche Projekte stemmen. Die meisten Menschen aber haben irgendwann so viele Projekte und Aufgaben und Träume, dass sie in Panik geraten und die wirklich wichtigen Dinge gar nicht angehen, weil sie überfordert sind oder ihre Zeit überschätzen. Der Autor Greg McKeown schreibt über diese Tendenz in seinem Buch *Essentialismus – Die konsequente Suche nach Weniger.*[222] Ihm geht es darum, zu erkennen, dass wir viel mehr schaffen und glücklicher sind, wenn wir wissen, was uns wirklich wichtig ist – und zu allem anderen konsequent Nein sagen. Wer weiß, was er will und was ihm wichtig ist, muss nicht mehr tausend To-dos managen, sondern lediglich Zeit freiräumen für die *eine* wichtige Sache. Auch Oliver Burkeman geht in eine ähnliche Richtung: In *4000 Wochen*[223] argumentiert er, dass wir es niemals schaffen werden, an einen Punkt zu kommen, wo alles so perfekt geplant und abgearbeitet ist, dass wir endlich genug Zeit und Raum für das haben, was uns wirklich wichtig ist. Stattdessen sollten wir uns klarmachen, dass das Leben endlich ist, wir im Grunde für Zeitmanagement keine Zeit haben und uns damit bloß davon ablenken wollen, dass wir ohnehin nicht alles schaffen. Und uns stattdessen auf ein paar wenige Projekte und Ziele konzentrieren, die wir wirklich erreichen können.

Ist dir das alles im Moment noch zu radikal und möchtest du all deine Aufgaben festhalten, weil dir das Halt gibt, kannst du auch eine separate Liste führen mit allem, was dir an To-dos durch den Kopf geht und auf Monate und Jahre hinaus irgendwann mal noch gemacht werden muss, und dann jeweils ein paar dieser Aufgaben in deine aktuelle Liste übertragen. Du kannst auch die Regel anwenden, dass auf deiner aktuellen Liste maximal zehn Aufgaben stehen dürfen und du erst dann eine neue hinzufügen darfst, wenn eine alte abgehakt werden kann. So entlastest du deinen Kopf, weil du dir nicht mehr alles merken musst. Sieh diese Listen also eher als deine geistige Versicherung statt als Aufforderung zur Verarbeitung. So kannst du üben, allmählich vom »Ich muss immer sofort alles tun«- in den »Welche eine Sache ist heute die wichtigste für mein Leben?«-Modus zu kommen. Mir haben viele Blätter Papier geholfen, mich zu ordnen. Ich liebe es, auf lose Blätter zu schreiben, weil mir das ein Gefühl von Freiheit gibt. Und ich neu ansetzen kann, wenn ich es mir anders überlege. Pluspunkt: Sind die Sachen erledigt, kann ich das Blatt zerreißen – auch das gibt mir ein gutes Gefühl. Möchtest du lieber alles in einem Notizbuch vereinen, das du bei dir tragen kannst, kann ich dir den Kalender von Klarheit wärmstens empfehlen.[224] Er ist Coaching-Tool, Agenda und Notizblock in einem und hilft dir, deinen täglichen Fokus einfacher zu finden.

Auch schön, zwar anfangs aufwendiger, dafür aber kreativ und genau so, wie du es haben willst: ein Bullet Journal. Ich habe damit vor ungefähr einem Jahr angefangen, und ich liebe es. Dein Bullet Journal ist ein leeres Notizbuch, das du nach deinen Bedürfnissen gestaltest. Es enthält Pläne, Geburtstagslisten, tägliche To-dos, große Träume, Anekdoten, kurz: einfach alles, was wichtig für dich ist. Ich halte meines ziemlich nüchtern: Ich notiere mir meine wöchentlichen und täglichen To-dos, der hintere Teil des Buchs ist für persönliche Notizen gedacht. Du kannst deine gesamte Planung auch online erledigen, dafür gibt es massenhaft Apps, Pläne, Projektprogramme und vieles mehr. Slack ist eines davon oder Trello. Ich habe diese Programme ausprobiert, das Analoge hat sich für mich aber stimmiger angefühlt. Weil ich mit meinen Händen schreiben, zeichnen, durchstreichen und träumen kann. Das nackte weiße Blatt Papier fördert meine eigene Aufgeräumtheit und Klarheit. Merkst du hingegen, dass das Digitale für dich effizienter und einfacher ist, dann nutze unbedingt die Vorteile der Digitalisierung für dich, und arbeite mit einer App, die sich stimmig anfühlt.

Welche Umgebung passt zu deinem Wesen?

Die meisten Menschen unterschätzen die Relevanz von Umgebung. Genauso, wie nicht jede Pflanze an jedem Ort gleich gut wächst, verhält es sich auch mit dir: Die einen brauchen ein wuseliges Großraumbüro, die anderen das stille Kämmerchen, die einen wollen Kaffee trinken und Zoom Calls machen, die anderen blühen auf, wenn sie Meetings in der Natur abhalten können. Aber auch minimale Veränderungen entfalten ihre Wirkung: So kannst du dich mit deiner Lieblingstasse auf dem Tisch auf einen stressigen Tag vorbereiten, auf dem einen Stuhl sitzt du bequemer als auf dem anderen, und die Länge des Arbeitswegs und die Lautstärke in Zug oder Bus beeinflussen, wie viel Energie du bereits vor Arbeitsbeginn verlierst.

Ich bin ein sehr kommunikativer Mensch und spinne während des Sprechens Ideen. Bin ich umgeben von inspirierenden, kreativen, geerdeten Menschen, bin ich leistungsfähiger und glücklicher. Außerdem brauche ich Zeitdruck. Ich bin ein »Sensation Seeker«: Ich brauche eine gewisse Grundintensität, um zu florieren. Fleißarbeit liegt mir überhaupt nicht, dafür liebe ich

Meetings. Ich habe viel Energie – sauge aber auch alle Energien um mich herum auf. Deshalb bin ich nach ein paar Stunden oft komplett ausgelaugt und muss mich erholen. Nach zehn Stunden Büro noch einen Cocktail trinken und dann noch weiterziehen? Für mich mittlerweile unvorstellbar. Und wenn ich das doch mal tue, schleppe ich diese Müdigkeit und Reizüberflutung die ganze Woche mit mir herum.

Deshalb ist es so wichtig, dass du dich selbst und deine Bedürfnisse besser kennenlernst. Und dir Gedanken darüber machst, welche Art von Umgebung dich inspiriert, ob du in einem Großraumbüro arbeiten magst und unter welchen Bedingungen du dich sozial eingebettet und sicher fühlst. Bist du sehr sensibel und reagierst stark auf Reize, spielen Faktoren wie das richtige Licht, der Geruch des Raums oder die Beschaffenheit eines Arbeitstisches eine große Rolle. Das klingt auf den ersten Blick neurotisch, ist aber gerade für hochsensible Menschen ein Einflussfaktor, der nicht zu unterschätzen ist. Manchmal können wir die Umstände nicht ändern. Wichtig ist daher, zu erkennen, wann und in welcher Form ich Einfluss üben kann. Und wann nicht. Auch wenn Umgebung und Abläufe stark vorgegeben sind, haben wir immer auch einen persönlichen Einflussbereich. Und sei es, dass du dir eine Grünpflanze neben den Schreibtisch stellst, dich dazu entscheidest, einen anderen Weg zur Arbeit zu wählen, weil er weniger stark befahren ist, oder du dir für dein Mittagessen eine hübsche Lunchbox kaufst, die dich aufheitert.

Bei der idealen Arbeitsumgebung geht es auch darum, mit wem du arbeitest. Wir brauchen Menschen, die uns Geborgenheit und Sicherheit vermitteln können. Indem sie unsere Werte, Ansichten und Visionen teilen. Wenn du zu den Personen gehörst, die gut alleine arbeiten können, kannst du dir die ideale Arbeitsumgebung suchen, und fertig. Du musst bloß einen Ort suchen, an dem du alleine gut arbeiten kannst. Brauchst du Menschen um dich herum, um produktiv zu sein, dann such dir die richtigen Leute. Je nachdem, wie du tickst, tut es gut, wenn die Menschen um dich herum ähnlich ticken wie du. Oder deine Stärken und Schwächen wohlwollend ergänzen.

Geh nun ein paar Minuten in dich, und frage dich:

Wie muss deine Umgebung aussehen, damit du dich wohlfühlst?

Was muss erfüllt sein, damit du aus deinem Umfeld Energie ziehst?

Wie laut, leise, belebt, natürlich ist es um dich herum?

Lass dazu auch vergangene Erfahrungen Revue passieren:

Wann hast du dich voller Energie gefühlt?

Warst du alleine oder in der Gruppe?

Welche Rolle spieltest du?

Du kannst dir auch zum Thema digitale Balance ein paar Fragen stellen:

Wie digital darf meine Arbeitsumgebung sein?

Welchen Einfluss haben telefonierende und zoomende Leute um dich herum?

Gibt es eine Möglichkeit zum physischen und digitalen Rückzug, wenn du dich fokussieren willst?

Lebt dein Unternehmen eine digital achtsame Kultur am Arbeitsplatz?

Prüfe genau, was du brauchst, welche digitalen Werte für dich und andere gelten sollen und womit du dich wohlfühlst.

Priorisiere Deep Work

Cal Newport, ein amerikanischer Professor für Computerwissenschaften, ist eine der wichtigsten Stimmen, wenn es um das Thema Fokus bei der Arbeit und digitalen Minimalismus geht. Newport selbst hat sich vor Jahren schon dazu entschlossen, keinerlei Social-Media-Profile zu pflegen. Und ist – auch deshalb – in der Lage, großartige Bücher und lebensverändernde Konzepte in die Welt zu bringen. Möchtest du es ihm gleichtun, musst du nicht unbedingt deine Social-Media-Profile löschen. Sondern du solltest vor allem lernen, deine Prioritäten zu verlagern. Einer der wichtigsten Faktoren, die darüber entscheiden, ob du mit einer Arbeit in eine tiefe Zufriedenheit kommen kannst, ist die Frage, wie ungestört du dich ihr widmen kannst. Und wie sehr sie dich geistig herausfordert. Newport nennt dieses Konzept *deep work*.[225] Deep Work ist nach seiner Definition alle Art von Arbeit, die eine große geistige Kapazität erfordert, nicht einfach reproduzierbar ist und die, erledigst du viel davon, wirklichen Mehrwert generiert. Deep Work ist also alles, was dich bis an die Grenze deines Könnens fordert und etwas Nachhaltiges erschafft. Demgegenüber steht die weniger tiefgehende *shallow work*. Newport argumentiert, dass wir in der heutigen Zeit sehr viele Stunden am Tag damit verbringen, beschäftigt zu sein und To-dos abzuarbeiten, aber immer weniger erschaffen.

Sieht dein Alltag aus wie der vieler Menschen heute, stellst du vielleicht fest: Deep Work ist darin seltener geworden. Mit großer Wahrscheinlichkeit geht immer mehr Zeit für das Abarbeiten digitaler Aufgaben drauf: Du beantwortest mehrmals in der Stunde Mails, checkst Social-Media-Feeds, schreibst Posts oder bist mit anderen logistischen und administrativen Tätigkeiten beschäftigt. Oder auch damit, dich digital mit deinen Kolleginnen und Kollegen zu verständigen. Wie viel tragen diese Tätigkeiten zu deinem Erfolg bei? Schreibe ich beispielsweise den ganzen Tag Social-Media-Posts, kann ich vieles von dem, was ich denke und mir erarbeitet habe, einer immer größeren Fangemeinde preisgeben. Möchte ich das aber gut machen, verwende ich schnell mal ein paar Stunden am Tag dafür, meinen Social-Media-Feed zu pflegen.

In der gleichen Zeit könnte ich, zählen wir ein paar Monate zusammen, ein Buch schreiben, einen Podcast produzieren oder eine Weltreise machen. Dinge, die einen längerfristigen Wert für mich haben. Beruflich wie privat. (Außer natürlich, ich gehöre zu den wenigen Menschen, die gut davon leben können, Social Media zu bespielen. Aber auch die haben private Projekte, denen sie sich widmen möchten.)

Habe ich mir über Monate und Jahre angewöhnt, täglich über Stunden in erster Linie Arbeiten zu erledigen, die klein portioniert sind, also beispielsweise in kurzen Chatnachrichten zu kommunizieren, wird mein Geist es schwierig finden, den Modus zu wechseln und plötzlich Aufgaben zu übernehmen, die lange Konzentration am Stück erfordern. Das ist nur logisch: Esse ich fünfzehnmal am Tag kleine Portionen, kommt mein Körper durcheinander, wenn ich plötzlich drei große Hauptmahlzeiten esse. Und wenn du nun hauptberuflich Social Media betreibst? Wenn du ein Marketingprofi bist und das dein Kerngeschäft ist, deine Expertise, dann investiere deine Zeit in Marketing. Denn du investierst in deine Kernkompetenz. Bist du aber Schriftstellerin und verbringst ein halbes Jahr damit, deine Webseite zu designen, dann solltest du dich fragen, ob deine Zeit gut investiert ist.

Wir beantworten vier Stunden am Tag E-Mails und schreiben eine halbe Stunde an unserer Masterarbeit. Wir checken wahllos auf LinkedIn die Newsseite, statt das Konzept für die Finanzierung unseres Start-ups zu schreiben. Kurzum: Wir widmen *shallow work*-Aktivitäten viel Zeit. Mit Shallow Work betitelt Cal Newport alle Tätigkeiten, die ein anderer Mensch nach einer gewissen Zeit für uns übernehmen könnte, wenn er wollte. Also Tätigkeiten, die nur eine begrenzte Expertise erfordern. Ich könnte jemandem innerhalb eines Tages beibringen, wie er meine Blogposts auf Social Media inszeniert, ich bräuchte aber ein paar Jahre, um ihm beizubringen, wie man dieses Buch schreibt.

Deep Work	**Shallow Work**
Ein akademisches Paper lesen	E-Mails beantworten
Ein langes Interview mit einem herausfordernden Gesprächspartner führen	To-do-Liste schreiben
Ein Konzept für eine wichtige Präsentation schreiben	Einen Social-Media-Post machen

Denk einen Moment darüber nach:

Wie sieht dein Arbeitsalltag aus?

Wie viele Stunden täglich verbringst du damit, an etwas zu arbeiten, für das du wirklich ausgebildet bist und das dich wirklich fordert?

Und wie viel davon ist Zeit, in der du lernst, dich vollständig fokussierst und Innovation schaffst?

Wir können Shallow Work nicht aus unserem Leben verbannen – haben wir keinen persönlichen Assistenten, ist das unrealistisch. Und auch nicht unbedingt nötig. Weil auch E-Mails wichtig sind. Die Frage ist viel eher, wie wir unseren Alltag so gestalten, dass wir mehr Deep Work machen können. Und wann. Denn dein Gehirn wird mit der Zeit müde. Wir sollten Deep Work also priorisieren, solange unser Gehirn noch die Energie dafür aufbringt.

Deep Work zu priorisieren, fällt uns aber nicht bloß deshalb schwer, weil die Arbeit mehr Konzentration erfordert, sondern auch, weil vieles, was in die Kategorie Shallow Work fällt, sich für uns oft dringlich anfühlt. Denk mal kurz drüber nach: DHL schickt uns mittlerweile drei Mails am Tag, dass das Paket auf dem Weg ist. Oder drängt uns per E-Mail dazu, innerhalb von 24 Stunden die Rechnung für den Zoll zu begleichen. Die Kollegin fragt nach ein paar Stunden ohne Antwort besorgt nach, ob man die E-Mail noch nicht erhalten habe. Unklarheiten im Arbeitsprozess führen dazu, dass viel öfter digital kommuniziert und nachgefragt werden muss als nötig. Viele digitale Tools und Apps senden permanent Push-Nachrichten. Kein Wunder, dass uns das alle aufscheucht wie Hühner. Wir haben schlicht Panik, etwas zu verpassen oder sozial dafür abgestraft zu werden, wenn wir als Einzige in einer Gruppe oder gegenüber einem Unternehmen, das Druck macht, nicht sofort reagieren. Kurzfristig mag das Erleichterung bringen – langfristig aber macht diese Art der Instant-Kommunikation deine großen übergeordneten Projekte zunichte. Weil wir uns alle gegenseitig permanent bei Aufgaben unterbrechen, die ein paar Stunden volle Konzentration erfordern würden. Deshalb ist es so wichtig, diese Mechanismen zu durchschauen, zu reflektieren, was du brauchst, um wirklich weiterzukommen und dich aktiv für eine unaufgeregtere und bewusstere Kommunikationskultur einzusetzen. Und dich auch mal zur Wehr zu setzen, wenn dich jemand digital terrorisiert.

Ein weiterer Aspekt ist, dass Shallow Work unser Selbstvertrauen viel schneller steigert: weil wir diese Aufgaben in der Regel ohne große Mühe und innerhalb von kurzer Zeit abarbeiten können. Wer schon mal eine To-do-Liste abhaken konnte, weiß, wie befriedigend dieses Gefühl sein kann. Das motiviert uns, dranzubleiben. Deshalb geht es nicht darum, Shallow Work aus unserem Leben zu verbannen. Im Gegenteil. Kommst du beispielsweise in deinem Projekt seit Stunden nicht weiter und raucht dir der Kopf, bist du schlecht gelaunt oder kommst an einem Tag überhaupt nicht in die Gänge und hast Mühe, überhaupt etwas zu bearbeiten, kann Shallow Work dir helfen, wieder in deinen Rhythmus zu finden. Weil es dir leichter fällt, eine einfache Aufgabe anzugehen. Das Gefühl, etwas erfolgreich abgeschlossen zu haben, hilft dir dann wiederum dabei, etwas Größeres in Angriff zu nehmen. Genauso ist es an einem trüben Samstag gut, wenn du die ganze Wohnung aufräumen solltest, einfach mal mit etwas Kleinem anzufangen, das dich wenig Überwindung kostet. So kommst du in Stimmung und räumst am Ende eher auf, als wenn du dir als Erstes die Fenster vornimmst.

Achte bewusst darauf, ob du dich mithilfe von Shallow Work davor drückst, die Aufgaben zu bearbeiten, die langfristig wichtig für dich sind. Vieles, was in die Kategorie Shallow Work fällt, tarnt sich als echte Handlung, ist aber eher eine Beschäftigung. Wir planen mithilfe von Online-Planungstools minutiös und über Tage hinweg ein Projekt, wir designen auf Canva tolle Social-Media-Posts und halten Meetings ab und sprechen lange und ausgiebig mit unseren Freunden über unser Projekt. Das suggeriert uns, dass wir daran arbeiten. In Wirklichkeit aber halten wir uns beschäftigt. Weil wir vermeiden wollen, zu scheitern, wenn wir dann wirklich mal anfangen würden, wie der Autor James Clear in *Die 1 %-Methode* schreibt.

Wir landen so rasch in der Prokrastinationsfalle, also im Aufschieben von Dingen, die uns wichtig sind, sich aber auch unangenehm anfühlen können, weil wir Angst haben, zu scheitern. Wie viele Studierende putzen plötzlich Kühlschränke, wenn sie lernen müssten? Und wie viele Stunden YouTube-Sport-Challenge-Videos habe ich schon geschaut, statt einfach rauszugehen und zehn Minuten zu joggen? Wir wollen nicht scheitern. Also gehen wir der Sache aus dem Weg. Dabei scheint es plötzlich sehr verlockend, in die Mails zu klicken und zu schauen, ob was Neues gekommen ist. Das gibt uns einen kurzen, wohligen Dopamin-Kick und ein bisschen Erleichterung, und wir konnten uns mal kurz von diesem elenden Gefühl verabschieden, dass wir beim Erstellen der Präsentation grad nicht weiterkommen.

Sind wir wieder mal in einem Moment der Angst vor dem Scheitern gefangen, kann es helfen, ganz kleine, sehr praktische Schritte zu machen, die uns da wieder herausholen.

Tipps für fokussiertes Arbeiten

Räume fünf Minuten lang deinen Schreibtisch auf. Physisch und auch digital. Schließe alle Programme, die du nicht brauchst, und lösche sie auch kurzzeitig aus der Zugriffsleiste. Aus den Augen, aus dem Sinn. Gib dir selbst eine Zeitspanne von 15 Minuten. Du kannst dir dafür gerne einen Timer stellen. Sag dir: Ich gebe der Aufgabe 15 Minuten lang eine Chance, und schaue dann weiter. Meist ist man nach 15 Minuten so weit im Thema drin, dass man weitermachen will. Ist dir das zu lange, gehen auch mal fünf Minuten. Suche dir die kleinstmögliche Einheit aus, die dich dazu bringt, überhaupt anzufangen.

Du kannst für konzentriertes Arbeiten auch die sogenannte Pomodoro-Technik anwenden, nach einer Küchenuhr benannt: 25 Minuten konzentriertes Arbeiten, fünf Minuten Pause, das viermal hintereinander, dann eine längere Pause. Fällt es dir schwer, offline zu gehen, setz dir auch hier einen Timer. Beispielsweise für 45 Minuten oder eine Stunde ohne Internet. Leg das Smartphone außer Reichweite, und stell den Timer laut. Erinnere dich daran, wenn du dich ablenken willst: Solange der Timer nicht klingelt, bleibst du an deiner Aufgabe dran. Danach hast du digitale Pause für Ablenkungsdinge, die weniger wichtig sind.

Bist du freiberuflich tätig? Dann hol dir Hilfe bei anderen Menschen: indem du einen Büroplatz in einem Co-Working-Space buchst oder einen Kollegen oder eine Kollegin fragst, ob ihr zusammen Homeoffice machen wollt. Ist das nicht möglich, gibt es auch Online-Zoom-Gruppen, die gemeinsam konzentriert arbeiten. Was zuerst widersprüchlich klingt, ist eine großartige Erfindung des Internets und von mir erfolgreich erprobt und für gut befunden. Die Gruppe »Writers Hour« aus London beispielsweise trifft sich viermal täglich per Zoom zum stillen Schreiben. Jeder hat seine Kamera an. Der Effekt: Durch die soziale Kontrolle sitze ich oft viel konzentrierter an meinen Texten. Ich habe einen zeitlichen Anker. Und es sind »nur« 50 Minuten pro Einheit. So lange schafft es jeder von uns, still zu sitzen.

Packt dich die Angst, liegt es oft auch daran, dass du dir zu viel vornimmst. Überprüfe deine perfektionistischen Gedanken und deine gesteckten Ziele. Nimm dir lieber weniger vor, dafür täglich. Arbeite auch mal mit digitalen Hilfsmitteln, beispielsweise Seitenblockern wie RescueTime oder SelfControl. Diese helfen dir, Seiten zu blockieren, die dich daran hindern, konzentriert zu arbeiten. Wie lange, bestimmst du. Das gibt es auch fürs Smartphone: beispielsweise in Form der App Freedom. Erkenne deine Ängste an, atme tief durch, und beginne trotzdem.

Klappt es mit der Konzentration gar nicht, wechsle den Raum, die Stadt, sogar das Land. Auch wenn wir Routinen, Rituale und festgelegte Abläufe brauchen: Manchmal stehen uns genau diese Abläufe partout im Weg. Merkst du, dass du in deiner gewohnten Umgebung wirklich mal nicht vorankommst und den berühmten Tapetenwechsel brauchst, überlege dir, inwiefern du dir eine Auszeit nehmen kannst. Oft arbeite ich am besten an Orten mit einer klaren Tagesstruktur, an denen ich sonst wenig unternehmen kann und an denen Dinge wie Wäschewaschen und Kochen für mich übernommen werden. So kann ich mich ganz auf die Aufgabe einlassen, der Ort hilft mir, in den Fokus zu kommen, und ich kriege so viel zustande, dass ich diesen Erfolg mit nach Hause nehmen kann und es dann auch dort wieder besser läuft.

Hast du dich wieder auf Spur gebracht, versuche, mehr Deep Work zu machen. Plane Deep Work immer als Erstes ein. Teile deine Aufgaben in kleinere Einheiten ein, um eine bessere Übersicht zu haben. Reserviere dir, wenn irgend möglich, täglich den gleichen Zeitslot. Beispielsweise 50 Minuten konzentriertes Arbeiten zwischen 8 und 8:50 Uhr. Suche dir Gleichgesinnte, die konzentriertes, fokussiertes Arbeiten fördern. Kommuniziere gegenüber deinen Kollegen proaktiv, dass du eine Deep-Work-Zeit hast, in der du nicht gestört werden willst. Du kannst bei digitalen Team-Apps wie Teams oder »Slack« Benachrichtigungen deaktivieren und den Fokusmodus einschalten. So wissen alle Bescheid. Schalte alle digitalen Ablenkungen inklusive Handy aus. Alle. Behalte nur die, die du für die Verrichtung deiner aktuellen Arbeit brauchst. Beinhaltet deine Deep-Work-Zeit beispielsweise das Lesen eines Papers und das Nachschauen von bestimmten Begriffen online, kannst du das Nachschlagen auch auf später verschieben – so kannst du ganz offline abtauchen. Schalte das Internet am besten also ganz aus, soweit das möglich ist. Verankere Deep Work physisch, indem du diese Zeit immer am gleichen Ort durchführst. Bereite dich körperlich und mental vor, indem du gut und positiv in den Tag startest, dich bewegst, dich gut ernährst und dich positiv bestärkst. Sag dir, dass du ohne Leistungsdruck an die Sache rangehst und einfach einen Schritt nach dem anderen gehst. Schreib dir schon am Vorabend auf, was du in deiner Konzentrationsphase angehen wirst. So bereitest du dein Gehirn mental auf die Aufgabe vor und musst nicht mehr entscheiden, was du mit deiner Zeit anfängst.

Versuche, so viel Zeit wie möglich in dich selbst zu investieren und die Bereiche zu fördern, die dich einzigartig und zur Expertin machen. Weil genau diese Expertise in digitalen Zeiten so gefragt ist wie nie. Den Rest machen Bots. Oder virtuelle Assistentinnen.

Reflektiere in deinem beruflichen und privaten Alltag auch öfter mal:

Ist das, was gerade zu tun ist, wirklich dringend?

Kannst du es auch in drei, vier Stunden erledigen, beantworten, abarbeiten?

Was hat jetzt wirklich Priorität?

Und wie kannst du diese Aufgaben einteilen, sodass sie dich nicht davon abhalten, das Wichtige zu erledigen?

Helfen kann dir bei diesem Entscheidungsprozess die Eisenhower-Matrix. Mithilfe der Matrix ordnest du alle deine To-dos in

vier Kategorien ein: dringend und wichtig – das hat Priorität. Wichtig, aber nicht dringend: Das plane für später ein. Unwichtig, aber dringend: am besten delegieren. Unwichtig und nicht dringend: weg, damit.

Diese Matrix hat mir in meiner Lebensplanung sehr geholfen. Sie hat vor allem den Finger in die Wunde der Kategorie »Wichtig, aber nicht dringend« gelegt, die ich immer ignoriert habe. Jetzt plane ich regelmäßig Zeiten ein, in denen ich mich um die wichtigen, aber nicht dringenden Projekte kümmere. Die mir am Herzen liegen. Und die für mein berufliches und persönliches Wachstum am wichtigsten sind.

Kommst du erst mal in einen Fokus, wirst du dieses Gefühl von Verbundenheit mit deiner Arbeit und deinem Talent nicht mehr missen wollen. Denn diese Verbundenheit und Ungestörtheit ermöglicht es dir, deine ganze Energie in ein Projekt zu stecken – und belohnt dich langfristig mit ganz viel Stolz auf das, was du geleistet hast. Das wiederum schenkt dir mehr innere Ruhe, Zufriedenheit und Zeit für anderes. Denn wenn du fokussiert und ablenkungsfrei arbeiten kannst, kriegst du deine Aufgaben viel rascher und qualitativ besser zustande. Und kannst danach endlich abschalten und auftanken.

Frage dich:

Wie viel Deep Work ist in deinem Leben aktuell präsent?

Und wie viel würdest du dir wünschen?

Wie viel Zeit geht aktuell für Shallow Work drauf?

Wenn du dein letztes Berufsjahr reflektierst: Wie viel Zeit hattest du in den letzten zwölf Monaten für Deep Work?

Was hält dich aktuell davon ab?

Welchen ersten konkreten Schritt kannst du unternehmen, um Deep Work mehr Zeit und Raum zu geben?

Dein idealer Arbeitsrhythmus

Wollen wir konzentriert und gut arbeiten, geht es nicht nur um den Ort, sondern auch um den Rhythmus. Wann arbeitest du am besten? Wann hast du am meisten Energie? Hast du schon mal beobachtet, dass du, je früher am Tag du intensiv digital interagierst, immer schneller und intensiver weiteragierst? Die Frequenz zu Beginn des Tages beeinflusst das Tempo über den ganzen Tag. Was umgekehrt auch bedeutet: Startest du schon mit Tausenden Gedanken und Aufgaben und digitalen Informationen in den Tag, wird deine Konzentration in der Regel über den Tag nicht besser. Es ist für dein Gehirn nämlich schwierig, in einem hohen Ablenkungsmodus in den Tag zu starten und danach Fokus zu finden. Weil das Gehirn schlecht von Aufregung zu Ruhe wechseln kann. Deshalb lohnt es sich, digitalfrei in den Tag zu starten und das Digitale in Ruhe und nach und nach in deinen Tag zu integrieren. Am besten nimmst du dir wichtige Aufgaben, die hohe Konzentration erfordern, als Erstes vor. *Take breaks from focus, not from distraction.*[226] Mache Pausen vom fokussierten Arbeiten, statt zu versuchen, nach einem Netflix-Marathon noch eine Stunde konzentriert an deiner Abschlussarbeit zu schreiben. Für mich hat sich bewährt, dass ich mir Tage einplane, an denen ich über einen langen Zeitraum digital unterwegs bin und viele kleine Tätigkeiten erledige, und Tage, an denen ich die meiste Zeit des Tages ganz offline bin oder viele Konzentrationsblöcke einbaue. Ab und an wechsle ich aber auch die Modi und arbeite ganz anders.

Ich versuche also, einen guten Rhythmus zu finden. Rhythmus

ist die Basis unseres Lebens, Ebbe und Flut, Vollmond und Neumond. Musik funktioniert nur, weil zwischen den Noten Stille ist, und Menschen spüren erst, dass sie zueinander gehören, wenn sie voneinander getrennt sind. Zu einer digitalen Balance gehört also auch, dass wir uns ein paar Fragen zum Rhythmus unseres Lebens stellen und zum Rhythmus unserer Digitalität. Wann wir digital absorbiert sein wollen, wann *full on* und wann und wie wir einen Gegenpol setzen. Wie wir das Digitale in unser Leben integrieren und wann auch mal Pause ist. Wann wir digital sind und wann körperlich. Geht es um konzentriertes Arbeiten, ordnet uns Cal Newport grob in vier verschiedene Rhythmen ein: monastisch, bimodal, rhythmisch und journalistisch.[227] Ich nutze zum Beispiel die Mönchsmethode, also den monastischen Rhythmus, wenn ich größere Arbeitsschritte vor mir habe, die meine totale Konzentration erfordern und die ich in einem großen Wurf in relativ kurzer Zeit produzieren will. Dann buche ich ein paar Tage ein Zimmer an einem reizarmen Ort, wo ich mich voll auf meine Arbeit konzentrieren kann – wo in der Regel auch keine schmutzige Wäsche rumliegt, die noch gewaschen werden will. Bimodal bin ich immer dann unterwegs, wenn ich ein paar Tage lang total freimache und dann intensiv arbeite oder Montag bis Mittwoch Schreibtage einplane und die restlichen zwei Tage für Calls oder Treffen reserviere. Die letzten beiden Rhythmen, rhythmisch und journalistisch, sind einfacher in den Alltag zu integrieren – und lohnen sich beispielsweise dann, wenn man Kinder hat. Konkret planst du dir immer dann Zeit ein, wenn du sie dir freischaufeln kannst. Entweder jeden Tag zur gleichen Zeit oder schlicht immer dann, wenn sich spontan ein Zeitfenster auftut.

Kennst du deinen Rhythmus, kannst du damit beginnen, deinen Alltag danach auszurichten. Lass dich nicht entmutigen, wenn du beruflich sehr eingespannt bist, Familie hast oder jetzt denkst: Nie im Leben kann ich mir solche Freiheiten herausnehmen! Überlege dir stattdessen, wie sich dein Typ im Kleinen, im Alltäglichen zeigt. Vielleicht bedeutet bimodal für dich, dass du eine halbe Stunde im Arbeitszimmer arbeitest und dann eine halbe Stunde für die Kinder da bist.

Frage dich:

Welcher Arbeitsrhythmus entspricht dir und deinem aktuellen Lebensmodell am meisten?

Hat sich dein Rhythmus über die Jahre verändert?

Fühlst du dich zu einem hingezogen, lebst ihn aber noch nicht?

Wie kannst du diese Art von Arbeit in dein Leben integrieren?

Wer oder was kann dich dabei unterstützen, das auszuprobieren?

Du hast nun verschiedene Arbeitsrhythmen kennengelernt, auch deinen physischen Arbeitsplatz aufgeräumt, machst vielleicht schon mehr Deep Work und kannst dir vornehmen, dich bei der Arbeit besser abzugrenzen. Im nächsten Kapitel geht es darum, wie du deine Kreativität wiederentdeckst, warum Flow dich glücklich macht und wie du deinen Lebenssinn findest.

9. Erlaube deiner Kreativität Raum

Da steht sie, still und genügsam, alt und doch kaum gebraucht. Sie steht da in einem schwarzen Gitarrenständer, den ich vor einem Jahr übers Internet bestellt habe, ein erster Versuch, ihr ein bisschen mehr Würde zu verleihen, wenn ich sie schon vernachlässige, seit Jahren. Ich habe diese Gitarre sogar schon auf eine Reise mitgenommen, einen Monat lang habe ich sie im VW-Bus durch den Osten Europas gefahren, und ich habe auf der ganzen Reise nicht einmal auf ihr gespielt. Das Digitale in meinem Leben ist oft die einfachere Wahl, als mit Mitte dreißig noch ein Instrument zu lernen, das meine Fingerkuppen aufreibt und mir bloß wieder vor Augen führt, wie schnell und einfach man an den kleinsten Dingen scheitert. Die Gitarre selbst ist leider oft nicht so interessant für mich, weil sie mir zu nicht genug Dopamin verhilft. Die YouTube-Filme *über* das Gitarrespielen geben mir da so viel mehr.

Früher war das einfacher. In der Schule. Als ich noch kaum Ablenkungen kannte und keinen Job, der mich schlaucht, und mich Strukturen wie der Zeichenunterricht oder die Chorprobe automatisch in einen kreativen Flow brachten. Heute ist mein Kalender vollgepackt, ich bin digital abgelenkt und, seien wir ehrlich, auch faul. Weil die Anfänge mühsam sind und ich erst mal diese Hürde an Motivation nehmen müsste. Und auch, weil sich der Raum für Kreativität und Flow in meinem vollgepackten Alltag nur sehr selten öffnet. Dabei sagt eine andere Stimme in mir schon lange: Nimm endlich diese Gitarre in die Hand. Fang an, Musik zu machen. Songs zu schreiben. Deiner Kreativität Ausdruck zu verleihen. Und schaue ich mir die Forschung an, hat diese Stimme verdammt recht.

Denn wir brauchen kreativen Ausdruck. Studien zeigen, dass kreative Tätigkeiten mit größerem Wohlbefinden zusammenhängen und uns glücklicher machen. Studienteilnehmer, die an einem Tag kreativ tätig waren, berichteten am Folgetag von mehr Zufriedenheit.[228] Studien fanden sogar heraus, dass die Ausübung von Tätigkeiten wie Töpfern oder Nähen das Gehirn vor dem Alterungsprozess schützen.[229] Und Demenz im hohen Alter herauszögern. Dabei denken wir oft an Kreativität im Sinne von Musik, Malen oder Tanzen. Kreativität kann aber auch in anderen Formen ausgelebt werden, beim Programmieren, beim Brettspiel oder bei kreativer Lösungsfindung in Alltag und Beruf. Beim Ausleben von Kreativität reagiert das Gehirn ähnlich wie beim Meditieren oder Yoga: Es schüttet Glückshormone aus und blendet externe Stimuli aus.[230] Wir können also einfacher »eintauchen« und finden leichter zur Ruhe. Kreativ sein macht uns also gesünder. Wollen wir glücklich und produktiv sein, geht es aber auch darum, unsere Batterien im Alltag immer wieder aufzuladen. Auf neue Gedanken zu kommen. Unsere Komfortzone zu verlassen, um an uns und der Umwelt zu wachsen. Raum für das Kreative zu schaffen ist dabei zentral. Denn damit erlauben wir uns, öfter mal neue Wege zu gehen, Neues auszuprobieren und unserem Innenleben eine Stimme und einen Ausdruck zu geben.

Vorgesetzte wollen, dass ihre Mitarbeitenden tolle, neue Ideen haben. Faktisch aber wird in vielen Unternehmen knallhart nach Ergebnissen und mithilfe von Checklisten und Zeittrackern gearbeitet. Die Digitalisierung hat die Messbarkeit von vermeintlicher Produktivität noch verstärkt. Doch der Graubereich zwischen null und eins, das Nachdenken, das Ins-Leere-Spinnen, das kreative Zusammensitzen und vermeintlich »ziellose« Schwafeln, das alles fördert direkt oder indirekt Innovation. Je stärker dein Tag reglementiert ist, je stärker das Digitale dich im Alltag fordert, desto wichtiger ist es für deine Psyche, in Räume und Zonen abtauchen zu können, in denen du einfach sein darfst. Ohne Leistungsanspruch, ohne Ziel. In welche du einfach abtauchen kannst, und was davor leer war, ohne Anspruch auf Quantität oder messbaren Output mit deiner Kreativität füllen.

Das Gehirn braucht Auslauf. Und unser System kreative Prozesse, die nicht nur über das logische Denken funktionieren. Sinneseindrücke, Düfte, Klänge, wohlige Schaumbäder, Umarmungen, Luftballons, Farben, Erde, Holzspäne. Viele Menschen, die ihre Kreativität ausleben, empfinden ihr Leben als sinnerfüllter. Andere wiederum verarbeiten Traumata so besser: 2009 erlitt die irische Bestsellerautorin Marian Keyes einen Nervenzusammenbruch, wurde depressiv, doch weder Antidepressiva noch Therapien und Klinikaufenthalte halfen. Bis sie ihrer Freundin eine Geburtstagstorte backte. Das Abwiegen und Mischen von Eiern, Mehl und Butter, das Dekorieren und Verschenken wurden für sie der erste Schritt zurück in ein normales Leben. Und halfen ihr, neuen Lebensmut zu finden.[231] Kreatives Schaffen ist in so gut wie jeder Psychiatrie heute integraler Bestandteil des Genesungsprozesses. Das Schulfach »Glück«, das ein Heidelberger Oberstudiendirektor 2007 ins Leben rief, wird mittlerweile an über 100 deutschen Schulen gelehrt.[232] Kernaspekt des Unterrichts: tanzen, kochen, sich gegenseitig massieren, gute Düfte einatmen, zusammen lachen. Kreativ sein kannst du also in allen möglichen Farben, Formen und Tätigkeiten. Auch, wenn du eine Schublade zusammenbaust. Deinen Garten bepflanzt. Oder eben Kuchen verzierst.

Für Radwa Khalil, Neurowissenschaftlerin an der Jacobs University Bremen, ist Kreativität eine der wichtigsten menschlichen Eigenschaften: »Sie verleiht uns einen einzigartigen Charakter. Sie ist das Beste, was wir haben. Hätten wir sie nicht, könnten Maschinen das Gleiche wie wir. Aber die Kreativität der Menschen ist einzigartig und kann nicht ersetzt werden.«[233] Dabei braucht es im Grunde nicht viel, um deine Kreativität zu entdecken. Vor allem: Mut, dir vielleicht einzugestehen, dass du dich nach kreativen Momenten sehnst, dich aber nicht als kreativ empfindest. Oder dich dafür schämst, dass du nicht so kreativ und begabt bist, wie du es gerne wärst. Keine Sorge, du bist mit deinen Gedanken nicht allein: Laut einer 2014 veröffentlichten Umfrage des britischen Marktforschungsinstituts Enders Analysis im Auftrag von Bertelsmann betrachten sich 30 Prozent aller Teilnehmenden aus Deutschland als unkreativ.[234] Viele Kinder wurden und werden immer noch wenig in ihrer Kreativität gefördert. Oder ihre Werke werden rasch bewertet und in »gut« und »schlecht« eingeteilt.

Die zunehmende Digitalisierung in allen Lebensbereichen und dass nun fast alles mit einem Wisch erledigt werden kann, verhindern oftmals den Raum, mal über etwas zu brüten, handwerklich tätig zu werden oder uns schmutzig zu machen. Genau deshalb brauchen wir Kreativität in digitalen Zeiten umso mehr. Dabei können wir durchaus auch digital kreativ sein. Hauptsache, wir können abtauchen in das, was wir tun – und etwas erschaffen. In den folgenden Kapiteln soll es deshalb darum gehen, wie du deinen Flow findest und warum Langeweile für dein Glück so wichtig ist.

Flow finden

Erinnerst du dich an einen Moment voll des Glücks? Als alles schwebte, ganz leicht? Und du alles aufgesogen hast, was der Moment bereithielt? Als Zeit und Raum verschwammen und du nicht sagen konntest, ob eine halbe Stunde vorüberzog oder drei Stunden? Das ist *flow*.[235] Flow ist ein Schwebezustand, den wir empfinden, wenn wir uns ganz mit dem Moment verbinden. Wir erleben Flow beim Sex, beim Kochen, beim Tanzen, bei der Arbeit. Der Psychologe Mihály Csíkszentmihályi untersuchte in den 1960er-Jahren den kreativen Prozess von Künstlern. Und beobachtete, dass die Maler konzentriert an der Fortführung ihres Gemäldes arbeiteten und dabei Essen und Schlaf vergaßen. Sobald das Werk vollendet war, verloren die Künstler überraschenderweise das Interesse an ihrer künstlerischen Kreation. Extrinsische Motivation schien bei den Künstlern keinen hohen Stellenwert zu haben, stattdessen waren sie intrinsisch motiviert, also aus sich heraus. Daraus leitete Csíkszentmihályi die Flow-Theorie ab.[236] Flow entsteht, wenn du intrinsisch motivierte Tätigkeiten ausführst, die dich weder unterfordern noch überfordern, sondern du an ihnen wachsen kannst. Wenn du dich verbunden mit der Aufgabe fühlst. Und Zeit und Raum verschwimmen.

Das Problem ist jedoch: Studien zeigen, dass wir nach rund 15 Minuten in den Flow kommen, uns aber im Schnitt alle zehn Minuten vom Smartphone ablenken lassen. Die Folge: Wir kommen gar nicht mehr ins Flow-Erlebnis rein. Und verwehren uns damit eine Quelle des Glücks. Um Flow zu erleben,

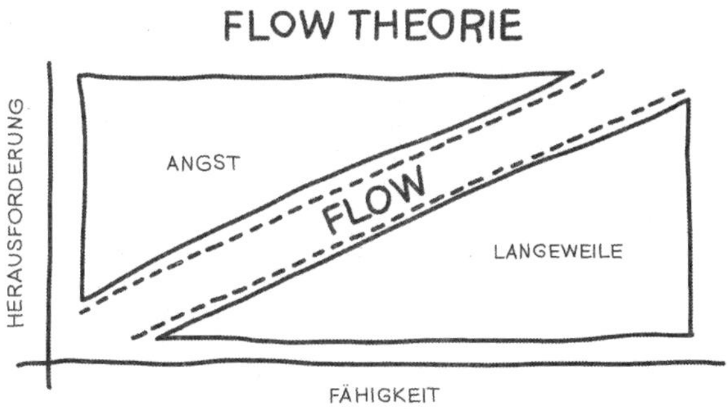

müssen neben Ungestörtheit zusätzlich zwei Bedingungen erfüllt sein: Die Herausforderung muss deinen Fähigkeiten entsprechen und sie idealerweise erweitern. Und du musst ein klares Ziel verfolgen können und irgendeine Art Feedback zu deinem Fortschritt erhalten. Beispielsweise, indem du ein Stück auf dem Klavier nach dem Üben besser spielen kannst als davor.

Leg also nach Möglichkeit dein Handy für mindestens eine halbe Stunde zur Seite, um dir Flow zu ermöglichen. Am besten entscheidest du dich, das Smartphone für die gesamte Dauer deiner Tätigkeit zur Seite zu legen, beispielsweise, wenn du Musik machst. Anfangs wird dir das sonderbar vorkommen, weil du diese Art von Eintauchen vielleicht gar nicht (mehr) kennst. Doch mit der Zeit kann genau dies dein kleiner Glücksraum werden. Brauchst du fürs Üben digitale Hilfsmittel, beispielsweise weil du deine Noten digital herunterlädst, achte darauf, dass du die Ablenkungswahrscheinlichkeit minimierst, indem du etwa alle Noten runterlädst und so kein Internet mehr benötigst. Oder indem du alles auf einem iPad machst, das keinerlei Instant-Messaging oder Mails empfängt.

Es kann hilfreich sein, dir Zeiten und Räume zu schaffen, in denen es dir leichter fällt, in den Flow zu kommen. Gewohnheiten fallen nicht vom Himmel, sie werden gemacht. Kopple deine digitale Wunschhandlung wie Netflixen an die Bedingung, dass du davor eine halbe Stunde Gitarre übst. Es ist ein bisschen wie damals, als Kind: zuerst die Hausaufgaben, dann das Vergnügen. Obwohl das mit der Gitarre ja auch ein Vergnügen sein darf. Wundere dich nicht, wenn es anfangs mühsam ist. Jeder Anfang ist schwer, und wir brauchen eine gewisse Zeit, um uns an eine neue Handlung zu gewöhnen und Frustrationstoleranz aufzubauen. Genau für diese Übergangszeit bis zur automatischen Freude am Üben eignen sich Regeln und feste Übungszeiten. Du kannst beispielsweise auch während deiner Morgenzeit nach dem Aufstehen kreativ sein. So startest du beseelt in den Tag. Finde für dich selbst heraus, welchen Rhythmus und welches Ziel du über längere Zeit einhalten kannst. Erinnere dich:

Du kannst nicht zufrieden sein, wenn dich die Handlung nicht genügend fordert. Ist dir schnell langweilig, weißt du: Du darfst dich stärker herausfordern. Prokrastinierst du hingegen, kann es sein, dass du die Aufgabe als zu groß oder zu schwierig empfindest. Hier kannst du ein wenig runterfahren oder dir kleinere Einheiten vornehmen. Versuche, wann immer möglich, eine Tätigkeit auszuüben, bei der viele oder alle deine Sinne aktiv sind. Das kann Kochen sein oder Tanzen oder Malen oder Klettern. Je involvierter dein physischer Körper ist, desto besser. Das beruhigt dein Nervensystem, und du kannst »ganz eintauchen«. Erinnere dich auch abseits von kreativen Momenten an die Flow-Theorie. Beispielsweise, wenn du eine schwierige Aufgabe bei der Arbeit oder im Studium erledigen musst und nach fünf Minuten zum Smartphone greifen willst. Gib dir stattdessen ein Zeitfenster von mindestens 15 Minuten, um dich mit der Aufgabe vertraut zu machen und dich ungestört hineindenken zu können. Das wird dir helfen, die Aufgabe besser zu bewältigen.

Frag dich:

Was hat bisher dazu beigetragen, in den Flow zu kommen?

Wie hast du dich gefühlt?

Hält dich dein digitales Verhalten davon ab, in den Flow zu kommen?

Was müsstest du tun, um die Chance, wieder in den Flow zu kommen, zu erhöhen?

Was an deinem digitalen Verhalten könntest du verändern, um mehr Flow-Momente zu ermöglichen?

Finde dein Ikigai

Mehr Kreativität in dein Leben holen, Zeit finden für mehr Muße und für Inspiration: Das alles lohnt sich in digitalen Zeiten besonders. Über Flow-Momente hinaus aber sehnen sich viele Menschen nach einem höheren Sinn. Und suchen ein Leben lang nach ihrer Bestimmung. Sie fragen sich: Wozu bin ich hier? Was kann ich der Welt geben? Und was macht mich in meinem Innersten wirklich zufrieden? Dieses Buch hat dir hoffentlich bereits ein paar Impulse gegeben, wie du dein Leben verbundener und erfüllter gestalten kannst. Ein Konzept, das mir auf der Suche nach meiner Bestimmung darüber hinaus sehr gedient hat, ist *ikigai*.[237] Übersetzt bedeutet es so viel wie »Das, wofür es sich zu leben lohnt«. In der japanischen Kultur

IKIGAI

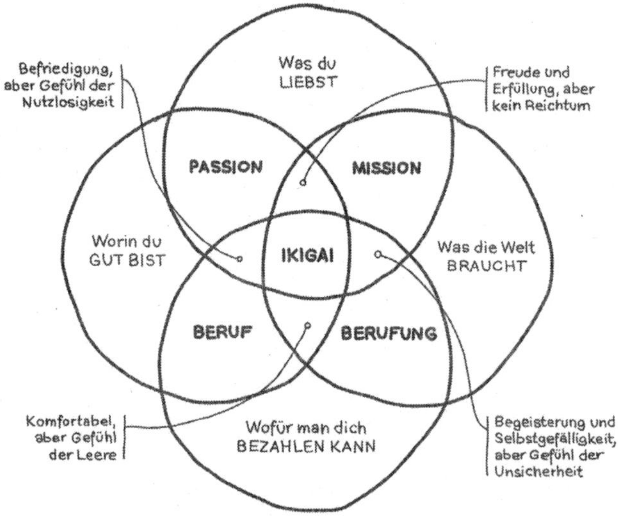

ist die Suche nach dem Ikigai von elementarer Bedeutung. Es berücksichtigt vier zentrale Elemente: Beruf, Berufung, Mission und Leidenschaft. Dein Ikigai ist die Schnittstelle aller vier Elemente. Ich mag dieses Konzept sehr, weil es ganzheitlich ist.

Nimm dir nun einige Minuten Zeit, um zu den folgenden vier Fragen zu reflektieren:

1. Leidenschaft (Passion)

Die Leitfrage dazu: Was liebe ich?
Was könntest du stundenlang tun, ohne müde zu werden? Was bringt dich in den Flow? Was macht dir wirklich Spaß? Was

gibt dir Energie? Weitere mögliche Fragen sind: Was weckt meine Begeisterung? Womit verbringe ich meine Freizeit am liebsten? Worüber rede ich am häufigsten? Welche Leidenschaft habe ich seit vielen Jahren? Brainstorme breit. Das kann etwas Berufliches sein, ein Hobby, etwas, das du im Kreis deiner Familie oder Freunde ständig automatisch tust. Schreib einfach alles auf, egal, wie viel, egal, zu welcher Kategorie gehörig.

2. Aufgabe (Mission)

Die Leitfrage dazu: Was braucht die Welt?

Wovon bist du tief in dir überzeugt? Was lässt dich brennen? Was macht dich vielleicht auch wütend, traurig, ohnmächtig und schreit für dich danach, etwas verändern oder verbessern zu wollen? Erinnere dich hier auch an deine Werte, die du im entsprechenden Kapitel herausgeschält hast. Mögliche weitere Fragen sind: Welche Werte vertrete ich? Wofür will ich mich einsetzen? Welche Probleme will ich lösen? Was möchte ich in der Welt verändern? Was will ich bewirken oder hinterlassen?

3. Berufung (Vocation)

Die Leitfrage dazu: Worin bin ich gut?

Was fällt dir besonders leicht? Was ging dir immer ganz schnell von der Hand, wo andere Stunden brauchten? Bei welchen Fähigkeiten und Talenten wirst du auch regelmäßig von anderen um Unterstützung oder Rat gefragt? Du kannst hierzu auch gerne die Meinung deiner Freundinnen, deiner Kollegen oder deines Partners hinzuziehen. Und sie fragen: Welche Eigenschaften bewunderst du an mir? Wann holst du meine Hilfe?

4. Beruf (Profession)

Die Leitfrage dazu: Wofür werde ich bezahlt?

Wofür bekommst du täglich Geld? Für welches deiner Talente sind die Menschen bereit, zu bezahlen? Mit welcher Fähigkeit kannst du Geld verdienen? Wofür du bezahlt wirst, ist von allen Fragen vielleicht die einfachste und am schnellsten geklärte. Im Idealfall sind die Überschneidungen zwischen Berufung und Beruf besonders groß. Denn was du regelmäßig tust, darin bist du in der Regel auch immer besser.

Schreib alles auf, was dir wichtig ist und für dich stimmig. Die korrekte Kategorisierung ist zweitrangig. Du kannst die Übung auf dein Berufs- oder Privatleben anwenden. Dein Ikigai zu finden, die Schnittmenge, in der alles zusammenkommt, ist natürlich fabelhaft. Mach dich also auf die Suche. Verzweifle aber nicht, wenn dir nach 15 Minuten Auseinandersetzung mit dem Thema noch nicht die große Erleuchtung gekommen ist. So was braucht Zeit. Lass die Übung auf dich wirken, sinniere, trage sie in Gedanken durch die nächsten Wochen.

Alleinsein vs. Einsamkeit

Wir können Flow gemeinsam mit anderen erleben, beispielsweise beim Sex, oder wenn wir zusammen mit Freunden einen verschneiten Berg runterfahren. Doch dem Flow-Erleben ist auch eigen, dass es bei Tätigkeiten entstehen kann, die wir alleine ausüben. Das macht Sinn, denn: Du brauchst ein gewisses Maß an Ungestörtheit, um dich voll und ganz auf etwas einlassen zu können, um dich zu verbinden mit deinem Gemälde, mit dem Schreibfluss oder mit den Zutaten, die da im Topf kochen. Du bist de facto also physisch alleine oder mit anderen im Raum, verbindest dich aber mit dem, was du tust – und damit auch mit dir selbst.

Dieses Mit-sich-und-einer-Tätigkeit-allein-sein-Können, vielleicht sogar allein in einem Raum, ist etwas, das immer schwieriger für uns wird. Die Digitalisierung hat uns ermöglicht, zu jeder Tages- und Nachtzeit in Kontakt zu sein, ständig digital verbunden und kaum mehr je wirklich allein. Cal Newport kritisiert diesen Zustand des permanenten digitalen Rauschens, das uns davon abhält, mit uns selbst zu sein. Er fasst diesen Zustand unter dem Begriff *solitude deprivation* zusammen und meint damit die Intensität und Frequenz an digitalen Quellen, die permanent auf uns einprasseln und uns davon abhalten, Raum für eigene Gedanken zu haben.[238] Das ist eine große Veränderung, denn über Jahrtausende hatten wir über die meiste Zeit unseres Lebens hinweg bloß alle paar Tage oder sogar Monate intensive Stimuli zu verarbeiten. Die restliche Zeit ging eher friedlich und reizarm ins Land. Heute ist es umgekehrt: Wir sind fast pausenlos intensiv stimuliert und machen ab und an ein paar Minuten Pause von dieser Stimulation, beispielsweise, wenn wir 20 Minuten meditieren.

Was auf den ersten Blick nach einem spannenden und spaßigen Leben klingt, kann ernsthafte Konsequenzen für unsere seelische Gesundheit haben. Denn das Alleinsein und die Reizarmut sind zentral für unsere Entwicklung und Regeneration. Anders als die unfreiwillige Einsamkeit kann der vorübergehende, selbst gewählte Abstand zu anderen Menschen eine Quelle der Ruhe sein.[239] Alleinsein fährt intensive Gefühle herunter, und wenn das Alleinsein selbst gewählt ist, reduziert es Stress. Wir haben den Raum, um in den Flow zu kommen, nachzuden-

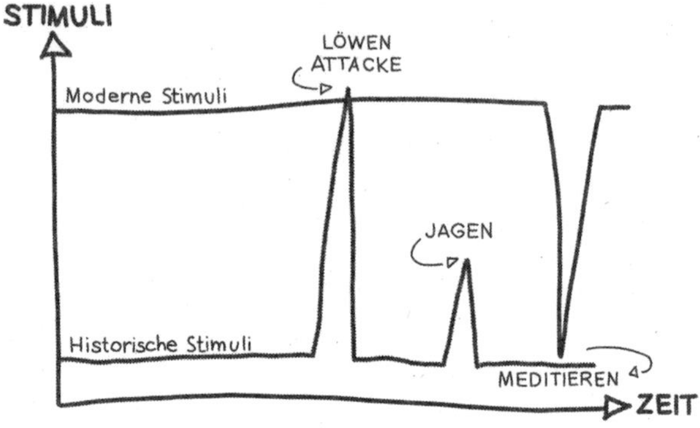

ken, Emotionen und Erlebnisse zu verarbeiten und unser Nervensystem zu beruhigen. Das Alleinsein ist wichtig für die Reise zu uns selbst: Nicht nur im Kontrast und Austausch mit anderen, sondern auch im Alleinsein spüren wir, wer wir sind, was wir wollen und was uns wichtig ist. Alleinsein, für das man sich selbst aus freien Stücken entschieden hat, wird oft als sehr befreiend und wohltuend erlebt. Taucht die Frage auf, welche Aktivitäten Menschen die größte Erholung bringen, benennen viele in Umfragen Solo-Aktivitäten.[240]

Sherry Turkle, amerikanische Professorin am Massachusetts Institute of Technology (MIT) und Autorin des Buches *Verloren unter 100 Freunden*[241], sagt jedoch: Mit unserem Smartphone in der Tasche verlieren wir die Fähigkeit, allein zu sein. Können wir das nicht, wenden wir uns den anderen zu, um uns nicht zu ängstigen, ja, um uns überhaupt erst lebendig zu fühlen. Die anderen werden zu einer Art Ersatzteillager für das, was uns fehlt. Einer Generation, die Alleinsein als Vereinsamung erfährt, mangelt es an Autonomie. Was viele von uns davon abhält, öfter allein zu sein, ist auch die Angst davor, gegenüber anderen als sonderbar zu gelten oder für das Alleinsein verurteilt zu werden. Auch deshalb wappnen wir uns in Bars und Cafés mit dem Smartphone und scrollen während des Essens eine Timeline runter: weil wir uns damit vor Beschämung und sozialer Verurteilung schützen wollen. Das moderne Leben hat also viele Räume für zunehmende Vereinsamung geschaffen und uns gleichzeitig ein Gerät in die Hand gegeben, das uns vermeintlich aus dem Gefühl der Einsamkeit befreien soll. Dabei dürfen wir nicht vergessen, dass Verbundenheit und die Angst vor dem sozialen Ausschluss so alt sind wie die Menschheit selbst: In vielen Kulturkreisen ist das Alleinsein in der Öffentlichkeit gerade für Frauen noch immer eine echte Gefahr. Soziale Isolation ist auch als Strafmaßnahme und Züchtigung seit Jahrhunderten weit verbreitet, sei es, dass die Lehrerin unartige Kinder in die Ecke stellte oder in Klostertexten davon die Rede ist, dass Mönche, die zu spät zum Essen kommen, aus der Gruppe ausgeschlossen werden.[242]

Auf der einen Seite ist Einsamkeit und Alleinsein also etwas, das wir fürchten und das auch dazu eingesetzt wird, uns einzuschüchtern. Auf der anderen Seite kann die Erfahrung, das Alleinsein aushalten und selbst gestalten zu können, eine unglaubliche Kraft entfalten. Denn wissen wir, allein zu sein, und können diese Zeiten als Kraftquelle und zur Kontaktaufnahme mit uns selbst nutzen, haben wir vor der unfreiwilligen Einsamkeit auch immer weniger Angst. Schaffst du es, Zeiten von Alleinsein aktiv in dein Leben zu ziehen und in dieser Zeit sinnstiftende Aktivitäten auszuüben, die dich nähren und bereichern, wirst du ein schöneres Leben führen. Und vor allem. Du wirst deine Zeit mit Menschen viel intensiver genießen können. Und mehr Verbundenheit spüren. Weil du nicht mehr aus einem Mangel heraus sozialisierst. Weil du weißt: Du könntest jederzeit auch einen guten Abend mit dir allein verbringen. Und so verbringst du ihn auch nicht mehr mit den falschen Leuten, die deine Zeit füllen, obwohl ihr euch nichts gebt.

Wann warst du das letzte Mal wirklich mit dir alleine?

Wann habst du das letzte Mal etwas getan,
und nur das, ohne digitale Stimuli?

Wann warst du spazieren, ohne Ohrstöpsel?

Wann hast du dich einfach bewegt,
ohne App, die dich pusht?

Was würdest du gerne alleine unternehmen,
was du dir aber noch nicht zutraust? Warum nicht?

Welchen ersten Schritt hin zu mehr Me-Time
kannst du dir heute vornehmen?

Was das Alleinsein auch mit dir macht, wenn du mal die Angst loslässt: Es gibt dir ganz viel Raum für dich selbst, deine Ideen und Gedanken. Kannst du auch mal das Smartphone beiseitelegen, obwohl du grad alleine bist, die Agenda mal leer lassen und sie nicht vollkleistern müssen mit sozialen Verabredungen, Events oder Calls, wenn du einfach mal spontan vermeintlichen Leerlauf zulässt und Ruhe findest, dann entdeckst du plötzlich ganz vieles, das tief in dir schlummert. Dafür musst du aber zuerst einmal etwas zulassen, das aus der Mode gekommen ist: Langeweile.

Warum Langeweile so wichtig ist

Langeweile hat einen schlechten Ruf. In der Psychologie wird der Zustand definiert als unangenehmer Gefühlszustand, der in repetitiven, bedeutungslosen oder unterfordernden Situationen entstehen kann. Und deshalb als negativ erlebt wird. So kann anhaltende Langeweile im Beruf zum sogenannten »Bore-out« führen, einem Stresszustand aufgrund mangelnder Perspektiven und mangelnder Anforderung. Weil wir nicht wachsen, uns nicht entfalten können. Vielleicht kennst du das auch von dir: Du verbringst viel Zeit am Handy mit lustigen, aber auch sinnlosen Inhalten, die dich irgendwie nicht so richtig herausfordern. Am Ende des Tages fühlst du dich gereizt und latent unzufrieden. Irgendwie ist alles ein bisschen mäh. Dabei könnte man sagen: Wir haben uns bloß gelangweilt. Doch Langeweile ist nicht dasselbe wie Ablenkung. Langeweile ist manchmal sogar die bessere Ablenkung.

Denn Langweile erfüllt eine wichtige regulatorische Funktion: Sie zeigt uns an, welche Aktivitäten uns nicht interessieren, und führt dazu, dass wir uns aufmachen, sie zu überwinden. Sprich: Sie spornt an, nach alternativen Beschäftigungen und Zielen zu suchen, die wir für bedeutungsvoller halten. Langeweile kann auch zu mehr prosozialem Verhalten führen, weil wir dann etwas für andere tun wollen.[243] Jenny Odell plädiert in ihrem Buch *How to do nothing* für das Nichtstun als radikalen politischen Akt innerhalb der Aufmerksamkeitsökonomie, die uns permanent und ohne Pause dazu anhält, produktiv zu sein und Informationen zu konsumieren.[244] Sie setzt sich dafür ein, dass das Nichtstun und die Langeweile wieder mehr Platz in unseren Leben erhalten und, ebenso wie unsere bloße Existenz, Wert haben jenseits davon, was wir alles schaffen, abarbeiten und konsumieren.

Auch wenn es dir schwerfällt: Versuche, wieder in einen Zustand der Langeweile zu kommen. Erlaube deinen Kindern, sich zu langweilen. Fahre an einen Ort in den Urlaub, an dem du wenig unternehmen kannst. Du wirst spüren: Nach ein paar schwierigen Momenten am Anfang, wenn sich das Nichts wie ein Mangel anfühlt, wirst du wacher, aufnahmefähiger und kreativer. Weil dein System so den Raum hat, etwas zu kreieren. Die US-amerikanische Musikerin St. Vincent spricht in ihrer »Masterclass« zum Thema Musik und Komposition darüber, wie sie ihre Songs schreibt.[245] Sie erzählt, wie sie manchmal ganze Tage einfach nur dasitzt, ohne Geräte, ohne Smartphone, ohne die leiseste Ahnung, wohin die Reise geht. Bis sich irgendwann etwas formt: eine Melodie in ihrem Kopf, eine Idee, ein Impuls. Mit dem Smartphone in der Hand wäre das kaum möglich. Deshalb ist es so wichtig, dass wir uns Raum schaffen, der nicht von vornherein digital bespielt wird. Nicht nur, um uns ein Stück weit aus der Endlosschlaufe der Produktivität zu befreien und wieder auf kreative Ideen zu kommen. Sondern auch, um unseren Gefühlen Raum zu geben, das, was wir den ganzen Tag über sehen, hören und erleben, auch verarbeiten zu können. So viele Eindrücke, Wortfetzen, Gedanken, Videos, Mails: Wann verdauen wir das alles? Kurz vor Mitternacht liegen wir dann in unseren Betten und fragen uns, warum wir schon wieder nicht schlafen können und der Kopf sich so dreht, und meinen, dass etwas mit uns nicht stimmt. Dabei hat sich der Körper einfach den erstbesten Moment geschnappt, wo mal Ruhe ist. Denn in reizarmen Momenten können wir nicht bloß Eindrücke besser verdauen, sondern auch das Schöne wieder vermehrt erkennen.

Die Psychiaterin Anna Lembke spricht in einem Interview mit der *Süddeutschen Zeitung* vom Verlust an Glücksempfinden und

Freude. Und sagt: Bombardieren wir unser Gehirn konstant mit Verhaltensweisen, die viel Dopamin ausschütten, können wir physiologisch keine Freude mehr an kleinen Dingen finden.[246] Also an all den Dingen, die unser Leben reicher machen, die aber zart sind und nicht laut, langsam und nicht dröhnend. Brot backen und zuschauen, wie es aufgeht. Den Garten bepflanzen und die Blumen blühen sehen. Zeit im Park verbringen. Unseren Kindern beim Spielen im Sand zusehen. Einfach nur präsent sein und den Moment genießen, weil wir wissen, dass er flüchtig ist. »Tief in unseren Herzen wissen wir, dass wir danach streben sollten. Doch das ist unmöglich, wenn wir unsere Dopaminausschüttung in eine andere Richtung verändert haben«, sagt Lembke.[247] Das Schöne, was unser Leben reicher machen würde, die kleinen Momente, empfinden wir dann bloß noch als langweilig. Weil wir aufgrund der digitalen Aufmerksamkeitsmechanismen gelernt haben, Ruhe mit Stillstand gleichzusetzen. Deshalb ist es so wichtig, wieder Pausen einzuführen. Das Smartphone mal in der Tasche zu lassen. Dich an die kleinen Freuden heranzutasten, im Wissen darum, dass sie dir zu Anfang vielleicht fad vorkommen, dass sich das aber ändern wird, wenn du deinem Gehirn etwas anderes beibringst. Und es wieder verbindest mit dem Moment. Diese Verbundenheit musst du dir wieder antrainieren – doch hast du das mal geschafft, spürst du Freude und Verbundenheit tiefer und lang anhaltender.

Und was ist, wenn ich süchtig bin? Lembke plädiert wie Cal Newport bei Suchtverhalten für 30 Tage Dopaminentzug. Damit wir wieder Abstand zu unserem Verhalten gewinnen und uns neu sortieren können. Im Grunde funktioniert das Prinzip ähnlich wie bei einer Fastenkur: Du gehst ein paar Tage auf Entzug, bis sich deine Geschmacksknospen entwöhnen und du den

Apfel wieder richtig schmeckst und deine Suppe weniger Salz braucht. Du entschlackst so dein System und richtest es wieder neu aus. Für unseren digitalen Konsum gilt das Gleiche wie beim Fasten: Wir müssen Dopaminentgiftung machen, um unsere Synapsen wieder an kleinere Dosen zu gewöhnen. Brauchen wir weniger Dopamin, fallen wir auch weniger stark in ein Tief, wenn der Rausch vorbei ist.

Dieser Prozess ist auch als »Dopaminfasten« bekannt. Auch wenn die Forschung dazu noch eher dünn ist und nicht klar, inwiefern das Dopaminfasten das Gehirn langfristig ausbalanciert[248], gibt es kurz- und mittelfristige positive Effekte: Wir sind emotional stabiler, fokussierter, weniger rasch getriggert und besser in der Lage, unseren Medienkonsum aus einer gewissen Distanz heraus neu zu beurteilen. Was die Chancen erhöht, langfristig einen gesünderen Umgang mit dem Digitalen zu etablieren. Am schnellsten und effektivsten, aber auch am schwierigsten, ist dabei der komplette Verzicht auf jede digitale Tätigkeit, die viel Dopamin ausschüttet. Cal Newport rät dazu, sämtliche Apps auf dem Smartphone zu löschen und nach den 30 Tagen Entzug nach und nach nur das wieder einzuführen, was deinem Leben wirklich einen Mehrwert liefert.[249] Ist dir das zu radikal, versuche, an bestimmten Tagen auf dopaminreiche digitale Aktivitäten zu verzichten. Das sind alle sozialen Plattformen, aber auch Dienste wie YouTube, Spotify oder Gaming. Trainiere dir stattdessen an, deine freie Zeit mehr und mehr mit »ruhigeren«, dafür befriedigenderen Tätigkeiten zu füllen: malen, lesen, zeichnen, fotografieren, kochen und so weiter. Oder du fängst ganz klein an und ersetzt einzelne digitale dopaminreiche Tätigkeiten mit dopaminarmen, indem du im Bus ein Buch dabeihast und liest, statt zu scrollen.

Und übe dich in Reizkontrolle, wie Dr. Cameron Sepah, Professor für Psychiatrie an der University of California in San Francisco, einer der Väter des Dopaminfastens, rät:[250] Gewöhne dir beispielsweise an, nach dem Essen das Handy eine weitere halbe Stunde lang liegen zu lassen. Beobachte, wie dein »Hunger« danach kommt und wieder nachlässt – ohne dass du etwas dagegen tust. Spüre einfach, wie die Gefühle und Gedanken kommen und wieder gehen. Mit der Zeit schwächst du so die neuronalen Verbindungen im Gehirn, die dein Verhalten automatisieren. Und es wird dir immer leichter fallen, das Smartphone in aller Ruhe auch mal zu ignorieren.

Du hast dir nun Gedanken dazu gemacht, wie du öfter in einen Flow kommen kannst, warum Langweile eine gute Sache ist und wie das Alleinsein dir helfen kann, sozialer und präsenter zu leben. Im nächsten Kapitel geht es jetzt darum, wie du dein Wissen über digitale Balance auch anderen zugänglich machen kannst, warum Werte auch für den digitalen Raum gelten und was das Internet mit dem Klimawandel zu tun hat.

10. Übernimm Verantwortung für andere

Ich hätte sie sehen müssen. Sie war in den Bus eingestiegen, einen Meter neben mir, die Tür ging rasch zu, und sie war schon alt, sie hat noch versucht, sich einen Sitzplatz zu suchen, aber da war kaum mehr was frei, und wir alle waren nicht wirklich ansprechbar. Die alte Dame ist dann umgefallen, in einem vollen Bus, ich habe von meinem Smartphone-Bildschirm hochgesehen und realisiert, dass ich zu spät war. Und dass ich etwas hätte tun können. Aufmerksamer sein. Meine Umgebung bewusster wahrnehmen. Ich bin kein schlechter Mensch. Eine konstante Alarm- und Hilfsbereitschaft tut uns psychisch und körperlich nicht gut. Wir müssen und dürfen die Verantwortung für andere auch mal abgeben können, uns in uns selbst zurückziehen, die Batterien aufladen. Wir sind keine Wachhunde, und wir retten alleine nicht die Welt. Und doch hat sich durch die Dauerpräsenz des Digitalen ein Nebel über uns gelegt. Wir sind so absorbiert von all dem, was wir in diesen Geräten tun und sehen können, dass wir oft kaum mehr wahrnehmen, was um uns herum geschieht. Das hat reale Auswirkungen auf unsere Umwelt. Auf die Gesellschaft. Auf die Welt. Wenn wir uns immer mehr ins Digitale zurückziehen, werden wir auch weniger empfindsam und aufmerksam für das, was um uns herum passiert. Darauf sind wir in diesem Buch in Themenfeldern wie Arbeit oder Partnerschaft bereits eingegangen. Doch der Mensch ist keine Insel. Unsere Welt ist größer als unsere Familie. Klar, unsere Gesellschaft ist manchmal ganz schön anonym geworden, vor allem in größeren Städten. Und doch gestalten wir unsere Umgebung und die Gesellschaft, in der wir leben, mit. Ich habe also eine menschliche Verantwortung für diese alte Frau. Wir alle haben sie. Wir dürfen digital sein, aber wir sollten ob dieser Möglichkeiten nicht vergessen, unsere Augen und Ohren für andere offen zu lassen. Für den Versuch anderer, mit uns in Kontakt zu treten (lästige und grenzüberschreitende Kontaktversuche sind davon natürlich ausgenommen). Wir dürfen uns auch für den öffentlichen Raum überlegen, wie er in Zukunft gelebt und gefüllt werden soll. Mit welchen Werten. In einigen Bereichen gibt es schon klare Visionen: Wir wollen Fahrradwege und Bäume in der Stadt. Wir wollen nachhaltig einkaufen können und die Wälder aufholzen. Was ist aber mit digitalen und analogen Begegnungszonen? Was machen wir damit, dass die einen überdigitalisiert und süchtig sind und die anderen, vorwiegend alte Menschen, noch gar keinen Zugang zum Digitalen haben und drohen, abgehängt zu werden? Wie wollen wir umgehen mit Überwachung im öffentlichen Raum, mit Hass im Netz und mit Verkehrsunfällen, die sich häufen, weil wir mit Ohrstöpseln und Smartphone in der Hand nicht mehr viel sehen oder hören?

In diesem Kapitel soll es deshalb um das größere Ganze gehen. Darum, wie du digitale Nachhaltigkeit mit und für andere leben willst, in welcher Form sie in der Gesellschaft Platz haben soll und wie öffentliche Räume für dich aussehen, in denen du digital, aber auch zugänglich für Unbekanntes sein darfst. Denn ich glaube, wir alle wollen auch unter Fremden einen zugewandten, warmen, freundlichen und menschlichen Austausch. Gegenseitige Rücksichtnahme. Und eine Welt, in der wir aufeinander achten und uns den Halt und die Verbundenheit schenken, die wir alle im Grunde suchen und erhoffen.

Deine Werte in die Welt tragen

Wenn wir darüber nachdenken, was Menschen glücklich macht, ist ein Faktor Sinn. Was aber bedeutet Sinnhaftigkeit? Sinn entsteht, wenn wir uns in den Dienst einer Sache stellen, die größer ist als wir selbst. Wenn wir uns einsetzen, für den Erhalt der Umwelt, gegen die Bedrohung einer Tierart oder für die Gleichstellung der Frau. Nicht nur, dass wir auf unserem Weg Gleichgesinnte treffen, Teil einer Gemeinschaft werden können und unsere Stärken und Talente einbringen, sondern wir erfahren auch, dass wir in ein großes Ganzes eingebettet sind und dass wir zählen – aber auch nicht für alles alleine die Verantwortung tragen müssen. Deine Werte in die Welt hinauszutragen kann sehr erfüllend sein. So vieles in der aktuellen Zeit dreht sich um das Glück des Einzelnen. Doch das ist nie vollkommen ohne die Einbettung in eine Gemeinschaft. Können wir unsere Werte und Talente mit den Bedürfnissen anderer verbinden, erschaffen wir eine lebenswerte Grundlage für uns alle. Erinnere dich also nochmals an deine Werte, die du zu Anfang des Buchs erarbeitet hast, und frage dich: Wie kann ich diese außerhalb meiner eigenen kleinen Blase kultivieren? Du musst gar nicht weit dafür reisen. Es reicht, wenn du dich erst mal fragst: Kann ich diese Werte und Talente in meinem unmittelbaren Umfeld einsetzen? In meiner Familie? In meiner Nachbarschaft? In meiner Stadt?

Noch einen Schritt weiter kannst du gehen, indem du auch deine Online-Aktivitäten in den Dienst einer größeren Aufgabe stellst. Viele Menschen nutzen ihre Social-Media-Reichweite heutzutage, um politische und aktivistische Anliegen in die

Gesellschaft zu tragen – Menschen wie Greta Thunberg oder Emma Watson. Auch du kannst digital positiven Wandel unterstützen. Indem du deine Talente, Interessen, Ziele und Träume mit Gleichgesinnten und Communities im Netz teilst. Und auch selbst solche Communities aufbaust. Influencer, Sinnfluencer, nenn es, wie du willst. Menschen, die andere Menschen beeinflussen. Mein Deutschlehrer hat mich beeinflusst. Dank ihm habe ich das Schreiben lieben gelernt. Meine Freundin beeinflusst mich, positiver zu denken.

Das Problem an der aktuellen Influencer-Dynamik im Internet ist, dass sie an kapitalistische Grundsätze gekoppelt ist. An Wachstum. Und damit oft auch an den Verkauf von Produkten, falschen Schönheitsidealen und Fake-Identitäten. Am Ende gehen Menschen daran kaputt, weil sie einer Idee von Produktivität nacheifern, die schlicht ungesund und unrealistisch ist. Dabei könnte Influencen auch ganz anders funktionieren. Wenn die Algorithmen anders funktionieren würden. Und sich immer mehr Menschen dazu entscheiden würden, keinen sinnlosen Content zu konsumieren, weniger zu kaufen, weniger zu verkaufen und nachhaltiger zu wirtschaften. Stell dir vor, wir würden in einer Welt leben, in der dir dein Social-Media-Feed alle Mittel an die Hand geben würde, gesünder zu leben, weniger am Bildschirm zu kleben und ein positiveres Selbstbild zu etablieren. Wäre das nicht wunderbar?

Das ist möglich. Aber das braucht den Willen vieler Menschen wie dich, um gegen die Geschäftsmodelle von Unternehmen aufzubegehren, die unsere Aufmerksamkeit verkaufen, ohne dass wir langfristig etwas davon haben. Doch schon heute kannst du lernen, reflektierter mit digitalen Kanälen umzugehen. Beispielsweise, indem du dir bewusst machst, dass Aktivismus, beschränkt er sich nur auf das Verbreiten eines Hashtags, zwar ein guter Anfang ist, du aber doppelt Einfluss hast, wenn du das Digitale mit dem Analogen verknüpfst und auch in der realen Welt etwas veränderst. Es braucht noch immer Menschen, die die Straßen fluten, auch analog Themen sichtbar machen, sich politisch engagieren, sich Wissen aneignen, vor Schulklassen stehen und Bäume pflanzen. Wie oft hast du in den vergangenen Jahren dein Profilbild geändert, als es um die Rechte von Homosexuellen ging? Oder in Trauer um den Anschlag auf Charlie Hebdo? Im Vorfeld von Abstimmungen Hashtags geteilt oder Status-Updates zum Thema #Metoo? Versteh mich nicht falsch: Aufklärungsarbeit über das Teilen von Artikeln, die Anregung einer Debatte über die sozialen Medien, das ist alles sehr wichtig. Der Arabische Frühling hätte ohne Digitalisierung vielleicht nicht stattgefunden oder wäre anders verlaufen. Für Geflüchtete ist das Smartphone ihr einziger Draht in die Heimat. Doch so viel Online-Aktivismus bewegt, so wenig bewegt er am Ende, wenn es nur beim Hashtag bleibt. Wir müssen in der Realität aktiv werden. Wir müssen auch Geld spenden, Petitionen unterschreiben, unsere Körper auf die Straßen bewegen, mit Plakaten in der Hand. Wir müssen den Feminismus auch leben, in der Schule, am Arbeitsplatz, am Küchentisch. »Klicktivismus« nennt man in der Fachsprache die Tendenz, sich digital zu engagieren, aber dann im realen Leben nichts zu tun.[251] Die Facebook-Gruppe »Saving the Children of Africa« hatte 2009 über 1,2 Millionen Mitglieder, die insgesamt 6.000 Dollar spendeten. Die Wahrscheinlichkeit, dass ein Mitglied einer Online-Gruppe im realen Leben handelt, liegt bei 1 bis 5 Prozent.[252] Ein Grund dafür könnte das in der Soziologie bekannte Phänomen der Verantwortungsdiffusion sein: Stehen wir an einem Bahnsteig und jemand ruft um Hilfe, und es stehen 20 Leute um dich herum, denkst du automatisch, jemand anderes springt ein. Deshalb wird uns allen auch beigebracht, dass wir im Notfall sofort handeln müssen und etwaige Hilfspersonen direkt ansprechen. Und ihnen sagen: Du rufst die Polizei, du bringst Wasser, und so weiter. Teilen wir zu Tausenden den Hashtag *Blacklivesmatter*, denken wir automatisch, dass es doch genügend Leute gibt, die sich im realen Leben um dieses Thema kümmern. Doch das ist ein Trugschluss.

Wir brauchen viele Hände, um neue Bäume zu pflanzen und alte Mauern niederzureißen. Damit kannst du sogar dein Glücksempfinden nachhaltig stärken: Denn Studien zeigen, dass kaum etwas den Menschen so nachhaltig zufrieden macht wie Helfen. Unsere Gesundheit und unser Wohlbefinden profitieren stärker davon, wenn wir real aktiv werden und uns einer Gruppe anschließen, als wenn wir im Internet bloß einen Like-Button klicken. Ich weiß, es fühlt sich gut an, wenn du dich online zu etwas bekennen kannst, das deine Freunde auch gut finden: Das stärkt dein Gefühl von Zugehörigkeit. Doch noch stärker wirkt echte Zugehörigkeit durch echte Taten. Klicktivismus ist aber nicht per se schlecht, im Gegenteil: Er vermag es, innerhalb kurzer Zeit enorme Aufmerksamkeit auf ein Thema zu lenken. Und die Menschen zu mobilisieren. Die Multimedialität des Internets, also das Zusammenspiel von Bild, Ton und Text, kann eine emotionale Ergriffenheit und damit auch eine Verbundenheit auslösen, die sich sonst schwer herstellen lässt. Das konnten wir am Beispiel der abgebrannten Notre-Dame-Kirche in Paris sehen oder, als die Moderatoren Joko und Klaas zu Solidarität mit der Sea-Watch 3 aufriefen.[253] Bei der Klimabewegung wurde aus Klicktivismus sogar eine handfeste, weltweite, sehr reale

Bewegung. Doch auch hier musste Greta Thunberg sich vor ein Gebäude setzen, jede Woche, zur immer gleichen Zeit, über Monate, damit sich etwas bewegte.

Die Welt ändert sich nicht durch einen Post. Du brauchst viel Durchhaltevermögen und viel Zeit. Du musst geduldig sein und deine Ressourcen nachhaltig einsetzen. Viele Aktivistinnen erleiden irgendwann ein Burn-out oder werden krank, weil sie sich so sehr für eine Sache verausgaben. Du kannst die Welt nicht alleine retten. Und du musst auch nicht bis in die Nacht hinein scrollen, posten, liken und zum Wandel aufrufen. Damit verheizt du dich nur. Achte also darauf, welcher Teil von dir aktiv werden will. Prüfe immer wieder deine Motivation. Und auch deine Glaubenssätze. Viele Menschen, die helfen wollen, verstecken damit ihre Ohnmacht, die sie als Kind oder Jugendliche erfahren haben. Das ist nicht schlimm. Wut und Ohnmacht und Angst können starke Motoren sein und dich zu Höchstleistungen antreiben. Weinst du aber vier Stunden in der Woche wegen der Eisschmelze, musst du dir helfen lassen. Du kannst dich für die Sache einsetzen, ohne daran psychisch zu zerbrechen. Abgrenzung ist sogar ein Muss, um mit deinen Energien besser haushalten und länger aktiv sein zu können.

Frage dich:

Welche Rolle spielst du im Internet?

Welche Themen beschäftigen dich?

Auf welche Art und Weise kannst du nachhaltig und für dich gesund auf Themen aufmerksam machen und Menschen im Internet dazu bringen, zu handeln?

Wofür möchtest du kämpfen?

Welche Talente und Fähigkeiten kannst du der Allgemeinheit zur Verfügung stellen?

Welche Idee einer besseren Welt hast du?

Es ist nie zu spät für diese Gedanken. Du kannst dein Leben immer ändern. Und dich jeden Tag neu entscheiden, wie du auf digitale und analoge Weise die Welt zu einem besseren Ort machst.

Was ist guter Journalismus?

Mir ist es sehr wichtig, auch kurz über den Medienkonsum und die Medienbranche zu sprechen. Nicht nur, weil ich selbst Journalistin bin und die Medienbranche gut kenne. Sondern auch, weil der Journalismus – als vierte Gewalt in einem Staat unentbehrlich für eine funktionierende Demokratie – durch die Digitalisierung sehr unter Druck geraten ist. Verschiedene Umwälzungen haben den Journalismus in den letzten Jahren geschwächt. Weil wir in einer digitalen Gratiskultur gefangen sind. Davon sind beispielsweise auch Künstler und Kulturschaffende stark betroffen. Das hat nicht nur, aber auch mit der Digitalisierung zu tun. Das Budget des klassischen Anzeigengeschäfts ist ins Internet gewandert, zu Social-Media-Plattformen und anderen Anbietern außerhalb der Medienunternehmen. Weil die klassischen Medien wegen der Digitalisierung dramatische Einbrüche ihrer Werbeeinnahmen hinnehmen mussten, haben sich viele Chefetagen in den Medienhäusern dem Schnellfutter zugewandt, das öfter geklickt wird. Weil die Werbekundinnen auf einer Medienseite mehr für die Werbung bezahlen, wenn das Portal mehr Klicks generiert. Gleichzeitig generiert Onlinewerbung so wenige Einnahmen, dass es das Überleben von Qualitätsjournalismus nicht sichert. Ein Teufelskreis.

Mit den Jahren ist dadurch aber ein Wettrennen um die meisten Klicks entstanden: Ereignet sich etwas Sensationelles, müssen die großen Redaktionen sofort funktionieren – Minuten entscheiden darüber, wer die Leserschaft an sich bindet. Denn die Leserinnen wollen immer rascher immer mehr Infos in sich aufsaugen und Orientierung finden. Wir sind es nicht mehr gewohnt, auf Dinge warten zu müssen. Statt also ein, zwei Tage wirklich tiefgreifend zu recherchieren und erst dann zu publizieren, wenn alle Fragen geklärt sind, pushen die Nachrichtenredaktionen Meldungen im Minutentakt. Beide Seiten sind so in einem Teufelskreis gefangen: Wir wollen Qualität liefern, die Leute sind aber nicht mehr bereit, dafür zu zahlen – unter anderem, weil sie sich durch Fake News oder schlecht recherchierten Unsinn ködern lassen, dann aber der Meinung sind, für qualitativen echten Journalismus, der angeblich nur Unsinn liefert, nicht bezahlen zu müssen.

Was kannst du tun? Meide schnelle *Clickbait*-Inhalte. Investiere stattdessen in Qualitätsjournalismus. Hilf mit, dass wieder bessere Inhalte entstehen können, indem du Journalistinnen für ihre Arbeit bezahlst. Abonniere am besten eine Bezahlzeitung oder ein Magazin. Egal, ob Print oder online. Damit investierst du in ein Produkt, das aufklärt und wertvolle Informationen zur Einordnung, zum Verständnis und zur Weiterentwicklung liefert. Guter Journalismus deckt Missstände auf, berichtet über inspirierende Menschen und Schicksale, fordert uns heraus und trägt idealerweise dazu bei, dass wir informiert, mündig und bestärkt agieren können.

In den letzten Jahren haben Fake-Inhalte auf allen Plattformen massiv zugenommen. Verschwörungstheoretiker wollen Bürgerinnen in ihre Fänge bekommen, Staaten machen auf Social Media Propaganda. Informiere dich über die Quelle, die eine Information ins Internet stellt. Stelle Fragen: Wer hat hier ein Interesse woran? Woran erkennst du, dass jemand unabhängig berichtet? Ist dieses Foto echt? Wurde ein Satz aus dem Kontext gerissen? Wenn Tausende auf einer Aussage herumhacken, gehe eine Minute in dich, und frag dich: Welche Meinung habe ich dazu? Ist diese Aufregung dem Anlass angemessen? Informiere dich über gute Redaktionen, das können auch kleine sein, oder unabhängige, beispielsweise *Krautreporter*. Ich vertraue auch einigen großen Namen, wie beispielsweise dem *Spiegel*, der *Zeit*, der *Republik*, der *NZZ am Sonntag*. Tausche dich dazu auch mit Menschen aus, denen du vertraust, die kritisch auf die Welt blicken und die gebildet sind, das heißt, die wissen, wie sie an Informationen kommen, wie diese einzuordnen sind und wie die Quellenlage ist. Und nicht zuletzt gilt: Qualität über Quantität. Lieber einen Newsletter als zehn, dafür täglich gelesen. Lieber eine Radiosendung im Detail gehört als ein Dutzend nur angeklickt.

Machen dich die ewigen negativen Schlagzeilen fertig, du kannst aber trotzdem nicht aufhören, zu scrollen? Du bist damit nicht alleine. Dieses Phänomen nennt sich *doomscrolling*: ein Begriff, der 2018 auf Twitter auftauchte und sich aus den englischen Wörtern *doom* (»Untergang«) und *scrolling* (»Bildschirm scrollen«) zusammensetzt.[254] Stellst du dieses Verhalten an dir fest, dann setz dir zeitliche Limits. Und halte Ausschau nach *constructive news* beziehungsweise *constructive journalism*:[255] einer neuen Bewegung innerhalb der Branche, die nicht bloß den Weltuntergang beschreibt, sondern auch Lösungen liefern will, also konstruktiven Journalismus betreibt. Damit wir aus unserer kollektiven Ohnmacht rauskommen.

Den digitalen Fußabdruck reduzieren

Geht es um den Klimawandel, sprechen wir gerne und oft über Fleischkonsum, Plastikhalme und Flugscham. Weißt du jedoch, wie viel CO_2 eine E-Mail ausstößt? Und was du tun kannst, um deinen digitalen Konsum ökologisch nachhaltiger zu gestalten? Lange Zeit habe ich mir selbst kaum Gedanken zum Zusammenhang zwischen Umweltschutz und meinem digitalen Verbrauch gemacht. Die Zahlen sprechen aber eine klare Sprache: Untersuchungen zeigen, dass die Nutzung digitaler Technologien und die dafür benötigte Infrastruktur etwa 4 Prozent der globalen CO_2-Emissionen verursachen.[256] Der globale Flugverkehr verursacht im Vergleich je nach Quelle etwa 2,8 Prozent des weltweiten CO_2-Ausstoßes. Einige sprechen deshalb nicht mehr von Flugscham, sondern von Klickscham. Forscher schätzen, dass sich diese Mengen in den nächsten Jahren gar verdoppeln könnten.[257]

Die Zahlen sind unter anderem deswegen so hoch, weil Internetserver gekühlt werden müssen. Datenverkehr verbraucht Energie. Und das Streaming über 4G und 5G verbraucht massenhaft mobile Daten. Eine Google-Anfrage schlägt mit 0,2 Gramm CO_2 zu Buche, das Versenden einer E-Mail verbraucht 4 Gramm CO_2, eine Stunde Video-Konferenz 3.200 Gramm. Und eine Bitcoin-Transaktion sage und schreibe 313.000 Gramm CO_2. Zum Vergleich: 20 Kilometer mit dem Auto fahren verbraucht 3.000 Gramm CO_2.[258] Bedenkt man, dass jeden Tag 5,5 Milliarden Mal gegoogelt wird, kommt eine beträchtliche Menge CO_2 zusammen. Es ist allen klar: Die Nutzung des Digitalen wird weiter zunehmen. Die weltweite Internetnutzung lag 2022 bei 333 Milliarden Gigabyte allein beim privaten Datenverbrauch. 2014 lag dieser Wert noch bei 88 Milliarden.[259] Dazu kommt, dass die meisten Menschen in Industrieländern mehrere Geräte benutzen. Und sie überall, fast pausenlos, einsetzen. Gestreamt wird auf dem Klo, Musik gehört im Freizeitpark. Weltweit steigt deshalb auch der Einsatz kritischer Rohstoffe in Elektronikgeräten.

Dabei zeigen Studien auch, dass wir gerade die Digitalisierung, setzen wir sie richtig ein, dazu nutzen könnten, den Klimawandel zu bremsen. Eine Studie der Universität Zürich zeigt:[260] Mit der 5G-Technologie können Treibhausgasemissionen eingespart werden, da neue Anwendungen möglich werden und die Digitalisierung effizienter genutzt wird. Beispielsweise ermöglicht der technologische Fortschritt die effizientere Regulierung von Heizwärme, ermöglicht Carsharing und hilft durch Online-Meetings, Flüge um den Globus zu reduzieren, oder unterstützt Bauern dabei, Felder präziser zu düngen.

Möchtest du dich für den Klimaschutz einsetzen, gilt es deshalb, auch deinen digitalen Konsum zu hinterfragen. Und dich dafür einzusetzen, dass die Digitalisierung der Zukunft klimaschonend ist und wir uns ebenso im Digitalen in Verzicht üben. Auch hier ist weniger mehr – wie beim Fleisch und beim Fliegen. Mach dich kundig, was du konkret in deiner Region oder auch online dafür tun kannst.

Hier schon mal ein paar Tipps für deinen nachhaltigen Umgang mit dem Digitalen: Melde dich von Newslettern ab, die du nicht liest. Lösche alle überflüssigen E-Mails aus deinem Posteingang. Lösche regelmäßig auch alle Mails, die du gesendet hast. Achte generell darauf, dass du nicht zu viele Daten speicherst. Was brauchst du wirklich? Müssen die 9.000 Fotos auf deinem Smartphone sein, oder möchtest du mal ein Fotoalbum daraus machen und die Fotos löschen? Kommuniziere achtsam. Sende weniger, empfange weniger. Ruf deinen Partner mal an, statt ihm 30 einzelne kurze Sprachnachrichten zu schicken. Bündle Information, und schick alles auf einmal. Reflektiere deine Streaming-Gewohnheiten. Vor allem die mobilen. Lade Filme über Glasfaser. Installiere zu Hause, wenn möglich, LAN. Oder WLAN. Reduziere deinen mobilen Datenverbrauch. Schalte deine elektronischen Geräte komplett aus, statt sie im Stand-by-Modus zu lassen. Deaktiviere die Autoplay-Funktion bei YouTube und Co. So laufen Videos nicht einfach weiter, wenn du nicht schaust. Und du bist digital achtsamer und kannst leichter abschalten. Benutze bei deinem Laptop und Monitor die Energiesparfunktion. Reflektiere, ob du wirklich mehrere Monitore, Endgeräte und digitale Gadgets brauchst. Reicht ein iPad pro Familie? Wie teilt ihr euch auf? Überlege dir auch, ob du immer sofort das neuste Gerät haben musst. Vor allem, solange das alte noch bestens funktioniert. Achte auf Verbraucherketten, wenn du dein Gerät weggibst. Kannst du es spenden? Wird es korrekt entsorgt? Du kannst Videos in geringerer Auflösung streamen. Das verbraucht weniger Energie. Du kannst ökologische Suchmaschinen oder E-Mail-Dienste nutzen, bei denen Server ausschließlich mit erneuerbaren Energien betrieben und Einnahmen teilweise in Umweltprojekte investiert werden. Oder Apps nutzen, die dir helfen, deine CO_2-Emissionen zu kompensieren. Beispielsweise die Suchmaschine Ecosia. Oder du integrierst Apps in dein Leben, die dir helfen, nachhaltiger zu leben. Beispielsweise die Anti-Foodwaste-App Too Good To Go.

Digital Citizenship

Die Digitalisierung ist so schnell über uns hereingebrochen, dass wir erst langsam merken, dass sie Regeln und Schranken braucht. Und ganz viele Fragen und Diskussionspunkte mit sich bringt, die wir einzeln und als Gesellschaft verhandeln sollten. Wie wollen wir uns im digitalen Raum verständigen? Was ist anständiges und respektvolles Diskutieren? Welche Räume belassen wir bewusst digitalfrei? Wo fördern wir Gemeinschaft, und wo fördern wir den digitalen Fortschritt? Wie geht beides zusammen? Welche Werte sollen in einem immer digitaleren Leben eine Rolle spielen? Wie wollen wir arbeiten, leben, uns begegnen? Was heißt es, zu lieben, zu denken, zu spielen, zu sein? Was heißt Menschlichkeit in digitalen Zeiten? Woran erkennen wir sie? Wie pflegen wir sie? Wie erhalten wir sie? Am Ende geht es um nichts weniger als die Frage, was uns zu Menschen macht in digitalen Zeiten. Was wir retten wollen, wenn die künstliche Intelligenz kommt, das Metaversum, all diese Dinge. Denn: Sie werden kommen. Das Digitale ist unsere Zukunft. Ein Ort, an dem wir uns schon jetzt täglich begegnen. In welchem immer mehr entschieden wird. Und in welchem wir den gleichen Chancen, Problemen und Vorurteilen begegnen wie im echten Leben. Deshalb gilt es, das Digitale mitzugestalten. Es neu zu denken. Es nach unseren Sehnsüchten, Werten und Wünschen zu formen.

Fragen zu stellen bedeutet, digitale Bürgerinnen und Bürger zu werden. Es bedeutet, das Digitale als *unseren* Raum zu sehen und nicht als abstrakte Größe, die von irgendwelchen Programmierern im Silicon Valley erfunden wurde und von Firmen wie Cambridge Analytica für Wahlmanipulation eingesetzt wird.[261] Die Autorin Tanya Goodin hat ein wunderbares Buch geschrieben mit dem Titel *My Brain Has Too Many Tabs Open.*[262] Und listet am Ende fünf Kernwerte auf, die uns in ihren Augen zu »Digital Citizens«, zu digitalen Bürgerinnen und Bürgern machen: Menschlichkeit, Authentizität, Kollaboration, kritisches Denken und Freundlichkeit. Goodin plädiert dafür, dass wir das Internet nicht als eine Reihe von Computern, Servern und dominiert von Big Tech begreifen, sondern als etwas, das wir alle sind. Zum 30. Geburtstag des World Wide Web hat dessen Begründer Tim Berners-Lee 2019 einen Aufruf zur Rettung des freien Internets veröffentlicht, in welchem er die Dominanz einzelner Plattformen kritisiert, die »perverse Anreize schaffen, bei denen der Wert der Nutzer geopfert wird«.[263] Er will eine Art Gesellschaftsvertrag aufsetzen, der das Internet wieder zu einem freien Ort für alle macht.[264] Was wir nutzen, dem sind wir auch etwas schuldig: das Übernehmen von Verantwortung. Wir haben zwar nicht alle Probleme erschaffen, die sich derzeit im Internet tummeln, wir können uns jedoch dazu entscheiden, zu den Lösungen beizutragen.

Anonymität etwa war einst eine große digitale Errungenschaft – doch heute führt sie dazu, dass Menschen anonym im Netz Hass verbreiten und Menschen erniedrigen können, Drogen verkaufen und Fake News verbreiten. Das Gegenteil der Anonymität ist die totale Überwachung – in meinen Augen auch keine gute Idee. Stattdessen könnten wir einen Mittelweg finden, der unsere Würde schützt. Und das kritische Denken fördern. Was hat diese Person davon, das zu posten? Woher stammt die Information? Wie kann ich überprüfen, ob das stimmt? Habe ich versucht, eine alternative Sicht einzunehmen? Investiere Zeit in Recherche. Zahle für glaubwürdigen Journalismus. Und bilde dich selbst weiter. Es sollte zu deiner zweiten Natur werden, Aussagen im Internet zu hinterfragen. Nicht, weil du paranoid bist. Sondern, um sicherzugehen, dass Fakten wieder einen Wert haben.

Und zuletzt: Pack dein Herz wieder aus. Wollen wir in digitalen Zeiten überleben, dann gilt es, im realen und digitalen Leben eine große Portion Liebe auszuschütten. Mitgefühl. Rücksicht. Nachsicht. Das kannst du auch tun, indem du Menschen ehrliche Komplimente machst, für ihren Mut, etwas zu teilen, oder ihr Engagement für Nachhaltigkeit und Menschlichkeit. Sei einfach nett. Denk nach, bevor du postest. Poste nur, was du auch im echten Leben aussprechen würdest. Poste nur Meinungen, die du auch im echten Leben vertreten würdest. Frage dich: Würde ich das, was ich hier sage, der Person auch ins Gesicht sagen? Reflektiere, wie deine Mitteilung auf andere wirken könnte. Zeige Haltung. Zeige Zivilcourage. Arbeite mit deinen Gefühlen. Poste und interagiere nicht, wenn du emotional gerade durchdrehst. Lass Gras drüberwachsen, atme tief durch, schlafe eine Nacht drüber.

Nimm dir alle paar Monate ein paar Stunden Zeit, um deine Privatsphäre-Einstellungen auf den neusten Stand zu bringen. Das gilt auch für deine Passwörter. Versuche, nach Möglichkeit mehr als nur Google als Suchmaschine zu benutzen. Das bringt dich nicht nur auf alternative Informationsquellen, sondern du gibst damit auch nicht bloß einem weltweiten Unternehmen die ganze Macht darüber, was wir finden. Teile dein Wissen. Engagiere dich aktiv für eine faire, offene Wissensvermittlung. Teile im Internet deine Talente und Informationen. Beteilige dich beispielsweise an einem Beitrag auf Wikipedia. Setze dich dafür ein, dass Open-Source-Software an Bedeutung gewinnt. Lerne, zu programmieren. Versuche, dem Drang zu widerstehen, dir eine schnelle Meinung zu bilden, sondern gehe wieder vermehrt in die Tiefe. Algorithmen sind nicht neutral – weil Menschen es nicht sind. Wir sind im Netz genauso sexistisch und rassistisch wie im echten Leben. Informiere dich deshalb über Themen wie *racial bias* im Technologiesektor.[265]

Setze dich auch im Netz für Minderheiten ein, informiere dich, und erhebe die Stimme für mehr Gleichheit in Programmen, Apps, Automatisierungen. Und gegen Diskriminierung, egal, welcher Art. Werde aktiv, wenn du mitkriegst, dass jemand im Netz fertiggemacht wird. Sei kritisch gegenüber »Alle gegen einen«-Kampagnen, auch wenn sie sich vermeintlich gegen einen bösen, mächtigen Menschen richten. Setze auch hier auf deine Werte – und geh nach deinem Bauchgefühl und deinem Sinn für Gerechtigkeit. Wirst du Zeugin eines illegalen oder schädigenden Verhaltens, melde den Post, gehe zur Polizei, schreib der betroffenen Person, unterstütze sie öffentlich, oder tu dich mit anderen zusammen, um ein Gegengewicht zu bilden. So verlockend es auch sein mag, illegal und gratis Informationen, Musik, Artikel, Bücher oder Filme downzuloaden: Respektiere digitales Eigentum. Und die Menschen, die es erschaffen haben.

NACHWORT

DIGITALE BALANCE ALS BEWEGUNG

Digitale Achtsamkeit, digitale Balance, *digital wellbeing*: Begriffe und Namen gibt es einige, das Ziel ist aber immer das gleiche: einen nachhaltigeren Umgang mit dem Digitalen zu pflegen, für unser Wohlbefinden. Digitale Balance ist eine politische Haltung, eine Frage der Nachhaltigkeit und der emotionalen und geistigen Ressourcen. Die Frage, wie wir Mensch bleiben können und was das in digitalen Zeiten wirklich bedeutet, ist eine Frage für ganze Gesellschaften. Und eine, die wir am besten gemeinsam erarbeiten.

Such dir Gleichgesinnte. Beginne, über deine eigenen Erfahrungen mit dem Thema zu sprechen. Empfiehl dieses Buch weiter, buche einen Kurs zu digitaler Achtsamkeit. Informiere dich, vernetze dich. Und erschaffe selbst Räume für dein Anliegen. Indem du einen Stammtisch organisierst. Oder dich darüber informierst, wie du beispielsweise an der Schule deiner Kinder digital achtsameren Unterricht fördern kannst. Deinem Anliegen sind keine Grenzen gesetzt. Du musst nur den Boden finden, auf dem es wachsen kann. Im englischsprachigen Raum gibt es schon einige Initiativen und große Projekte wie beispielsweise das Center for Humane Technology des ehemaligen Google-Mitarbeiters Tristan Harris.[266] Informiere dich, ob es in deiner Umgebung oder Region auch bereits entsprechende Projekte zum Thema digitale Achtsamkeit gibt. Ich bin mit meinem Ziel, mehr Verbundenheit und digitale Achtsamkeit in die Welt zu bringen, nicht allein: So gibt es Seiten wie www.digitaldetoxdestination.de, die Offline-Destinationen auflisten, oder das Team von Camp Breakout, das Ferienlager für Erwachsene anbietet – ganz ohne digitale Ablenkung. Willst du die Welt verändern, fang einfach an. Egal, wie klein du deine Kreise ziehst: Du wirst damit Menschen verändern, die wiederum Menschen verändern.

Möchtest du über dieses Buch hinaus praktische Tipps und Unterstützung bei der konkreten Umsetzung auf deinem Weg in eine digitale Balance, lege ich dir meinen Kurs »Verbunden« ans Herz. Er ist dazu da, dich Schritt für Schritt zum Handeln zu animieren. Schau für Kurse, Workshops und Inspiration zum Thema Digitale Achtsamkeit gerne auf meiner Webseite www.anna-miller.ch vorbei.[267] Dort kannst du auch einen Newsletter abonnieren, der dich – digital achtsam natürlich! – auf dem Laufenden hält.

Ich wünsche mir für dich, dass du deinen Weg hin zu mehr digitaler Achtsamkeit beharrlich und erfolgreich weiterverfolgst. Dass du die Menschen um dich herum inspirieren und aufzuklären vermagst und du zufriedener und entspannter durch die Welt läufst. Und wer weiß: Vielleicht finden unsere Ideen und Projekte zueinander. Analog oder virtuell. Denn auch der virtuelle Raum kann menschlich, nachhaltig und gemeinschaftlich sein. Wenn wir ihn dazu machen. Wir haben alle Themen, die uns am Herzen liegen. Für die einen ist es der Schutz des Regenwaldes, für die anderen ist es achtsame Kommunikation in der Liebe, für wieder andere ist es die Frage, ob und wann und wie wir endlich gleichgestellt sein werden. All diese Fragen gehören auch in den virtuellen Raum und hängen mit der Digitalisierung zusammen: Wie viele E-Mails wir unwissentlich speichern und wie intensiv wir streamen, hat Auswirkungen auf den Ausstoß von CO_2. Sexismus grassiert auch im Silicon Valley. Rassendiskriminierung findet auch bei automatischen Job-Auswahlprozessen statt.

Du hast dich jetzt auf über 300 Seiten intensiv mit deinen digitalen Gewohnheiten, deinen Wünschen und Sehnsüchten auseinandergesetzt und hoffentlich auch schon viele Einsichten gewonnen. Du hast vieles gelesen zum Thema Kreativität, Liebe und Beziehung, Freundschaften und Fokus, Langeweile und Sexualität. Du kannst stolz darauf sein, was du alles geschafft hast. Vielen Dank, dass du diesen Weg mit mir gegangen bist. Danke für deinen Mut, deine Ausdauer, dein Interesse und deine Neugier. Du hast dir damit die ideale Ausgangslage geschaffen, um mehr Präsenz, Fokus und Liebe in die Welt zu bringen. Vergiss nie: Der Mensch ist keine Insel. Also schau hin. Misch dich ein. Und entscheide mit. Denn du bist das Netz.

DANK

Für dich, Nina. Exi. Christine. Crispin und Quirin. Laura. Tim & Micha und die Chasa Parli. Für die Schwestern des Klosters Mariazell. Und diejenigen des Klosters Fahr. Für Seraina. Für Anna. Für Joelle. Für Franco & Patrizia und Claire. Für Marianne und Patrick und Lara. Für Vicky. Für Domenico und die Crew der Forchoase. Für Dennis. Für Lea. Für die Perugia-Crew. Für P. Folge dem Stern. Für Karin. Ellen. Rahel. Katja. Melanie. Joel. Andres. Und für euch, die ihr nicht mehr seid. Und, nicht zuletzt: Für euch alle, die ihr mutig genug seid, zu ahnen, dass die Welt eure ist und eure Sehnsüchte zählen.

ANMERKUNGEN UND LITERATUR

1 https://www.slideshare.net/DataReportal/digital-2020-global-digital-overview-january-2020-v01-226017535; letztmalig aufgerufen am 23. September 2022.

2 Teile des Kapitels sind einem von mir verfassten und im Juni 2021 im Onlinemagazin *Republik* publizierten fünfteiligen Essay mit dem Titel »Im digitalen Rausch« entnommen und für dieses Buch adaptiert. https://www.republik.ch/2021/06/14/im-digitalen-rausch; letztmalig aufgerufen am 21. Juni 2022.

3 https://de.statista.com/statistik/daten/studie/217061/umfrage/umsatz-gewinn-von-facebook-weltweit/; letztmalig aufgerufen am 21. Juni 2022.

4 https://onlinemarketing.de/cases/milliardengewinn-facebook-rekord-rekord; letztmalig aufgerufen am 21. Juni 2022.

5 https://www.pwc.com/gx/en/industries/tmt/media/outlook/segment-findings.html; letztmalig aufgerufen am 21. Juni 2022.

6 https://www.zukunftsinstitut.de/fileadmin/user_upload/Trend_Update/Mindful_Business/Info01-Smartphone-User.pdf; letztmalig aufgerufen am 21. Juni 2022.

7 https://www.newstatesman.com/science-tech/coronavirus/2020/05/how-focus-concentration-pandemic-brain-motivation-apps-pomodoro; letztmalig aufgerufen am 21. Juni 2022.

8 https://medium.com/be-unique/how-many-years-are-we-wasting-on-social-media-4a76f40585bd, zuletzt aufgerufen am 30.11.2022.

9 https://www.republik.ch/2021/06/19/je-mehr-zeit-wir-vor-bildschirmen-verbringen-desto-instabiler-werden-wir-psychisch; letztmalig aufgerufen am 21. Juni 2022.

10 *Der Mensch Bill Gates*. Dokumentation, Netflix, 2019.

11 https://www.tagblatt.ch/leben/bildschirmfrei-ist-das-neue-bio-warum-die-programmierer-im-silicon-valley-ihre-kinder-computerfrei-erziehen-ld.1107643; letztmalig aufgerufen am 21. Juni 2022.

12 https://www.eurofound.europa.eu/observatories/eurwork/industrial-relations-dictionary/right-to-disconnect; letztmalig aufgerufen am 21. Juni 2022.

13 https://www.gq.com/story/aza-raskin-interview, letztmalig aufgerufen am 30.11.2022.

14 https://www.it-daily.net/analysen/22403-wir-scrollen-taeglich-173-meter-auf-den-smartphones; letztmalig aufgerufen am 21. Juni 2022.

15 https://www.thetimes.co.uk/article/i-m-so-sorry-says-inventor-of-end less-online-scrolling-9lrv59mdk; letztmalig aufgerufen am 21. Juni 2022.

16 https://www.humanetech.com; letztmalig aufgerufen am 21. Juni 2022.

17 https://medium.com/thrive-global/how-technology-hijacks-peoples-minds-from-a-magician-and-google-s-design-ethicist-56d62ef5edf3; letztmalig aufgerufen am 21. Juni 2022.

18 https://www.nu.nl/files/IDC-Facebook%20Always%20Connected%20 (1).pdf, zuletzt aufgerufen am 30.11.2022.

19 https://cyberpsychology.eu/article/download/11562/10369, letztmalig aufgerufen am 15. November 2022.

20 https://www2.deloitte.com/de/de/pages/technology-media-and-tele communications/articles/smartphone-nutzung-2020.html, zuletzt aufgerufen am 30.11.2022.

21 https://www.pewresearch.org/fact-tank/2021/03/26/about-three-in-ten-u-s-adults-say-they-are-almost-constantly-online/, zuletzt aufgerufen am 30.11.2022.

22 https://www.tk.de/presse/themen/praevention/medienkompetenz/digi talkompetenz-studie-2099550?tkcm=ab; letztmalig aufgerufen am 21. Juni 2022.

23 https://www.spiegel.de/gesundheit/psychologie/einsame-menschen-sterben-frueher-a-1172927.html, zuletzt aufgerufen am 15. November 2022.

24 https://www.ncbi.nlm.nih.gov/pmc/articles/PMC7502223/, zuletzt aufgerufen am 15. November 2022.

25 https://link.springer.com/article/10.1007/s10164-021-00701-6, zuletzt aufgerufen am 15. November 2022.

26 https://www.republik.ch/2021/06/19/je-mehr-zeit-wir-vor-bildschir men-verbringen-desto-instabiler-werden-wir-psychisch; letztmalig aufgerufen am 21. Juni 2022.

27 https://www.washington.edu/news/2019/04/29/patterns-of-compul sive-smartphone-use/; letztmalig aufgerufen am 21. Juni 2022.

28 https://usbeketrica.com/fr/article/hyperconnexion-michael-stora-interview, zuletzt aufgerufen am 30.11.2022.

29 https://www.ncbi.nlm.nih.gov/pmc/articles/PMC8283615/; letztmalig aufgerufen am 21. Juni 2022.

30 Berry Schwartz: *The Paradox of Choice: Why More Is Less.* Harper Perennial, 2005. Auf Deutsch: *Anleitung zur Unzufriedenheit. Warum weniger glücklicher macht.* Econ, 2004.

31 https://www.harvardmagazine.com/2021/01/feature-the-loneliness-pandemic, zuletzt aufgerufen am 15. November 2022.

32 https://www.gov.uk/government/news/loneliness-minister-its-more-important-than-ever-to-take-action; letztmalig aufgerufen am 21. Juni 2022.

33 https://www.tokyoweekender.com/2022/02/the-plight-of-loneliness-in-japan/; zuletzt aufgerufen am 15. November 2022.

34 John Cacioppo: *Loneliness: Human Nature and the Need for Social Connection.* Norton, 2009. Auf Deutsch: *Einsamkeit: Woher sie kommt, was sie bewirkt, wie man ihr entrinnt.* Spektrum, 2021.

35 https://www.ahealthysliceoflife.com/how-to-stop-emotional-numbing/; letztmalig aufgerufen am 21. Juni 2022.

36 https://www.meduniwien.ac.at/web/ueber-uns/news/detailseite/2016/news-im-august-2016/dopamin-weit-mehr-als-nur-der-botenstoff-des-gluecks/; zuletzt aufgerufen am 23.11.2022.

37 https://journals.sagepub.com/doi/full/10.1177/0956797619839045; letztmalig aufgerufen am 21. Juni 2022.

38 https://www.republik.ch/2021/06/19/je-mehr-zeit-wir-vor-bildschirmen-verbringen-desto-instabiler-werden-wir-psychisch; letztmalig aufgerufen am 21. Juni 2022.

39 https://www.personalwirtschaft.de/news/hr-organisation/mehrheit-der-deutschen-ist-auch-nach-feierabend-beruflich-erreichbar-98804/; letztmals aufgerufen am 25.11.2022.

40 https://positivepsychology.com/flourishing/; letztmalig aufgerufen am 21. Juni 2022.

41 Martin Seligman: *Flourish: A Visionary New Understanding of Happiness and Well-being.* Atria Books, 2012. Auf Deutsch: *Wie wir aufblühen: Die fünf Säulen des persönlichen Wohlbefindens.* Goldmann, 2015.

42 https://www.realsimple.com/health/mind-mood/what-is-languishing; letztmalig aufgerufen am 21. Juni 2022.

43 https://positivepsychology.com/mental-health-continuum-model/; letztmalig aufgerufen am 21. Juni 2022.

44 Allan Carr: *Positive Psychology: The Science of Wellbeing and Human Strengths.* Routledge, 2022.

45 Oliver Burkeman: *Four Thousand Weeks. Time Management for Mortals.* Vintage Digital, 2021. Auf Deutsch: *4000 Wochen. Das Leben ist zu kurz für Zeitmanagement.* Piper, 2022.

46 https://positivepsychology.com/eudaimonia/; letztmalig aufgerufen am 21. Juni 2022.

47 https://www.coaching-tools.de/fileadmin/tools/media/Tool-Bücher_C._Rauen/coaching-tools-1-leseprobe-lebensrad.pdf; letztmalig aufgerufen am 21. Juni 2022.

48 https://sz-magazin.sueddeutsche.de/wissen/verletzlichkeit-ist-der-schluessel-zu-allem-86367; letztmalig aufgerufen am 21. Juni 2022.

49 Brené Brown: *Daring Greatly. How the courage to be vulnerable transforms the way we live, love, parent and lead.* Penguin Random House New York, 2012. Auf Deutsch: *Verletzlichkeit macht stark: Wie wir unsere Schutzmechanismen aufgeben und innerlich reich werden.* Goldmann, 2017.

50 Ebd.

51 Ebd.

52 https://epub.sub.uni-hamburg.de/epub/volltexte/2019/96124/pdf/Stiftung_fuer_Zukunftsfragen_Freizeit_Monitor_2019.pdf; zuletzt aufgerufen am 25.11.2022.

53 Bücker, Teresa: Alle Zeit. Ullstein, 2022.

54 https://epub.sub.uni-hamburg.de/epub/volltexte/2019/96124/pdf/Stiftung_fuer_Zukunftsfragen_Freizeit_Monitor_2019.pdf; letztmals aufgerufen am 25.11.2022.

55 Nir Eyal: *Indistractable: How to Control Your Attention and Choose Your Life.* Bloomsbury Publishing, 2020. Auf Deutsch: *Die Kunst, sich nicht ablenken zu lassen.* Redline, 2019.

56 https://de.statista.com/statistik/daten/studie/118/umfrage/fernsehkonsum-entwicklung-der-sehdauer-seit-1997/; zuletzt aufgerufen am 25.11.2022.

57 Bücker, Teresa: Alle Zeit. Ullstein, 2022, Seite 209 f.

58 https://www.sciencedirect.com/science/article/abs/pii/S0747563220303848?via%3Dihub; zuletzt aufgerufen am 25.11.2022.

59 https://www.ncbi.nlm.nih.gov/pmc/articles/PMC6326475/; zuletzt aufgerufen am 25.11.2022.

60 https://greatergood.berkeley.edu/article/item/which_values_make_you_happy_it_might_depend_on_where_you_live; zuletzt aufgerufen am 25.11.2022.

61 https://positivepsychology.com/classification-character-strengths-virtues/; letztmalig aufgerufen am 21. Juni 2022.

62 https://us.sagepub.com/sites/default/files/upm-assets/34159_book_item_34159.pdf; zuletzt aufgerufen am 25.11.2022.

63 James Clear: *Atomic Habits: An Easy and Proven Way to Build Good Habits and Break Bad Ones.* Avery, 2018. Auf Deutsch: *Die 1%-Methode. Minimale Veränderung, maximale Wirkung.* Goldmann, 2020.

64 Mark Manson: *The Subtle Art of Not Giving a F*ck: A Counterintuitive Approach to Living a Good Life.* Harper, 2016. Auf Deutsch: *Die subtile Kunst des Daraufscheißens.* Mvg, 2017.

65 https://quiz.gretchenrubin.com; letztmalig aufgerufen am 21. Juni 2022.

66 Gretchen Rubin: *The Four Tendencies: The Indispensable Personality Profiles That Reveal How to Make Your Life Better (and Other People's Lives Better, Too).* Harmony, 2018. Auf Deutsch: *Die 4 Happiness-Typen: Wie Erwartungen unsere Glücksfähigkeit prägen.* Kailash, 2018.

67 https://go.roberts.edu/leadingedge/the-great-choices-of-strategic-leaders; zuletzt aufgerufen am 30.11.2022.

68 Duhigg, Charles: Die Macht der Gewohnheit. Warum wir tun, was wir tun. Piper, 2012.

69 Clear: Die 1% Methode, 2020.

70 https://www.brandeins.de/magazine/brand-eins-wirtschaftsmagazin/2017/loslassen/ermuedungskampf-mit-dem-eigenen-gehirn; zuletzt aufgerufen am 23.11.2022.

71 https://www.srf.ch/wissen/mensch/was-tun-gegen-die-macht-der-gewohnheit; zuletzt aufgerufen am 25.11.2022.

72 Robin Sharma: *The 5 AM Club: Own Your Morning. Elevate Your Life.* Harper Thornsons, 2018. Auf Deutsch: *Der 5-Uhr-Club: Gestalte deinen Morgen und in deinem Leben wird alles möglich.* Knaur MensSana TB, 2022.

73 https://www.bild.de/digital/multimedia/tim-cook/warum-ich-mich-den-deutschen-so-nah-fuehle-39968650.bild.html; zuletzt aufgerufen am 23.11.2022.

74 https://www.dailymail.co.uk/femail/article-2191475/Michelle-Obama-reveals-hits-gym-early-4-30am-EVERY-DAY-thats-way-tackle-weakness-french-fries.html; zuletzt aufgerufen am 23.11.2022.

75 https://www.sciencedirect.com/science/article/abs/pii/S0747563220303848?via%3Dihub; zuletzt aufgerufen am 25.11.2022.

76 https://www.dasgehirn.info/handeln/ernaehrung/das-gehirn-hat-immer-hunger; zuletzt aufgerufen am 25.11.2022

77 https://journals.plos.org/plosone/article?id=10.1371/journal.pone.

0269457; zuletzt aufgerufen am 27.11.2022. Dazu ist anzumerken: Die wissenschaftliche Faktenlage ist uneindeutig und vor allem noch spärlich, da der Zeitraum, der gemessen werden kann, klein ist, weil wir uns noch nicht sehr lange so intensiv Geräten aussetzen. Einige Studien kommen zum Schluss, dass Smartphones, die lange und oft in nahem, physischem Kontakt mit Kopf oder Genitalien sind, zu Veränderungen in der Zellstruktur führen und einen Einfluss auf die Spermienqualität und Fruchtbarkeit von Männern haben können. Siehe dazu auch bspw. https://www.ncbi.nlm.nih.gov/pmc/articles/PMC7727890/; zuletzt aufgerufen am 27.11.2022.

78 https://www.ncbi.nlm.nih.gov/pmc/articles/PMC3329221/; zuletzt aufgerufen am 27.11.2022.

79 https://www.journals.uchicago.edu/doi/full/10.1086/691462; letztmalig aufgerufen am 21. Juni 2022.

80 https://de.statista.com/statistik/daten/studie/868733/umfrage/anzahl-der-taeglich-verschickten-whatsapp-nachrichten-weltweit/; zuletzt aufgerufen am 27.11.2022.

81 https://journals.aom.org/doi/pdf/10.5465/AMBPP.2018.121; zuletzt aufgerufen am 27.11.2022.

82 https://www.eurofound.europa.eu/observatories/eurwork/industrial-relations-dictionary/right-to-disconnect; zuletzt aufgerufen am 27.11.2022.

83 https://www.handelsblatt.com/finanzen/banken-versicherungen/versicherer/handelsblatt-testet-schutz-vor-virtuellen-angriffen-das-sind-die-besten-versicherungen-gegen-cyberkriminalitaet/27847324.html; letztmalig aufgerufen am 21. Juni 2022.

84 Stephen R. Covey: *The 7 Habits of Highly Effective People*. 30th Anniversary Edition. Simon & Schuster, 2020. Auf Deutsch: *Die 7 Wege zur Effektivität: Prinzipien für persönlichen und beruflichen Erfolg*. Gabal, 2018.

85 https://www.who.int/publications/i/item/9789240059153; zuletzt aufgerufen am 27.11.2022.

86 https://positivepsychology.com/mind-body-connection/; zuletzt aufgerufen am 27.11.2022.

87 Glennon Doyle: *Untamed*. The Dial Press, 2020. Auf Deutsch: *Ungezähmt*. Rowohlt, 2020.

88 https://www.spiegel.de/gesundheit/psychologie/sport-gegen-stress-wie-bewegung-der-psyche-hilft-a-1173661.html; zuletzt aufgerufen am 23.11.2022.

89 https://www.welt.de/gesundheit/article204374052/Smartphones-sor

gen-fuer-mehr-Verkehrstote-als-Alkohol.html; letztmalig aufgerufen am 21. Juni 2022.

90 https://www.aerzteblatt.de/nachrichten/66139/Handynacken-ist-bekannte-Erkrankung-in-neuer-Erscheinungsform; letztmalig aufgerufen am 21. Juni 2022.

91 https://www.aerzteblatt.de/nachrichten/76496/Karpaltunnelsyndrom-durch-haeufige-Nutzung-des-Smartphones; letztmalig aufgerufen am 21. Juni 2022.

92 https://www.plus.ac.at/news/effekte-abendlicher-smartphone-nutzung/?pg=132948; letztmalig aufgerufen am 21. Juni 2022. Zum Thema Blaulicht und Auswirkungen auf den Schlaf gehen die Meinungen und auch die Studienergebnisse auseinander. Die einen stellten einen Unterschied fest, andere Studien suggerieren, dass der negative Effekt des blauen Lichts überschätzt wurde und keinen Einfluss auf die Qualität des Schlafs hat.

93 https://www.tk.de/techniker/gesundheit-und-medizin/behandlungen-und-medizin/kopfschmerzen-und-migraene/kopfschmerzen-so-haeufig-ist-die-volkskrankheit-2016918?tkcm=aaus; letztmalig aufgerufen am 21. Juni 2022.

94 https://www.mdr.de/ratgeber/gesundheit/handys-computer-homeoffice-bildschirme-augen-kurzsichtig-welttag-sehen-100.html; zuletzt aufgerufen am 23.11.2022.

95 https://nypost.com/2019/07/23/the-majority-of-us-are-considered-zombie-eaters/; zuletzt aufgerufen am 30.11.2022.

96 https://www.foodunfolded.com/article/the-rise-of-eating-alone; zuletzt aufgerufen am 30.11.2022.

97 https://www.ncbi.nlm.nih.gov/pmc/articles/PMC7744612/; zuletzt aufgerufen am 30.11.2022.

98 https://www.sciencedirect.com/science/article/abs/pii/S0022103117301737#!; zuletzt aufgerufen am 30.11.2022.

99 https://yourkidstable.com/how-to-remove-screen-time-at-meals/; letztmalig aufgerufen am 21. Juni 2022.

100 https://www.spektrum.de/news/wie-entsteht-das-saettigungsgefuehl/941427; zuletzt aufgerufen am 23.11.2022.

101 https://sph.umich.edu/pursuit/2020posts/why-sleep-is-so-important-to-your-health.html; zuletzt aufgerufen am 30.11.2022.

102 https://www.nationalgeographic.de/wissenschaft/2021/03/revenge-bedtime-procrastination-der-ewige-schlafaufschub; letztmalig aufgerufen am 21. Juni 2022.

103 https://bmcpublichealth.biomedcentral.com/articles/10.1186/s12889-022-14076-x; zuletzt aufgerufen am 30.11.2022.

104 https://jcsm.aasm.org/doi/10.5664/jcsm.8446; zuletzt aufgerufen am 30.11.2022.

105 Ein empfehlenswertes Buch zum Thema Schlaf ist das von Matthew Walker: *Why We Sleep: Unlocking the Power of Sleep and Dreams*. Scribner, 2017. Auf Deutsch: *Das große Buch vom Schlaf: Die enorme Bedeutung des Schlafs – Beste Vorbeugung gegen Alzheimer, Krebs, Herzinfarkt und vieles mehr*. Goldmann, 2018.

106 https://medium.com/personal-growth-lab/3-reasons-why-you-shouldnt-check-your-smartphone-within-1-hour-of-waking-up-6ccb1264ec74; zuletzt aufgerufen am 30.11.2022.

107 https://www.apa.org/monitor/2020/04/nurtured-nature; zuletzt aufgerufen am 30.11.2022.

108 https://www.nytimes.com/2018/07/12/well/take-a-walk-in-the-woods-doctors-orders.html; zuletzt aufgerufen am 30.11.2022.

109 https://www.geo.de/natur/nachhaltigkeit/23872-rtkl-studie-mehr-baeume-weniger-depressionen-wie-sich-pflanzen-auf-unsere; zuletzt aufgerufen am 23.11.2022.

110 https://www.rnd.de/gesundheit/psychische-gesundheit-studien-zeigen-dass-uns-das-meer-gluecklicher-macht-J5T2M6JEG5DY3JYGBNKYNF6WLY.html; zuletzt aufgerufen am 23.11.2022.

111 Wim Hof: Die Wim-Hof-Methode: Sprenge deine Grenzen und aktiviere dein volles Potenzial. Mit der Kraft der Kälte, bewusster Atmung und mentaler Stärke gesünder, leistungsfähiger und glücklicher werden, Integral Verlag, 2021.

112 https://science.orf.at/stories/3207945/; zuletzt aufgerufen am 23.11.2022.

113 https://www.scmp.com/lifestyle/health-wellness/article/3046219/adventure-therapy-how-nature-good-mental-health-and; zuletzt aufgerufen am 30.11.2022.

114 https://bellevue.nzz.ch/reisen-entdecken/reise-trend-2022-abenteuerferien-in-der-wildnis-boomen-ld.1681311; zuletzt aufgerufen am 23.11.2022.

115 https://www.minimed.at/medizinische-themen/lunge/atmung-sauerstoffmangel/; letztmalig aufgerufen am 21. Juni 2022.

116 https://www.huffpost.com/entry/just-breathe-building-the_b_85651; zuletzt aufgerufen am 23.11.2022.

117 https://www.headspace.com/articles/shallow-breathing-whole-body; zuletzt aufgerufen am 30.11.2022.

118 James Nestor: *Breath: The New Science of a Lost Art*. Penguin Publishing Group, 2021. Auf Deutsch: *Breath – Atem: Neues Wissen über die vergessene Kunst des Atmens*. Piper, 2021.

119 https://www.mentalhealth.org.uk/explore-mental-health/articles/body-image-report-executive-summary; zuletzt aufgerufen am 27.11.2022.

120 https://www.stern.de/gesundheit/who-studie--jede-vierte-15-jaehrige-will-abnehmen-6747632.html; zuletzt aufgerufen am 27.11.2022.

121 https://www.srf.ch/radio-srf-3/wunderwaffe-nase-wir-riechen-angst-krankheit-und-sogar-liebe; zuletzt aufgerufen am 27.11.2022.

122 https://www.reportlinker.com/p06229195/Digital-Health-Global-Market-Report.html?utm_source=GNW, zuletzt aufgerufen am 30.11.2022.

123 Siehe dazu beispielsweise Jäncke, Lutz: Von der Steinzeit ins Internet: Der analoge Mensch in der digitalen Welt. Hogrefe, 2021.

124 https://blogs.unimelb.edu.au/sciencecommunication/2018/10/09/how-do-different-colours-affect-your-mood-judgement-and-physiology/; zuletzt aufgerufen am 2.12.2022.

125 https://www.mcleanhospital.org/essential/digital-burnout; zuletzt aufgerufen am 2.12.2022.

126 https://gesund.bund.de/stress; letztmalig aufgerufen am 21. Juni 2022.

127 https://www.bbc.com/future/article/20160928-how-anxiety-warps-your-perception; zuletzt aufgerufen am 2.12.2022.

128 Siehe dazu beispielsweise auch: https://www.spektrum.de/lexikon/biologie/kampf-oder-flucht-reaktion/35305; zuletzt aufgerufen am 2.12.2022.

129 https://www.realsimple.com/health/mind-mood/cybersickness; zuletzt aufgerufen am 2.12.2022.

130 https://www.thrivepsychotherapyllc.com/blog/2019/1/8/orienting-a-natural-and-powerful-anxiety-reduction-practice; zuletzt aufgerufen am 2.12.2022.

131 https://www.focus.de/gesundheit/ratgeber/gehirn/ist-nervus-vagus-der-neue-darm-wieso-dieser-hirnnerv-ihr-leben-veraendern-koennte_id_12790100.html; zuletzt aufgerufen am 23.11.2022.

132 https://www.nytimes.com/2022/06/02/well/mind/vagus-nerve-mental-health.html; zuletzt aufgerufen 2.12.2022.

133 https://www.statista.com/statistics/433871/daily-social-media-usage-worldwide/; zuletzt aufgerufen am 23.11.2022.

134 https://www.schau-hin.info/grundlagen/diese-chancen-bieten-soziale-medien; letztmalig aufgerufen am 21. Juni 2022.

135 https://www.mcleanhospital.org/essential/it-or-not-social-medias-affecting-your-mental-health; letztmalig aufgerufen am 21. Juni 2022.

136 https://www.science.org/doi/10.1126/sciadv.abe5641; zuletzt aufgerufen am 2.12.2022.

137 Carol Dweck: *Mindset – Updated Edition: Changing The Way You Think To Fulfil Your Potential*. Robinson, 2017. Auf Deutsch: *Selbstbild: Wie unser Denken Erfolge oder Niederlagen bewirkt*. Piper, 2017.

138 https://commonweb.unifr.ch/EcoDean/Pub/site_ses/img_online/A_2021/Fahr2021_Psychoscope.pdf; zuletzt aufgerufen am 30.11.2022.

139 https://www.wmn.de/health/psychologie/parasoziale-beziehung-genz-und-die-digitale-welt-id387931; letztmalig aufgerufen am 21. Juni 2022.

140 Julia Cameron: *The Artist's Way: A Spiritual Path to Higher Creativity*. Souvenir Press, 2020. Auf Deutsch: *Der Weg des Künstlers. Ein spiritueller Pfad zur Aktivierung unserer Kreativität*. Knaur, 2009.

141 https://www.geo.de/wissen/gesundheit/22764-rtkl-achtsamkeitstraining-mit-achtsamkeit-den-stress-bewaeltigen-so; letztmalig aufgerufen am 21. Juni 2022.

142 https://www.globenewswire.com/en/news-release/2022/08/23/2503013/0/en/At-30-5-CAGR-Mindfulness-Meditation-Application-Market-to-Outstrip-2-63Bn-by-2028-Led-by-APAC-Region-23-Market-Share-in-2021-The-Insight-Partners.html; zuletzt aufgerufen am 1.12.2022.

143 https://www.verywellmind.com/negative-bias-4589618; zuletzt aufgerufen am 1.12.2022.

144 https://positivepsychology.com/neuroscience-of-gratitude/; zuletzt aufgerufen am 23.11.2022.

145 https://psycnet.apa.org/record/2014-38568-001; https://emmons.faculty.ucdavis.edu/wp-content/uploads/sites/90/2015/08/2003_2-Emmons_McCullough_2003_JPSP.pdf; letztmalig aufgerufen am 21. Juni 2022.

146 https://www.migros.ch/de/Magazin/2021/03/bernd-hufnagl-nichtstun.html; letztmalig aufgerufen am 21. Juni 2022.

147 Keller, Gary: The One Thing. Die überraschend einfache Wahrheit über außergewöhnlichen Erfolg. Redline Verlag, 2017.

148 Clear: *Die 1% Methode*, 2020.

149 https://www.selfapy.com/magazin/wissen/glaubenssaetze; letztmalig aufgerufen am 21. Juni 2022.

150 https://www.deutschlandfunknova.de/beitrag/hirnforschung-messen-wo-gedanken-anfangen-und-enden; zuletzt aufgerufen am 23.11.2022.

151 https://idw-online.de/en/news508214; letztmals aufgerufen am 23.11.2022.

152 https://www.psychologytoday.com/us/therapy-types/acceptance-and-commitment-therapy; letztmalig aufgerufen am 21. Juni 2022.

153 https://www.rnd.de/wissen/toxic-positivity-wieso-toxische-positivitaet-so-schaedlich-ist-TOFTO2YNORE4RFZJT3CMSEUQHY.html; letztmalig aufgerufen am 21. Juni 2022.

154 https://www.spektrum.de/news/hochsensibilitaet-der-streit-um-die-feinfuehligkeit/1412989; zuletzt aufgerufen am 23.11.2022.

155 https://inews.co.uk/news/technology/smartphone-use-personality-traits-explained-music-consumption-app-usage-564535; letztmalig aufgerufen am 21. Juni 2022.

156 https://www.aerzteblatt.de/archiv/205289/Smartphoneabhaengigkeit-Hohe-Relevanz-in-der-Praxis; letztmalig aufgerufen am 21. Juni 2022.

157 https://www.disg-modell.de; letztmalig aufgerufen am 21. Juni 2022.

158 https://www.digitalwellnessinstitute.com; letztmalig aufgerufen am 21. Juni 2022.

159 https://www.charakterstaerken.org/VIA_Interpretationshilfe.pdf; letztmalig aufgerufen am 21. Juni 2022.

160 Peterson, Christopher, and Martin EP Seligman: Character strengths and virtues: A handbook and classification. Vol. 1. Oxford University Press, 2004.

161 Siehe dazu beispielsweise https://www.frontiersin.org/articles/10.3389/fpsyg.2015.00456/full; zuletzt aufgerufen am 2.12.2022.

162 https://www.psychologie-aktuell.com/news/aktuelle-news-psychologie/news-lesen/was-zufrieden-macht.html; zuletzt aufgerufen am 2.12.2022.

163 Amir Levine und Rachel Heller: *Attached: Are you Anxious, Avoidant or Secure? How the science of adult attachment can help you find – and keep – love.* Bluebird, 2010. Auf Deutsch: *Warum wir uns immer in den Falschen verlieben: Beziehungstypen und ihre Bedeutung für unsere Partnerschaft.* Goldmann, 2015.

164 https://www.aerzteblatt.de/archiv/172529/John-Bowlby-Pionier-der-Bindungsforschung; letztmalig aufgerufen am 21. Juni 2022.

165 Stefanie Stahl: *Jeder ist beziehungsfähig: Der goldene Weg zwischen Freiheit und Nähe.* Kailash, 2017.

166 Amir Levine und Rachel Heller: *Attached: Are you Anxious, Avoidant or Secure? How the science of adult attachment can help you find – and keep love.* Bluebird, 2010. Auf Deutsch: *Warum wir uns immer in den Falschen verlieben: Beziehungstypen und ihre Bedeutung für unsere Partnerschaft.* Goldmann, 2015.

167 Ebd.

168 https://www.businessinsider.com/how-the-paradox-of-choice-could-explain-why-youre-still-single-2018-2?r=US&IR=T; letztmalig aufgerufen am 21. Juni 2022.

169 https://www.3sat.de/gesellschaft/makro/wirtschaftsdokumentation-online-dating-liebe-auf-den-ersten-klick-100.html; letztmalig aufgerufen am 21. Juni 2022.

170 https://www.johngottman.net/wp-content/uploads/2011/05/The-Mathematics-of-Marital-Conflict-Dynamic-Mathematical-Nonlinear-Modeling-of-Newlywed-Marital-Interaction.pdf; letztmalig aufgerufen am 21. Juni 2022.

171 John Gottman und Nan Silver: *What makes Love Last? How to Build Trust and Avoid Betrayal.* Simon & Schuster, 2012. Auf Deutsch: *Die Vermessung der Liebe. Vertrauen und Betrug in Paarbeziehungen.* Klett-Cotta, 2012.

172 Marshall Rosenberg: *Gewaltfreie Kommunikation: Eine Sprache des Lebens.* Junfermann Verlag, 2016.

173 https://www.anti-bias.eu/biaseffekte/fundamentaler-attributionsfehler/; letztmalig aufgerufen am 21. Juni 2022.

174 https://www.stern.de/gesellschaft/sex-und-hopp-9089844.html; zuletzt aufgerufen am 30.11.2022.

175 https://www.computerbild.de/artikel/cb-News-Internet-Pornhub-Statistik-2019-Jahresrueckblick-Konsum-Zahlen-Deutschland-24732481.html; letztmalig aufgerufen am 21. Juni 2022.

176 https://www.allgemeine-zeitung.de/panorama/leben-und-wissen/paartherapeutin-melzer-digitalisierung-zerstort-sexleben_20004619; letztmalig aufgerufen am 21. Juni 2022.

177 Gary Wilson: *Your Brain on Porn: Internet Pornography and the Emerging Science of Addiction.* Commonwealth Publishing, 2014. Auf Deutsch: *Porno im Kopf: Die verdeckten Folgen von Pornosucht – und was Sie dagegen tun können.* Unimedica, 2021.

178 Eva Illouz: *Warum Liebe endet: Eine Soziologie negativer Beziehungen.* Suhrkamp Verlag, 2020.

179 https://magazin.nzz.ch/wissen/junge-menschen-haben-weniger-sex-als-fruehere-generationen-ld.1566936; letztmalig aufgerufen am 21. Juni 2022.

180 https://www.zukunftsinstitut.de/artikel/zukunftsreport/the-future-of-sex/; letztmalig aufgerufen am 21. Juni 2022.

181 https://www.zukunftsinstitut.de/artikel/zukunftsreport/the-future-of-sex/; letztmalig aufgerufen am 21. Juni 2022.

182 https://www.zukunftsinstitut.de/artikel/zukunftsreport/the-future-of-sex/; letztmalig aufgerufen am 21. Juni 2022.

183 Helen Fisher: *Why we love: The Nature And Chemistry Of Romantic Love.* Owl Books, 2005. Auf Deutsch: *Warum wir lieben …: …. und wie wir besser lieben können.* Knaur, 2007.

184 https://www.einfachganzleben.de/leben-balance/5-phasen-der-trauer; letztmalig aufgerufen am 23.11.2022.

185 https://www.brunel.ac.uk/news-and-events/news/articles/Facebook-stalking-an-ex-may-lead-to-long-term-harm; letztmalig aufgerufen am 21. Juni 2022.

186 Lydia Denworth: *Friendship. The Evolution, Biology, and Extraordinary Power of Life's Fundamental Bond.* W. W. Norton & Company, 2020.

187 Bronnie Ware: *The Top Five Regrets of the Dying. A Life Transformed by the Dearly Departing.* Hay House, 2012. Auf Deutsch: *5 Dinge, die Sterbende am meisten bereuen: Einsichten, die Ihr Leben verändern werden.* Goldmann, 2015.

188 Ryan Nicodemus und Joshua Fields Millburn: *Minimalism: Live a Meaningful Life.* Asymmetrical Press, 2011. Auf Deutsch: *Minimalismus. Der neue Leicht-Sinn.* GU, 2018.

189 https://www.bbc.com/worklife/article/20200701-why-your-weak-tie-friendships-may-mean-more-than-you-think; letztmalig aufgerufen am 21. Juni 2022.

190 https://www.grea.ch/sites/default/files/social_media_art.pdf; letztmalig aufgerufen am 21. Juni 2022.

191 https://www.bib.bund.de/DE/Fakten/Lebensformen/Einpersonenhaushalte.html; letztmalig aufgerufen am 21. Juni 2022.

192 https://www.ted.com/talks/johann_hari_this_could_be_why_you_re_depressed_or_anxious; letztmalig aufgerufen am 21. Juni 2022.

193 https://psycnet.apa.org/record/2014-52280-001; letztmalig aufgerufen am 21. Juni 2022.

194 https://www.kinderaerzte-im-netz.de/news-archiv/meldung/article/ergebnisse-der-blikk-studie-2017-vorgestellt-uebermaessiger-medienkonsum-gefaehrdet-gesundheit-von/; letztmalig aufgerufen am 21. Juni 2022.

195 https://www.sciencedaily.com/releases/2018/06/180613102022.htm; letztmalig aufgerufen am 21. Juni 2022.

196 https://www.zhaw.ch/storage/psychologie/upload/forschung/psychotherapie/smart-toddlers/Maute_et_al_vonWyl_2018.pdf; letztmalig aufgerufen am 21. Juni 2022.

197 https://www.zhaw.ch/storage/psychologie/upload/forschung/psycho therapie/smart-toddlers/2021_vonWyl_etal_Paediatrie.pdf; letztmalig aufgerufen am 21. Juni 2022.

198 https://www.faz.net/aktuell/gesellschaft/menschen/warum-eltern-im-silicon-valley-ihre-kinder-vom-smartphone-fernhalten-15894313.html; zuletzt aufgerufen am 23.11.2022.

199 https://www.tagblatt.ch/leben/ratgeber-zu-digitaler-balance-teil-3-hilfe-mein-kind-ist-dauernd-auf-tiktok-wie-sind-wir-gute-eltern-in-einer-digi talen-welt-ld.2257180; letztmalig aufgerufen am 21. Juni 2022.

200 https://aerztezeitung.at/2020/oaz-artikel/medizin/kindliche-ent wicklung-und-smartphones-vom-smartphone-zum-smart-baby/; letzt-malig aufgerufen am 21. Juni 2022.

201 https://www.tagblatt.ch/leben/ratgeber-zu-digitaler-balance-teil-3-hilfe-mein-kind-ist-dauernd-auf-tiktok-wie-sind-wir-gute-eltern-in-einer-digi talen-welt-ld.2257180; letztmalig aufgerufen am 21. Juni 2022.

202 https://www.colorado.edu/today/2021/09/09/do-screens-really-hurt-kids-not-much-and-they-may-have-some-benefits; letztmalig aufgerufen am 21. Juni 2022.

203 https://www.jugendundmedien.ch/digitale-medien/fakten-zahlen; letzt-malig aufgerufen am 21. Juni 2022.

204 https://www.zeit.de/digital/internet/2021-08/internetnutzung-deutsch-land-jugendliche-studie-homeschooling-corona-pandemie; letztmalig aufgerufen am 21. Juni 2022.

205 https://www.wsj.com/articles/the-facebook-files-11631713039; letztmalig aufgerufen am 21. Juni 2022.

206 https://www.dasgehirn.info/handeln/mimik-koerpersprache/ich-sehe-was-du-fuehlst; letztmalig aufgerufen am 21. Juni 2022.

207 https://www.swissmom.ch/de/kind/geistige-entwicklung/gehirnent wicklung-und-lernen-17865; letztmalig aufgerufen am 21. Juni 2022.

208 https://www.sueddeutsche.de/leben/kinderfotos-im-netz-ein-kind-kann-genauso-ein-schmuckstueck-sein-wie-ein-teures-auto-1.3113875; letztmals aufgerufen am 23.11.2022.

209 https://www.zhaw.ch/storage/psychologie/upload/forschung/medien-psychologie/james/jamesfocus/2020/JAMESfocus_Medien_Gesund-heit.pdf; letztmalig aufgerufen am 21. Juni 2022.

210 Adam Alter: *Irresistible: The Rise of Addictive Technology and the Business of Keeping Us Hooked*. Penguin Press, 2017. Auf Deutsch: *Unwiderstehlich: Der Aufstieg suchterzeugender Technologien und das Geschäft mit unserer Abhängigkeit*. Berlin Verlag, 2018.

211 https://www.bzga.de/aktuelles/2019-12-03-digitale-medien-mit-augen mass-nutzen/; letztmalig aufgerufen am 21. Juni 2022.

212 https://www.projuventute.ch/de/eltern/medien-internet/bildschirmzeit; letztmalig aufgerufen am 21. Juni 2022.

213 https://www.theguardian.com/science/2022/mar/28/social-media-may-affect-girls-mental-health-earlier-than-boys-study-finds; letztmalig aufgerufen am 21. Juni 2022.

214 https://sz-magazin.sueddeutsche.de/gesundheit/smartphone-sucht-an na-lembke-dopamin-91362; letztmalig aufgerufen am 21. Juni 2022.

215 https://www.marktforschung.de/marktforschung/a/wann-bekommen-kinder-ihr-erstes-eigenes-smartphone/; letztmalig aufgerufen am 23.11. 2022.

216 https://www.tagblatt.ch/leben/ratgeber/ratgeber-cybermobbing-horror bilder-handysucht-so-schuetzen-sie-ihre-kinder-am-besten-ld.2198443; letztmalig aufgerufen am 21. Juni 2022.

217 https://www.projuventute.ch/de/eltern/medien-internet/10-tipps-cyber mobbing; letztmalig aufgerufen am 23.11.2022.

218 https://www.zeit.de/zeit-wissen/2015/04/evolution-smartphone-mensch-weiterentwicklung/komplettansicht; letztmalig aufgerufen am 21. Juni 2022.

219 https://www.deutschlandfunk.de/neue-studie-zeigt-positive-wirkung-wie-baeume-und-blumen-100.html; letztmalig aufgerufen am 21. Juni 2022.

220 https://www.tagblatt.ch/leben/home-office-wie-wir-unseren-arbeits-platz-gestalten-hat-einfluss-auf-unsere-produktivitaet-ld.2184548; letztmalig aufgerufen am 21. Juni 2022.

221 https://www.inc.com/joelle-k-jay/separators-integrators-and-cyclers-3-ways-to-balance-your-life.html

222 Greg McKeown: *Essentialism: The Disciplined Pursuit of Less.* Currency, 2014. Auf Deutsch: *Essentialismus: Die konsequente Suche nach Weniger. Ein neuer Minimalismus erobert die Welt.* Narayana Verlag, 2018.

223 Burkeman: *4000 Wochen*, 2022.

224 https://www.halloklarheit.de; letztmalig aufgerufen am 21. Juni 2022.

225 Cal Newport: *Deep Work: Rules for Focused Success in a Distracted World.* Piatkus, 2016. Auf Deutsch: *Konzentriert arbeiten: Regeln für eine Welt voller Ablenkungen.* Redline, 2017.

226 Ebd.

227 Ebd.

228 https://greatergood.berkeley.edu/article/item/doing_something_crea

tive_can_boost_your_well_being; letztmalig aufgerufen am 21. Juni 2022.

229 https://www.betteraging.com/cognitive-aging/art-aging-brain/; zuletzt aufgerufen am 23.11.2022.

230 https://nyctherapy.com/therapists-nyc-blog/creativity-is-your-secret-advantage-for-mental-health-and-well-being/; letztmalig aufgerufen am 21. Juni 2022.

231 https://www.abc.net.au/radio/programs/conversations/conversations-marian-keyes-rpt/10129942; letztmalig aufgerufen am 21. Juni 2022. Anmerkung der Autorin: Depressionen sind sehr ernst zu nehmen. Und sollten ärztlich abgeklärt werden. Zusammen mit deiner Therapeutin/deinem Arzt kannst du dann entscheiden, was der richtige Weg für deine Genesung ist – und welche Mittel, auch Medikamente, helfen können.

232 https://www.focus.de/familie/schule/politik-schulfach-glueck_id_8692751.html; letztmalig aufgerufen am 21. Juni 2022.

233 https://www.businessinsider.de/karriere/arbeitsleben/kreativitaet-laesst-sich-ueber-4-wege-foerdern-sagt-psychologie-professor-c/; letztmalig aufgerufen am 21. Juni 2022.

234 https://www.bertelsmann.de/media/news-und-media/downloads/europe-s-creative-hubs-london-2014.pdf; letztmalig aufgerufen am 21. Juni 2022.

235 https://positivepsychology.com/theory-psychology-flow/; letztmalig aufgerufen am 21. Juni 2022.

236 Mihály Csíkszentmihálhi: *Finding Flow: The Psychology Of Engagement With Everyday Life* (Masterminds Series). Basic Books, 1998. Auf Deutsch: *Flow. Das Geheimnis des Glücks*. Klett-Cotta, 2017.

237 Ken Mogi: *Ikigai: Die japanische Lebenskunst* (Japanische Lebensweisheiten, Band 1). DuMont Buchverlag, 2020.

238 Cal Newport,: *Digital Minimalism: Choosing a Focused Life in a Noisy World*. Penguin Business, 2020. Auf Deutsch: *Digitaler Minimalismus: Besser leben mit weniger Technologie*. Redline, 2019.

239 https://psyarxiv.com/uyc4n/; letztmalig aufgerufen am 21. Juni 2022.

240 https://www.welt.de/gesundheit/psychologie/article122448909/Was-Alleinsein-von-Einsamkeit-unterscheidet.html; letztmalig aufgerufen am 21. Juni 2022.

241 Sherry Turkle: *Alone Together. Why we expect more from technology and less from each other*. Basic Books, 2011. Auf Deutsch: *Verloren unter 100 Freunden: Wie wir in der digitalen Welt seelisch verkümmern*. Riemann, 2012.

242 Salzburger Äbtekonferenz: *Die Regel des heiligen Benedikt.* Normalausgabe. Kunstverlag Beuron, 2006.

243 https://psycnet.apa.org/record/2016-59827-005; zuletzt aufgerufen am 23.11.2022.

244 Jenny Odell: *How to Do Nothing: Resisting the Attention Economy.* Melville House, 2020. Auf Deutsch: *Nichts tun: Die Kunst, sich der Aufmerksamkeitsökonomie zu entziehen.* C. H. Beck, 2021.

245 https://www.masterclass.com/classes/st-vincent-teaches-creativity-and-songwriting; letztmalig aufgerufen am 21. Juni 2022.

246 https://sz-magazin.sueddeutsche.de/gesundheit/smartphone-sucht-anna-lembke-dopamin-91362; letztmalig aufgerufen am 21. Juni 2022.

247 https://sz-magazin.sueddeutsche.de/gesundheit/smartphone-sucht-anna-lembke-dopamin-91362; letztmalig aufgerufen am 21. Juni 2022.

248 https://www.spektrum.de/news/hype-oder-hilfe-was-bringt-dopaminfasten/1728008.

249 Newport: *Digitaler Minimalismus*, 2019.

250 https://www.business-punk.com/2020/01/dopamin-fasten-was-ist-dran-an-dem-neuen-trend-aus-dem-silicon-valley/; zuletzt aufgerufen am 23.11.2022.

251 https://www.bpb.de/lernen/digitale-bildung/werkstatt/258645/klicktivismus-reichweitenstark-aber-unreflektiert/; letztmalig aufgerufen am 21. Juni 2022.

252 Tanya Goodin: *My Brain Has Too Many Tabs Open: How to Untangle Our Relationship with Tech.* White Lion Publishing, 2021.

253 https://www.faz.net/aktuell/feuilleton/medien/joko-und-klaas-machen-platz-fuer-ernste-botschaften-16213041.html; letztmalig aufgerufen am 21. Juni 2022.

254 https://www1.wdr.de/nachrichten/ukraine-krieg-doomscrolling-100.html; letztmalig aufgerufen am 21. Juni 2022.

255 https://constructiveinstitute.org/what/; letztmalig aufgerufen am 21. Juni 2022.

256 https://www.stern.de/digital/studie--computer--und-internetnutzung-so-klimaschaedlich-wie-flugverkehr-30739362.html; letztmalig aufgerufen am 21. Juni 2022.

257 https://www.weforum.org/agenda/2021/12/digital-carbon-footprint-how-to-lower-electronics/; letztmalig aufgerufen am 21. Juni 2022.

258 https://de.statista.com/infografik/26873/co2-vergleich-dsl-und-glasfasernetz/; letztmalig aufgerufen am 21. Juni 2022.

259 https://de.statista.com/infografik/26873/co2-vergleich-dsl-und-glasfasernetz/; letztmalig aufgerufen am 21. Juni 2022.

260 https://plus.empa.ch/images/5G%20climate%20protection_University%20of%20Zurich_Empa.pdf; letztmalig aufgerufen am 21. Juni 2022.

261 https://www.tagesspiegel.de/politik/skandal-um-facebook-und-cambridge-analytica-noch-entscheiden-daten-keine-wahlen/21116474.html; letztmalig aufgerufen am 21. Juni 2022.

262 Goodin: *My Brain Has Too Many Tabs Open*, 2021.

263 https://www.netzwoche.ch/news/2019-03-17/so-will-tim-berners-lee-das-web-retten; letztmalig aufgerufen am 21. Juni 2022.

264 https://contractfortheweb.org; letztmalig aufgerufen am 21. Juni 2022.

265 https://netzpolitik.org/2020/eine-neue-aera/; letztmalig aufgerufen am 21. Juni 2022.

266 https://www.humanetech.com; letztmalig aufgerufen am 21. Juni 2022.

267 www.anna-miller.ch.